# "大思政课"理念下大学生文化自信教育研究

王阿敏 著

哈尔滨工程大学出版社

Harbin Engineering University Press

## 内 容 简 介

"大思政课"是习近平总书记对推进思政课改革发展提出的新理念和新要求。这既是一场思政课教育理念和工作范式的重大变革,同时也给高校思想政治教育工作者带来了新的挑战,提出了更高要求。本书以大学生文化自信教育为研究对象,从"大思政课"理念的提出出发,梳理了对文化自信的多维度认识,研究了新时代大学生文化自信教育现状并对存在的主要问题进行归因分析,并基于"大思政课"理念,厘清了大学生文化自信教育理路,构建了大学生文化自信教育优化模式,尝试系统探讨"大思政课"理念下大学生文化自信教育的现实路径和优化策略,以及新时代高校"大思政课"新格局的构建。

本书可作为高校思想政治教育领域的管理和研究用书,也可作为相关专业师生的参考用书。

**图书在版编目(CIP)数据**

"大思政课"理念下大学生文化自信教育研究/王阿敏著.—哈尔滨:哈尔滨工程大学出版社,2023.11
ISBN 978-7-5661-4147-7

Ⅰ.①大⋯ Ⅱ.①王⋯ Ⅲ.①大学生-文化素质教育-研究-中国 Ⅳ.①G645.5

中国国家版本馆 CIP 数据核字(2023)第 224612 号

| | |
|---|---|
| 选题策划 | 石 岭 |
| 责任编辑 | 张志雯 关 鑫 |
| 封面设计 | 李海波 |

| | |
|---|---|
| 出版发行 | 哈尔滨工程大学出版社 |
| 社 址 | 哈尔滨市南岗区南通大街 145 号 |
| 邮政编码 | 150001 |
| 发行电话 | 0451-82519328 |
| 传 真 | 0451-82519699 |
| 经 销 | 新华书店 |
| 印 刷 | 哈尔滨午阳印刷有限公司 |
| 开 本 | 787 mm×1 092 mm 1/16 |
| 印 张 | 12.25 |
| 字 数 | 215 千字 |
| 版 次 | 2023 年 11 月第 1 版 |
| 印 次 | 2023 年 11 月第 1 次印刷 |
| 书 号 | ISBN 978-7-5661-4147-7 |
| 定 价 | 58.00 元 |

http://www.hrbeupress.com
E-mail:heupress@ hrbeu.edu.cn

# 前　言

　　文化兴国运兴,文化强民族强。文化自信是更基础、更广泛、更深厚的自信,是"四个自信"的思想源泉和精神基石,为实现中华民伟大复兴提供着精神动力和智力支持。大学生坚定文化自信的关键在于教育。百年未有之大变局下的经济全球化、政治多元化、文化多样化给大学生文化自信教育带来了机遇与挑战。2021年,习近平总书记提出了"'大思政课'我们要善用之"的重要理念。这是立足"两个大局",为推进思政课的改革创新而提出的新命题和新要求。这既是一场思政课教育理念和工作范式的重大变革,也给高校思想政治教育工作者带来了新的挑战,提出了更高要求。2022年7月,教育部等十部门印发的《全面推进"大思政课"建设的工作方案》成为落实"大思政课"重要讲话精神的纲领性文件,是在实践中将"大思政课"全面推向实质性关键阶段的进一步部署。深刻理解并把握"大思政课"之"大",是当前善用"大思政课"、上好思政大课,在"大思政课"理念下推动大学生文化自信教育守正创新的必然要求,是高校落实好立德树人根本任务的关键环节,是高校推动大思政课改革创新的重要抓手,更是新时代赋予高校及社会的文化使命。

　　本书以大学生文化自信教育为研究对象,从"大思政课"建设理念的提出出发,剖析大思政课何以为"大",通过对文化自信多维度认识的梳理,系统阐释了文化自信的内涵意蕴、历史嬗变和当代价值,揭示了新时代在"大思政课"理念下加强对大学生文化自信教育的重要意义和着力点,并以新时代大学生文化自信教育现状及归因为依据,综合运用教育学、心理学、管理学和思想政治教育学等多学科理论,构建了"大思政课"理念下的大学生文化自信教育的思路,在此基础上尝试系统探讨"大思政课"理念下大学生文化自信教育"四大三全"的优化模式。全书共分六章,围绕四部分展开。

　　第一部分,阐明"大思政课"理念的提出及其内涵。立足"两个大局"论述"大思政课"理念提出的时代背景,从新时代人才强国战略、中国高等教育转型、统筹党的十八大以来思想政治教育领域各项改革的高度来把握"大思政课"的历史方位,从大使命、"人生大课"、大视野、"大先生"、大主体这五个方面阐释"大思政课"何以为"大",强调"大思政课"旨在推动一场思想政治理论课的质量革命。

第二部分,阐释大学生文化自信教育的基本理论,明确"善用大思政课"推动大学生文化自信教育守正创新的着力点。以文化基本理论概述为起点,多维度认识文化和文化自信的内涵及特征,辨析文化自信与文化自觉、文化自强的内在逻辑,明晰"四个自信"的内在关系。通过梳理文化自信的历史嬗变来论述文化自信的当代价值,从历史根基、理论基础和现实依据出发认识新时代大学生文化自信教育的重要意义,进而在准确把握大思政课理念"变"与"不变"的基础上,找准"善用大思政课"推动大学生文化自信教育守正创新的着力点。

第三部分,全面审视新时代大学生文化自信教育现状并进行归因分析。从大学生文化自信教育的基础坚实、内容丰富、方式多样三个方面肯定新时代大学生文化自信教育主流的积极发展态势,同时从制度文化、社会教育、学校教育、大学生个体教育、家庭教育五个层面正视新时代大学生文化自信教育中存在的主要问题,并进行客观全面的归因分析,为在"大思政课"理念指引下探索大学生文化自信教育的优化策略奠定坚实的研究基础。

第四部分,厘清"大思政课"理念下大学生文化自信教育理路,进行优化模式的构建与探索,并探讨了新时代高校"大思政课"新格局的构建。在全面分析大学生文化自信教育成效现状的基础上,从教育目标、教育原则、教育主体、教育内容、教育场域五个方面厘清"大思政课"理念下的大学生文化自信教育理路,并在此理论研究基础上,从整体机制、关键人员、关键环节、关键领域出发,构建大思政课理念下的大学生文化自信教育的"四大三全"优化模式,构筑"大思政课"理念下的大学生文化自信教育大格局,实现全员、全程、全方位文化育人。此外,还从新时代善用"大思政课"的必要性和要求、关于"大思政课"重要论述的实践基础和高校"大思政课"新格局构建的原则和方法这几个方面对新时代高校"大思政课"新格局的构建进行了探讨。

本书对于高校落实立德树人根本任务、培养担当民族复兴大任的建设者和接班人、贯彻落实"大思政课"理念、实现新时代思想政治教育高质量发展具有重要意义,同时对于高校教育和管理工作者、社会管理和教育研究者具有一定的借鉴和研究价值。

本书由王阿敏(郑州旅游职业学院马克思主义学院)撰写完成,在撰写过程中借鉴了相关研究成果,在此向各位研究人员深表谢意。由于作者水平有限,疏漏之处在所难免,恳请广大读者和专家批评指正,这将是本书未来不断完善的宝贵动力。

# 目　　录

# 第一章 "大思政课"理念概述

## 第一节 "大思政课"理念的提出

教育是国之大计、党之大计,是对中华民族伟大复兴具有决定性意义的事业,起着基础性、先导性和全局性的作用。当前,走出一条建设中国特色、世界一流大学的新路,是中国高等教育所面临的严峻挑战。这条路,正如习近平总书记在 2022 年 4 月考察中国人民大学时所强调的,"不能跟在别人后面依样画葫芦,简单以国外大学作为标准和模式",而要"扎根中国大地"来探索。"培养什么人、怎样培养人、为谁培养人"始终是教育的根本问题,而站在教育阵地最前线的思想政治教育,则应成为探索新路的先锋军。"大思政课"理念是围绕新时代学校思想政治理论课(简称"思政课")改革创新所提出的新论题。

### 一、"大思政课"理念的提出

自 2019 年 3 月 18 日习近平总书记主持召开了学校思想政治理论课教师座谈会并发表重要讲话("3·18"讲话)以来,思政课在党中央治国理政战略全局中的地位日益凸显。继党中央多次对思政课进行谋篇布局、把脉定向之后,2021 年两会期间,习近平总书记第一次提出"'大思政课'我们要善用之"的重要理念。"大思政课"理念是对新时代思政课规律性认识的深化,是习近平总书记为进一步推进思政课改革创新而提出的新理念和新要求,是高校思政课进一步贯彻党的教育方针,为党育人、为国育才,培养"双一流"时代新人的方向指引,是进一步整合社会资源、深化协同育人、持续推动人才培养模式改革的重要思想引领。2022 年 7 月,教育部、中共中央宣传部、中共中央网络安全和信息化委员会办公室等十部门印发的《全面推进"大思政课"建设的工作方案》(教社科〔2022〕3 号)文件,正是自上而下推动习近平总书记关于"大思政课"重要讲话精神的纲领性文件,为"大思政课"建设更为自觉、更加广泛、更可持续、更富成效地推进做出了顶层设计、规划了重点任务、确立了制度框架,是全方位推进

"大思政课"建设的具体部署,对"大思政课"建设发挥积极引领作用。探索"大思政课"理念对于新时代加强和改进高校思想政治工作,增强高校思想政治理论课的育人实效性,实现立德树人、铸魂育人具有重要意义。

## 二、"大思政课"建设的时代背景

2020 年,习近平总书记在经济社会领域专家座谈会上指出:"时代课题是理论创新的驱动力。马克思、恩格斯、列宁等都是通过思考和回答时代课题来推进理论创新的。""大思政课"命题的提出,就是对时代课题的深刻回应。

### (一)国际环境

就国际环境而言,今日之中国正处于世界百年未有之大变局,这一来自中央的重要论断成为 2021 年的年度热词,这一论断的提出既是基于当今世界发展局势,也是基于中国发展所面临的阶段。当前中国作为一个庞大的经济体,其厚积薄发而取得的巨大发展成就令人无法忽视,过去"一家独大"的单极世界开始向协同共治的多极世界转变,以中国为代表的发展中国家成为重要的新兴大国力量,这一转变对世界格局的变化产生了重大影响,意味着中国从过去的追赶者开始转变为一个正在走向世界舞台中央的重要参与者和领跑者,以无可辩驳的优秀答卷有力地驳斥了来自西方的"中国崩溃论"和"历史终结论"。百年来,中国的发展成就、中国式现代化的发展模式和未来崛起的发展态势无论如何是任何势力都无法阻挡的。

当今天的青少年走向世界时,中国已经可以平视这个世界,这就是新时代赋予"强国一代"特有的中国自信和中国底气。2013 年,习近平总书记在全国宣传思想工作会议上的讲话指出,党的宣传思想工作要做到因势而谋、应势而动、顺势而为。因此,新时代的思政课教学也应彻底告别"坐而论道"、脱离现实讲理论、脱离世界讲中国,把握好"大思政课"的时代意蕴应成为思想政治教育工作者的基本功。"大思政课"之"大"首先应包含视野之大和格局之大,在人类社会发展大格局中解读中国问题,在中西国际比较中认识中国特色,讲好中国故事,讲好"五史"(即党史、新中国史、改革开放史、社会主义发展史、中华民族发展史),特别是讲好中国共产党的故事,立足"两个大局"(即中华民族伟大复兴的战略全局和世界百年未有之大变局),坚定"只有构建人类命运共同体才是人间正道"的历史自觉和历史自信。

（二）国内环境

就国内环境而言,自党的十八大以来,以习近平同志为主要代表的中国共产党人,在治国理政的伟大创新实践中坚持把马克思主义基本原理同中国具体实际相结合、同中华优秀传统文化相结合,以巨大的政治智慧和理论勇气,形成了一系列创新性理论、变革性实践、突破性发展和标志性成果,创立了习近平新时代中国特色社会主义思想,开辟了马克思主义中国化时代化新境界,这是我们走好实现第二个百年奋斗目标新的赶考之路的重要保证。中国共产党领导中国人民在理论和实践上的创新突破成功推进和拓展了中国式现代化,实现中华民族伟大复兴进入了不可逆转的历史进程。

思政课作为落实立德树人根本任务的关键课程,肩负着为党育人、为国育才的重要使命,对培养担负民族复兴大任的时代新人具有不可替代的作用。习近平总书记指出:"'大思政课'我们要善用之,一定要跟现实结合起来。""大思政课"理念的提出正是要求思想政治教育工作者要胸怀"国之大者"、紧扣"两个大局",正确认识世界和中国发展大势;要将中国大地上进行的社会变革和实践创新引入课堂,以大历史观洞察具有影响力的重大事件,用最生动鲜活的素材讲清楚中国共产党为什么能、马克思主义为什么行、中国特色社会主义为什么好的道理,讲清楚新时代中国共产党人深刻回答中国之问、世界之问、人民之问、时代之问的艰辛探索和巨大成就;要教育引导学生传承伟大民族精神、赓续红色血脉、昂扬时代风貌,增强对马克思主义、共产主义的信仰,增强对中国特色社会主义的信念,增强对全面建成社会主义现代化强国、实现中华民族伟大复兴的信心,把实现个人价值同党和国家的前途命运紧紧联系在一起,自觉投身全面建设社会主义现代化国家的时代洪流。

由此可见,"大思政课"建设有着鲜明的时代逻辑。它要求新时代的思政课建设要拓展小课堂、用好大课堂,在学校与社会同频共振的人才培养模式中融通互动、协同育人,在理论和实践的结合中让学生深入观察当代中国的改革创新实践、真切感受新时代的发展脉搏、深刻感悟中国共产党人的历史主动精神,从而树立坚定的历史自信,在实现中国梦的生动实践中厚植激扬青春理想的历史使命和责任担当。

# 第二节 "大思政课"何以为"大"

"大思政课"并不等于过去常讲的"大思政",它的落脚点依然在"课",这意味着思想政治理论课依然是不可替代的主阵地和主战场。"大思政课"作为思政课的新形态,区别于传统的思政课形态。那么,"大思政课"究竟何以为"大"?把握好"大思政课"之"大"是"善用之"的前提和基础。

## 一、"大思政课"肩负攸关"国之大者"的大使命

站在新的历史方位,习近平总书记在多个场合多次强调要胸怀"国之大者","对'国之大者'要心中有数"。在庆祝中国共产党成立 100 周年大会上的重要讲话中,习近平总书记第一次将"牢记'国之大者'"与增强"四个意识"、坚定"四个自信"、做到"两个维护"并列起来,其重要性不言而喻。所谓"国之大者",顾名思义就是国家的头等大事,是事关人民幸福安康、事关中华民族伟大复兴、事关党和国家前途命运的大事要事,关乎全局、关乎长远、关乎根本,它解决的是思想认识上的格局和高度问题。在"国之大者"的使命召唤下,思政课重任在肩,其战略意义不言而喻。作为一门攸关和承载民族未来的国家课程,作为高校落实立德树人根本任务的关键课程,思政课自新中国成立以来始终是我国教育阵地开展主流意识形态宣传思想工作的主渠道,为改革开放和社会主义现代化建设培养出一代又一代合格的建设者和接班人,是一项铸魂育人的基础工程。立足世界百年未有之大变局,站在"两个一百年"奋斗目标的历史交汇点上,在社会大课堂中讲好"大思政课"事关党和国家的前途命运、事关国家长治久安。

## 二、"大思政课"是引领青年和武装头脑的"人生大课"

思想是行动的先导,认识是行动的动力。思想的闪电一旦深入群众并武装其头脑,就有强大的穿透力。习近平总书记强调,青少年阶段是人生的"拔节孕穗期",最需要精心引导和栽培。精通农事的人都知道,抽穗期是作物生长发育最快的阶段,也是决定结实粒数多少的关键时期,对光照、水分等外界条件反应敏感,需要特别的管理。人在青少年时期,特别是青年时期树立的世界观、人生

观、价值观,将决定其一生拥有怎样的"取景框"和"导航仪",也将决定其一生"在何处用情""为谁用力"。处于"拔节孕穗期"的青少年正需要思政课"补钙壮骨、固本培元",思政课课堂正是其接收"养分"的主要阵地,思政课教师队伍是责无旁贷的"保育员"。这场"人生大课"将为青少年,特别是青年的头脑插上科学理论的翅膀,为其今后的人生发展导航定向。青年思想教育工作已经成为推动社会主义新时代持续发展的重要保障之一。

### 三、"大思政课"具有贯通古今中西、联结理论实际的大视野

"大思政课"不仅要在理论上教育学生运用科学的理论"认识世界",更要在实践中引导学生"检验真理"和"改造世界",这是马克思主义内在的要求,也是"大思政课"真正发挥育人实效的基本方式。"大思政课"要回答关于自然界、人类社会和人自身发展的基本规律的大问题,就必须具有熔铸古今、会通中西的大视野;"大思政课"要通过武装青年的头脑来将"批判的武器"转化为"武器的批判",就必须具有联结理论与实际的大视野。因此,新时代的"大思政课"必须打破囿于书斋的"掉书袋",必须走出视野狭窄的"小学问",走出"躲进小楼成一统"的"纯学问",在实践中真感受、真思考、真改变,从而获得"知情意信行"良性转化的"真学问",教育引导青年认识世界、改造世界,传授其视野宏大、胸怀远大的"大学问"。

"大思政课"的大视野体现在:从国际环境看,世界百年未有之大变局的持续深化,世界发展的趋势和格局被中国深刻改变。党的二十大报告指出,"当前,世界之变、时代之变、历史之变正以前所未有的方式展开"。中国过去取得的巨大成绩造就了"平视世界"的一代,他们拥有更多的底气、从容和自信。但在机遇与挑战并存的国际环境中,这也意味着未来会有更多的大国责任和青年担当。所以"大思政课"要求培养"平视一代"的全球视野,对外有利于讲好中国故事,对内有利于贴合大变局最新动向,引导"平视一代"客观认识并深刻理解世界形势变化,并进一步在"平视世界"中培育他们的大责任和大担当。

从国内环境看,大学生既要胸怀世界百年未有之大变局,又要立足于中华民族伟大复兴的战略全局,深刻领会全面建成小康社会的非凡意义和中华民族伟大复兴的百年奋斗主题。当代中国正处于中华民族伟大复兴的关键时期,"两个大局"相互交织、相互激荡,是生成"大思政课"的现实逻辑。进入新发展阶段,新时代的中国青年有必要坚持历史思维和辩证思维,对"两个大局"有一

个全面、系统的认知和把握,并重新思考自身的责任和担当。而把握战略机遇、应对风险挑战,都离不开"大思政课"对其历史演进、理论逻辑和价值表达的深刻阐释。"大思政课"的责任重大。

## 四、"大思政课"要求师者成为塑造学生品格、品行、品位的"大先生"

习近平总书记强调指出,教师不能只做传授书本知识的教书匠,而要成为塑造学生品格、品行、品位的"大先生"。教师要成为"大先生",做学生为学、为事、为人的示范,促进学生成长为全面发展的人。"大先生"是对教师中德艺双馨,具有大贡献、大智慧、大影响者的尊称,他们是先生中的精英,也是教师中的杰出代表和楷模。社会认同、大众敬仰、学生崇拜、经得住历史检验,是判定"大先生"的基本指标。思政"大先生"不仅仅是先生,也有别于一般的"大先生"。思政"大先生"一要有"国之大者"的大胸怀,这是"政治要强"要求的体现;二要有爱民为国的大格局;三要有紧跟前沿的大学问;四要有"三个面向"的大视野;五要有谨言慎行的大境界;六要有身正为范的大品格。

## 五、"大思政课"倡导形成多元合力、协同育人的大主体

在当前以及过去相当长的一段时期内,思政课程一直存在育人主体相对单一、育人实践范围有限、育人模式相对固化、育人质效有待提升等痼疾,校内外诸多育人主体的积极性、主动性、创造性并未被发掘和激发出来。"大思政课"育人格局的提出与实践,为解决现阶段高校思政教育面临的困境提供了新的方向指导和有效参考,"大思政课"倡导形成多元合力、协同育人的"大主体",强调校内校外、课内课外、线上线下的有机融合和互相支撑,涉及的育人主体、场域、资源、方式等都存在全面性和多样性。一方面,高校应有针对性地整合"大思政课"校内育人队伍,完善育人领导体制和协同联动机制,着力推动思政课程朝着校内多元协同的方向发展。另一方面,高校应结合本校思政课程发展实际,致力于提升和调动各种社会资源的意识和能力,探索搭建校外课程平台,充分挖掘并组建校外育人队伍,结合构建协同育人机制的要求进行统一的合理规划。

# 第二章　文化自信的基本理论

## 第一节　文化自信的内涵厘定

文化是人类社会长期实践的产物,是民族的血脉,是人民的精神家园。人类社会向前的每一次跃进,人类文明的每一次升华,无不伴随着文化的历史性变迁。十八大以来,以习近平同志为核心的党中央,继承和发展了几代中国共产党人一贯秉持的文化观,提出了坚持、坚定和增强中国特色社会主义文化自信(简称"文化自信")的思想。习近平总书记不仅反复强调文化自信,而且将文化自信与道路自信、理论自信、制度自信一同纳入"四个自信",并用更基础、更广泛、更深厚和更基本、更深沉、更持久这六个词语来形容文化自信。我国的文化建设被提到前所未有的新高度,这充分表明文化自信在国家、民族发展道路上的深刻价值,在追求中华民族伟大复兴过程中的深远意义。强调文化自信,体现了党中央对建设中国特色社会主义伟大事业的深谋远虑。

### 一、文化的内涵、特征及功能

#### (一)文化的内涵

如果有人问你,什么叫文化?什么叫中国文化?你会不会觉得这个问题虽然看似简单,却很难回答。据不完全统计,人类关于"文化"的定义已经超过300种。然而迄今为止,关于"文化"概念的界定,学术界尚未达成共识,且东方语境和西方语境差异较大,未能就"文化"形成一个精准的定义。当然,这也是由文化本身所特有的边界不清且难以界定的属性所决定的。

那么,到底何为"文化"?国内外学术界对于这一概念见仁见智。我们先从本来和外来两方面对"文化"一词进行追根溯源。

"文化"一词虽然也是古已有之,但它作为一个完整的词汇和概念加以使用有一个演化的过程。西汉的刘向在《说苑·指武》中将"文"与"化"连用:"圣人之治天下也,先文德而后武力。凡武之兴,为不服也。文化不改,然后加诛。夫下愚不移,纯德之所不能化,而后武力加焉。"不过,这里的"文化"仍非一个完整的词语,而是各有独立的内涵,"文"指文德,"化"指教化,即借文德行教化。其后,晋人的诗文中出现了完整的"文化"一词,如束晳的《补亡诗》中有"文化内辑,武功外悠"。南齐的王融在《三月三日曲水诗序》中则说:"设神理以景俗,敷文化以柔远。"至此,"文化"显然已开始作为一个完整的词汇和概念进入人们的语言表达体系并被使用。其含义包括文治、教化和礼乐典章制度。

从西方文明发展历程来看,人们对于"文化"概念的理解经历了四个时期。第一个时期最有代表性的"文化"概念由古罗马哲学家西塞罗提出来,它从拉丁文译成英文是"culture is the philosophy—or cultivation—of the mind",汉译为"文化是心灵的哲学(修养)",这可以说是哲学层面的"文化"概念,强调文化是心灵的创造物,并将文化作为一个以品德修养为终极目标的动态创造过程。第二个时期为中世纪,其中最有代表性的观点是从艺术层面来界定"文化"的概念,认为"文化是艺术的总称"。经过文艺复兴运动的洗礼,涌现出来的大批艺术家开始提出"文化是一种艺术美",强调文化是人类对美的追求和对自由的创造。第三个时期为19世纪,其间出现了两种有代表性的"文化"概念。一是英国著名学者阿诺德在1869年出版的《文化与无政府状态》一书中提及,"文化就是追求我们的整体完美,追求的手段是通过了解世人在与我们最有关的一切问题上所曾有过的最好思想和言论……引导我们把真正的人类看成一种和谐的完美,发展我们人类的所有方面;而且将其看成一种普遍的完美,发展我们社会的所有部分"。显然这是基于心理学的"文化"定义,强调文化是借助于自然科学和人文科学中一切真、善、美的东西来陶冶心灵,追求社会完美与和谐的过程。二是英国著名学者泰勒于1871年在《文化的起源》一书中提出,"文化或文明,就其广泛的民族学意义来说,乃是包括知识、信仰、艺术、道德、法律、习俗和任何人作为一名社会成员而获得的能力和习惯在内的复杂整体"。泰勒对文化的定义第一次强调文化是一个"复杂的整体"和"文化是整个的生活方式",这一定义确立了文化在人类学中的地位。第四个时期为20世纪,在这一时期社会学家提出了社会学意义上的"文化"概念,认为"文化"是一个包容较广多义词,包括人造物品、货物、技术过程、思想、习惯和价值观念等,它们是一个民族的社会遗产。这种"文化"定义包括了人类的所有习得的行为,智力知识,社会组织和语言,经济的、道德的或精神的价值系统。20世纪中期以后,随着科技的进步和人类视野的拓展,人们在生物学乃至整个宇宙的范围内探讨"文化"概念问题。例如,生物学将文化定义为"不同物种的组织结构和行为规范"。联合国教科文组织"世界文化项目"的主持人、加拿大学者谢弗还提出了宇宙学的"文化"概念,认为"文化一般是指物种,特殊是指人类观察和感知世界,把自己组织起来,处理自身事务,提高和丰富生活,以及把自己安置在世界上的那种方式"。由上文可知,西方"文化"概念的内涵随着时代的发展而逐渐拓展与深化,一方面拓展了文化概念的内涵与外延,另一方面也使文化的核心内涵不断泛化。

中西方文化虽然语境不同,在西方语境中的文化强调的是人的自然改造,具有耕耘、培育、成长等含义。而中国语境中的文化强调向人的生成,即"人文化成",但无论是西方文化还是中国文化,都表明了文化被打上了人的印记。正是因为有了人的介入,自然才有了灵性,变得生动鲜活起来,对象世界成了属人的文化世界。因此从一定意义上说,文化是人本质的展开形式,是人的本质力量在精神层面的深层表达。

由此可见,"文化"作为一个内涵丰富、外延宽泛的概念,对它的理解不能仅从某一个角度,而应该从"文化"的词源和学科视角着手去全面把握。文化的本质是在人与自然的相互作用中生成的,人的参与使得文化从自然当中产生。谈文化不能离开人,纯粹的自然不叫文化。文化与人具有"同构互塑"关系。文化和人之间具有一种内在的关联性——人在本质上是文化的存在物,反过来文化的本质就是"人化",因此人需要不断地追求意义、创造价值,为自己设计未来、追求超越与发展。

## (二) 文化的特征

### 1. 文化是一种存在符号

文化作为人的社会实践创造物,是一种有机存在符号载体,且是经过岁月洗涤和沉淀之后留下的印记。新康德主义代表人物卡西尔认为,文化符号是突出的和与众不同的特征。这种文化符号规定和划定了人性的圆周,这个圆周的各个扇面囊括了人类的科学技术、宗教、语言、神话、艺术、历史等各个组成部分,它们都代表着一种特定的意义和价值观念,是人类对世界的认知和理解的表达。而人类区别于动物的显著标志之一就是人类通过文化符号表现出的创造性实践劳动,即人类能够创造和使用符号系统。语言是文化中最基本的符号,它是人们交流的主要工具。不同的语言代表着不同的文化,反映了不同的历史和社会背景等。艺术也是文化中的重要符号，它可以表达人们的情感、思想和价值观念。宗教、习俗、传统等符号则代表着人们的信仰、生活方式和社会规范。所以在这个意义上，文化表现为一种符号存在。如景德镇陶瓷、苏州刺绣、杭州丝绸、北京故宫、平遥古城、东北大秧歌等就是文化符号，再如中国的瓷器、筷子、饺子和茶，西方国家的牛排和咖啡等，也是文化符号。不同文化符号所记录和承载的历史与现实价值也各不相同。

文化作为一种符号存在，使得人们能够在社会交往中进行有效的沟通和理解。通过共同的符号，人们可以建立起共同的价值观念和文化认同，形成共同的文化体系。这种文化体系不仅可以促进社会的稳定和发展，而且可以帮助人们更好地理解自己和他人，增进人与人之间的相互理解和尊重。然而，文化符号也存在着一定的局限性。不同的文化符号可能导致文化之间的隔阂和冲突。在跨文化交流中，人们需要了解不同文化符号的含义和背景，才能够进行有效的沟通和理解。因此，文化符号的存在不仅是一种优势，而且是一种挑战，需要人们不断地进行学习和探索。

2. 文化是精神产物的总和

如前所述，文化是指自然的"人化"，包括以人类实践为基础的外部世界的人化和人自身的主体化，集中体现为人与自然、主体与客体的关系。"人化"所创造的产物，既包括物质方面，也包括精神方面。物质产物即人们在改造世界的过程中通过实践所创造的看得见、摸得着的物质文明，如工业生产机器、道路交通网络、城市楼宇建筑、艺术产品等。精神产物又有观念产物和制度产物之别，主要指哲学、文学、艺术、道德、信仰、价值观等观念文化和各种规章制度、法律法规等制度文化。精神文化是人类社会的精神财富，是人类社会发展的重要力量。社会存在决定社会意识，因此物质生产决定和制约着精神生产。例如，与中国特色社会主义生产方式相适应的精神生产，就同与资本主义生产方式相适应的精神生产有较大差异，如果不从不同社会存在的特殊性出发，就无法认识和理解与其相适应的精神产物的本质特征。离开了精神文化，一切物质文化都会成为缺少生命力的空壳，因此我们应该珍视精神文化，传承好的精神文化，发展优秀精神文化，让精神文化成为我们生活的一部分，并成为我们生活的精神支柱。同时也应该警惕，精神文化对社会发展产生的反作用，如其退步会导致社会道德滑坡、文化异化、思想僵化等，进而会阻碍社会发展。

3. 文化是一种生存方式和行为选择

文化是人类社会发展的产物,是人类在长期的生产和生活实践中形成的一种生存方式和行为选择。根据美国文化人类学家本尼迪克特的观点,文化行为是趋于整合的,它是一种或多或少一贯的思想和行为的模式。因此,文化不但是一种生存方式,也是一种行为选择。中国现代思想家和新文化运动领袖之一的胡适先生,以及被称为"中国最后一位大儒家"的现代新儒家早期代表人物之一的梁漱溟先生,对文化的本质的定义高度趋同,二者都认为文化就是"人们生活的方式"和"人类生活的样法"。

文化是一种生存方式,是因为文化是人类在长期的生产和生活实践中形成的一种适应环境的方式。人类在不同的环境中,通过不断的实践和探索,形成了不同的文化,这些文化反映了人类对环境的认识和适应方式。例如,草原民族的游牧文化、海洋民族的渔猎文化、农耕民族的农业文化等,都是人类在不同环境中形成的适应方式,是一种生存方式。文化是一种行为选择,是因为文化是人类在长期的生产和生活实践中形成的一种行为模式。人类在不同的环境中,通过不断的实践和探索,形成了不同的文化,这些文化反映了人类对环境的认识和行为方式。例如,中国文化注重礼仪、尊重长辈、注重家庭、强调集体利益等,西方文化注重个人自由、个人权利、竞争和个人成就等,这些文化都是人类在不同环境中形成的行为模式,是一种行为选择。

文化作为一种生存方式和行为选择,对人类的生存和发展具有重要的意义,不但可以帮助人类适应环境、提高生产力、促进社会进步,还可以帮助人类塑造自己的个性和价值观,提高自我认知和自我意识,促进个人成长和发展。因此,文化既是人类社会发展的重要因素,也是人类生存和发展的重要保障。

4. 文化是一种价值观念和行为遵循

从狭义的角度理解文化,文化特指人们的思想、观念、价值、知识等精神性的意识存在,其外化为人的行为实践时,呈现出历史性、时代性的不同,这就是我们在这里要强调的文化的价值遵循。著名学者塞缪尔·亨廷顿曾指出,"文化"一词,在不同的学科中和不同的背景之下,自然有着多重的含义。它常常用来指一个社会的知识、音乐、艺术和文学作品,即社会的"高文化"。有些人类学家,尤其是克利福德·格尔茨,强调文化具有"深厚意蕴",用它来指一个社会的全部生活方式,包括它的价值观、习俗、象征、体制及人际关系等。然而,在本书中,我们关心的是文化如何影响社会发展。文化若是无所不包,就什么也说明不了。因此,我们是从纯主观的角度界定"文化"含义的,它指一个社会中的价值观、态度、信念、取向以及人们普遍持有的见解。人作为社会存在,其思想意识、价值观念无时无刻不伴随着人的存在而存在。文化在这种存在中越来越呈现为一种理性存在,一种价值观念和行为遵循。在这里我们必须强调:文化不是物质和精神外的第三种存在,而是隶属精神领域,是精神层面的价值观念。这种所属价值观念的文化又是人们现实行为中的一种规则遵循,发挥着指示标尺的作用。

## (三) 文化的功能

文化是一个民族和国家赖以生存和发展的重要根基,是社会发展的核心动力,在社会发展中具有引领作用。每个民族都有自身独特的文化,文化的力量深深熔铸在民族的生命力、创造力和凝聚力之中。习近平总书记高度评价文化在历史发展中的重要作用:"文化的力量,或者我们称之为构成综合竞争力的文化软实力,总是'润物细无声'地融入经济力量、政治力量、社会力量之中,成为经济发展的'助推器'、政治文明的'导航灯'、社会和谐的'黏合剂'。"总的来说,文化具有以下多种功能。

### 1. 记载功能

文化的记载功能是文化的重要属性之一,它是指文化通过各种载体记录下来的信息,传统载体包括文字、书籍、建筑、音乐、绘画、雕刻等,新兴媒体包括图像、音频、视频等。这些载体都是一定范围内的风土人情、历史传统和人类智慧结晶。这些成果的记录和留存可以便于人们了解和传承当地文化。文化的传承是人类社会发展的重要保障,而文化的记载功能则是文化传承的重要手段。文化的记载功能是文化多样性的重要前提。文化多样性是人类社会的重要特征之一。不同的文化有着不同的价值观、信仰、习俗和传统。文化的记载功能可以记录下来不同文化的信息,让人们了解和尊重不同的文化,从而促进文化多样性的保护和发展。文化的记载功能是文化创新的重要基础。文化创新是文化发展的重要动力,是推动文化进步的重要力量。文化的记载功能可以记录下来不同时期的文化信息,让人们了解和借鉴历史文化,从而推动文化创新和发展。文化的记载功能是文化交流的重要桥梁。文化交流是不同文化之间相互了解和交流的重要方式,是促进文化交流和融合的重要手段。文化的记载功能可以记录下来不同文化的信息,让人们了解和尊重不同的文化,从而促进文化交流和融合。因此,我们应该重视文化的记载功能,加强对文化的记载和保护,让文化的精神财富得以传承和发展。

2.认知功能

文化的认知功能是指文化对人类认知世界的影响和作用。文化的认知功能是多方面的,包括对人类认知能力的提升、对人类思维方式的影响、对人类价值观的塑造等。

文化对人类认知能力的提升具有重要作用。文化是人类智慧的结晶,是人类对世界的认知和理解的总结。文化中包含了人类对自然、社会、人类自身等方面的认知和理解,是人类认知能力的重要来源。文化的传承和发展,不仅可以丰富人类的认知内容,而且可以提高人类的认知水平。例如,中国古代的文化中包含了丰富的哲学思想和科学知识,这些思想和知识不仅对当时的人们有重要的指导作用,而且对后世的人们也产生了深远的影响,推动了人类认知能力的不断提升。

文化对人类思维方式的影响非常显著。文化是人类思维方式的重要来源,不同的文化背景会对人们的思维方式产生不同的影响。例如,中国文化强调"和谐""中庸",这种思维方式强调平衡、调和,对人们的行为和思维方式产生了深远的影响。而西方文化强调"自由""个性",这种思维方式则强调个体的独立性和自由意志,对人们的行为和思维方式也产生了深刻的影响。

文化对人类价值观的塑造也至关重要。文化是人类价值观的重要来源,不同的文化背景会对人们的价值观产生不同的影响。例如,中国文化强调"仁爱""孝道",这种价值观强调人与人之间的关系和互动,对人们的行为和价值观产生了深远的影响。而西方文化强调"自由""平等",这种价值观则强调个体的独立性和自由意志,对人们的行为和价值观也产生了深刻的影响。

3.传播功能

文化的传播功能是指文化在传播过程中所具有的作用和功能。一方面,文化的传播功能可以促进文化的传承和发展,让更多的人了解和接受某种文化。其一,文化传播可以通过多种方式进行,如书籍、电影、音乐等。例如,中国的传统文化中有很多优秀的文化遗产,如《论语》《道德经》等,需要通过文化传播的方式让更多的人了解和接受,从而促进中国传统文化的传承和发展。其二,文化传播还可以促进文化的创新。例如,现代音乐中的流行音乐通过文化传播的方式让更多的人了解和接受,从而促进了音乐文化的创新和发展。另一方面,文化的传播功能可以促进不同文化之间的交流和融合。其一，不同文化之间的交流和融合可以通过多种方式进行，如文化节日、文化展览、文化交流活动等。例如，中国的传统文化和西方文化之间存在着巨大的差异，通过文化传播可以让中国和西方国家之间进行文化交流，从而促进文化的多元融合和发展。其二，不同文化之间的交流和融合还可以促进文化的全球化。随着全球化进程的推进，文化传播可以让不同的文化进行交流和融合，从而促进文化的全球化。例如，中国电影通过文化传播的方式让更多的人了解和接受，从而促进了中国电影文化的全球化。

### 4.教化功能

文化的教化功能是指文化对人们的思想、行为、价值观等方面的影响和塑造。文化的教化功能在人类社会中具有重要的地位和作用。首先，文化的教化功能有助于提升人们的思想道德修养。文化中蕴含着丰富的道德观念和价值观，这些道德观念和价值观可以引导人们践行正确的行为准则和道德标准。例如，儒家文化强调"仁爱""孝道"等道德观念，这些观念可以教化人们做一个有道德的人，从而促进社会的和谐发展。其次，文化的教化功能有助于提高人们的文化素养。文化是人类智慧的结晶，文化中蕴含着丰富的知识和智慧。通过学习和了解文化，人们可以提高自己的文化素养，从而更好地适应社会的发展和变化。再次，文化的教化功能有助于提升民众的创新能力。文化中蕴含着丰富的创新思想和创新精神，这些思想和精神可以激发人们的创新能力和创造力。例如，中国古代的科技文化强调"实践""创新"等思想，这些思想可以教化人们勇于创新，从而推动科技的发展和进步。最后，更重要的是，文化的教化功能有助于提升人们的国家认同感和文化认同感。文化是一个国家和民族的精神象征。通过学习和了解文化，人们可以更好地增强民族文化自信。

### 5.社会调适功能

文化的社会调适功能是指文化在社会生活中起到的调节、协调和改造作用。人既是社会的存在，也是文化的存在。人类社会生活中，无论是人与人之间、人与社会之间，还是人的心理思想领域中，矛盾都无处不在、无时不有。在处理这些矛盾的过程中，除运用刚性规则如制度和法律等之外，还要注重充分发挥精神文化的价值引领和行为规范作用，将德治与法治有机结合，以德润心、以文化人、以文育人，科学有效地调节人与人、人与社会之间的矛盾，调适人的心理思想领域中的矛盾，以使人适应变化着的社会实际，在个人和社会的和谐发展中追求进步。例如,市场经济的发展和改革的深入一方面带来了物质的繁荣,但另一方面也使人们的追求越来越多,面临的矛盾也越来越多,从而使很多人产生了心理上的压力和焦虑且愈加严重。竞争压力使得许多年轻人为了追求更高的薪资和更好的职业发展,不断地加班而身心俱疲,产生焦虑和抑郁等心理问题。此外,市场经济的波动和不确定性使得人们无法预测未来的经济状况和社会变化,也会导致人们心理压力增加,产生焦虑感。要缓解这些社会生活中的问题,就必须重视文化的社会调适功能,加强精神文明和社会主义核心价值观的积极引领作用,同时必须把中华优秀传统文化的核心优秀内核剥离出来,推动其创造性转化、创新性发展,激活其中蕴含的知识智慧和理性思辨,孕育出适应新时代需要的文化品格,涵养出中国人民厚德自强、战天斗地、会通中西的文化性格,从而为社会提供一种共同的价值观和行为准则,使人们在行为上更加规范和自律,促进人与人之间的交流和理解、社会的稳定和发展,进而促进人自身的身心平衡,使其更好地适应社会变革和发展。

6. 聚合功能

文化的聚合功能是指文化能够在不同社会、不同民族、不同地域和不同历史时期中,在人们的思想观念领域发生黏合效应,推动形成共同的价值观、信仰、习俗和文化传统,从而促进社会的稳定和发展。文化聚合功能一是有助于形成共同的价值观。不同的文化背景下,人们的价值观会有所不同,但是在同一文化背景下,人们的价值观会趋于一致。例如,中国传统文化中强调的"仁爱""忠诚""孝顺"等价值观,已经深深地融入中国人的思想和行为中,成为中国人的共同价值观。人们的价值观、信仰、习俗和文化传统趋于一致,就会减少文化冲突和文化摩擦,从而促进社会的稳定。二是有助于形成共同的信仰。三是有助于形成共同的习俗。例如,欢度中国传统文化中的春节、中秋节等节日,已经成为中国人共同的习俗。四是有助于传承民族文化传统。文化传统是一个民族、一个国家、一个地区的文化基础,也是文化的根基。对文化传统的传承可以让人们更好地了解自己的文化,从而更好地继承和发扬文化。例如,中国传统文化中的诗词、书法、绘画等艺术形式,已经成为中国文化的特色标签,通过传承和发扬可以让人们更好地了解中国文化。五是有助于促进民族团结和国家统一。民族是人们在历史发展中形成的有共同语言、共同地域、共同经济生活以及表现于共同文化之上的共同心理素质的稳定的共同体。民族必然有其文化,共同的文化背景和文化土壤才形成了民族。文化的聚合功能使规范内化成个人的行为准则、价值遵守,使社会成为一个协调统一、运行高效的系统。一个社会如果缺乏文化的调和,必将四分五裂;一个民族如果失去文化的凝聚力,必将分崩离析。

当今世界中,文化软实力越来越成为综合国力竞争的重要影响因素,也越来越成为争夺发展制高点和道义制高点的关键所在。民族文化是一个民族在与自然界长期的生存斗争中,在本民族成员之间以及与其他民族之间的社会交往中形成的,是该民族生活和生产的基本模式,并以之影响其后代的思维方式、生活态度和价值追求,是维系民族生存、繁衍、发展、壮大的精神基因和精神标识。它决定着一个民族的思维方式和行为方式,影响着一个民族的精神世界,展示着一个民族独有的精神特质。而文化多元的时代,也被称为容易出现"文化拔根"的时代。一个国家、一个民族的文化传统,在多元文化冲击中很容易被冲刷掉,也很容易失去自身的民族文化特色。已经有越来越多的国家把提升文化软实力确立为国家战略。我们只有找到并守住当代中国的文化根脉,才能以文化人、以文育人,捍卫国家统一和民族团结,使全国人民同心同德、团结奋进。

## 二、自信的概念

自信是指个体相信自己有能力实现一定的目的和愿望。在一个人的成长过程中,自信占据着绝对重要的地位,起着决定性的作用。自信是人的行动的内在动力,能激励人们去实现自己的目标。然而关于"自信"概念的界定,不同的学科领域也都有着不同的理解。

从社会学角度来看,自信是社会个体在生产生活实践中形成的对自身能力的信心。有相关调研和数据说明,经常从外部群体中获得肯定性评价或有多次成功经历的社会主体的自信心更强。自信心理与从众心理呈相反关系,自信心越强,从众性越弱,反之则越强。当个体遇到的问题超出其认知范畴而难以判断时,则其自信心会减弱,继而出现从众行为的可能性增大;当个体对某个专业、行业或领域的知识、技能和经验掌握得越多,则出现从众行为的可能性大大降低。自信是社会主体的一种动态变化素质,与主体认识世界和改造世界的能力和水平密切相关。

从心理学角度来看,自信是相信自己有能力掌控或实现既定选择和目标的心理倾向。这种心理倾向也是推动人们进行和完成实践活动的心理学动力。如果一个人长期缺乏自信心,那么他很可能一事无成。自信也是一种比较复杂的社会心理现象,但其可以培养。要培养大学生的自信心,首先应该引导其独立思考、独立完成任务,在过程中给予积极的鼓励,使他们在成功完成任务后获得一定成就感,并在任务完成后找出具体的成功之处,及时给予认可、肯定和赞扬,这些都有利于其悦纳自我,可增强其自信心。如果经常以“为你好”的名义习惯性地给予否定性评价,甚至对其进行指责、惩罚,则可能削弱其积极性。大学生的积极性一旦受挫,就会缺乏自我认同感,会降低甚至丧失自信。

　　综合各学科学者的理解,我们可将自信的内涵概括如下:自信是人们对自己的肯定和理性评价,是对自我能力和价值做出积极客观评价的一种性格特征。简言之,自信就是自己相信自己,对自己的能力和价值充满信心。

## 三、文化自信的释义

### (一)文化自信提出的时代背景

　　文化自信是在文化实践中所体现出来的一种文化主体意识。文化实践是历史的、阶段性的。当历史条件发生变化时,若要适应新的历史条件的要求,就必须更新文化主体意识,培养新的文化自信。文化自信既是基于当代中国发展的现实而提出来的,又是对源远流长的中华文明深切的价值关切,包含着对民族文化传统的自信、对中国现实发展道路的自信以及对中国未来发展前景的自信。

　　1.国际背景

　　当今世界正处在大发展、大变革、大调整时期,随着世界政治多极化、经济全球化的深入发展,科技加速发展,思想文化领域交流、交融和交锋更加频繁,各国之间的文化冲突也越来越显著。随着对外开放在更大范围内展开,以及信息化和新媒体技术的迅猛发展,外来文化与中国文化的碰撞越来越激烈,这既给我们吸收借鉴世界文明成果带来机遇,也给我们的民族文化带来挑战。随着经济建设的推进、物质文明的发展,人们越来越感到国内生产总值(GDP)的增长、物质财富的增加并不是社会发展的唯一目标、终极目标。联合国教科文组织提出,发展最终应以“文化”概念来定义,文化的繁荣是发展的最高目标。有的国家甚至提出,要把文化作为发展战略的轴心,经济、社会、技术和教育战略都应当维系于这个轴心而展开。在现代西方国家,虽然各种各样的文化表达和文化思潮不断涌现,但以个人主义为核心的资产阶级思想文化始终占据主导。

当今世界中,许多国家对建设自己的主流文化更加重视、更加自觉。例如,新加坡为团结国民共同致力于本国发展,以国会法案的形式确定了以国家至上、社会为先、家庭为根、社会为本等为主要内容的共同价值观,在全社会加以推行。可见,培育和壮大主流文化是中外的通行做法。主流文化在综合国力竞争中的地位、作用更加凸显,维护国家文化安全的任务更加艰巨,增强国家文化软实力、中国文化国际影响力更加紧迫。

另外,在当今世界处于百年未有之大变局的大变革与大调整时期,西方国家也在通过各种方式手段寻求文化上的绝对优势地位,进一步加强对我国的文化渗透,更加注重运用巧实力、软实力发动"软战争"。文化之战、文化竞争是和平年代没有硝烟但也更为残酷的战争。有数据表明,发达国家传向发展中国家的信息是发展中国家传出信息量的近百倍,在这样一种多样文化交流更加密切、交融更加深入、交锋更加激烈的国际大背景下,文化在国家竞争中的地位将更加突出,有效维护国家的文化利益、维护国家的文化安全、提升全民文化自信将是更为紧迫也更为艰巨的任务。

2. 国内背景

纵观世界历史,没有一个文化贫瘠的民族自立于世界民族之林,也没有一个民族在对自身文化持怀疑、自卑甚至鄙视态度时能够实现振兴。习近平总书记在山东考察时强调,"一个国家,一个民族的强盛,总是以文化兴盛为支撑的,中华民族伟大复兴需要以中华文化发展繁荣为条件。"随着中国经济的腾飞,中国在世界舞台的影响力日益增强,但很多国家对中国的文化既不太了解,也难以完全认同。作为一个国家、一个民族,如果仅有经济的强盛,则不能称其为强盛,只有民族精神的振奋才是真正的崛起。中国的复兴之路上,不仅要有以经济崛起为重要标识的硬实力,还要有道路、理论、制度的吸引力和感召力,特别是以民族精神重建为标识的文化的不断进步。只有这样,才能避免"经济巨人、文化矮子"的情形出现,真正拥有"乱云飞渡仍从容"的精气神。我们要积极倡导文化自信,注重以文化人,以文运牵动国运,生成中华民族永续发展的基本力量。

"文化自信"作为一个政治热词,于《中国共产党第十七届中央委员会第六次全体会议公报》中被最早提及,发表于《中共中央关于深化文化体制改革、推动社会主义文化大发展大繁荣若干重大问题的决定》(简称《决定》)中。《决定》中强调,发展面向现代化、面向世界、面向未来的,民族的科学的大众的社会主义文化。而要建设社会主义文化强国,就要大力弘扬民族传统文化,培养高度的文化自觉和文化自信。自此开始,国内各界热议"文化自信"。2014 年 2 月 24 日,在十八届中央政治局第十三次集体学习时,习近平总书记提出要"增强文化自信和价值观自信"。2016 年 5 月和 6 月,习近平总书记又连续两次对"文化自信"加以强调并指出,"我们说要坚定中国特色社会主义道路自信、理论自信、制度自信,说到底是要坚定文化自信"。习近平总书记此后多次强调"文化自信",不仅再一次把文化自信引入了公众视野,而且使我们更清楚地意识到文化自信是道路自信、理论自信、制度自信的重要基础和精神保障。若无文化自信,那中国特色社会主义道路自信、理论自信、制度自信都将成为无根之水、无本之木。党的十八大以来,以习近平同志为核心的党中央高度重视文化建设,在党的二十大报告中,习近平总书记又针对文化自信自强提出新要求、做出新部署。从党的十九大报告提出"坚定文化自信,推动社会主义文化繁荣兴盛",到党的二十大报告提出"推进文化自信自强,铸就社会主义文化新辉煌",我国文化建设的内涵不断丰富,要求不断深化。

(二)文化自信的基本内涵及其多维度解读

1. 文化自信的基本内涵

大多数学者将文化自信的内涵理解为对自身文化价值和生命力的信心,尝试从主客体、价值、中国梦、全球化等多个维度阐述文化自信,这种文化自信就是文化在交流与碰撞、合作与竞争中产生的强大的、稳定的自我效能感。著名马克思主义哲学家和教育家陈先达先生认为,文化自信既是基于民族苦难和奋斗史的文化自觉与自豪,又是我们民族寻找自身伟大复兴之路的文化史的历史展示。这是一种既热爱自己的民族文化又海纳百川的包容精神,既积极奋进又不卑不亢的文化精神。《文化自信——习近平提出的时代课题》中提出,文化自信是一个民族、一个国家以及一个政党对自身文化价值的充分肯定和积极践行,并对其文化的生命力持有的坚定信心。

由此可见,文化自信不是天然、静止的孤立存在,而是传统与当代相结合的有机体。对于一个民族、一个国家、一个政党以及生活在一定文化中的个体而言,文化自信是指文化主体对自身文化价值拥有的肯定而真挚的情感、对自身文化生命力的坚定信念,以及对待外来文化的一种理性态度,能充分肯定本国、本民族的文化价值,积极践行本国、本民族的文化理念,对本国、本民族文化的未来发展保持坚定信念,并最终汇聚、融合成其国家和民族的文化自信。文化自信延伸了文化建设的理论,是一个国家和社会发展建设进入一个更高水平的标志。文化自信的主体是民族、国家、政党等。这一思想具有丰富的、多层次的内涵。

在新时代,文化自信是在文化交流与冲突中展现出来的对自我文化的过去、现在和未来的正确认知与科学践行。习近平总书记明确指出,中国特色社会主义文化,源自中华民族 5 000 多年文明历史所孕育的中华优秀传统文化,熔铸于党领导人民在革命、建设、改革中创造的革命文化和社会主义先进文化,植根于中国特色社会主义伟大实践。其本质就是对中国特色社会主义文化的坚定自信。在新时代,文化自信既包括对中华优秀传统文化的自信,也包括对中国共产党领导人民所创建的革命文化和社会主义先进文化的自信,是不忘本来、吸收外来、面向未来的辩证统一,这三个方面的内容相辅相成,不可偏废。

(1)不忘本来

与生物基因规定物种的生命遗传方式一样,任何一个民族的发展都有其特定的文化基因,规定着这个民族特有的社会遗传方式。中华民族在长期历史发展和文化积淀中形成了本民族特有的生活方式、风俗习惯、价值观和文化传统,生成了中华民族历久弥坚的文化传承。因此,中华优秀传统文化不是无源之水,而是中华民族几千年来的文化积淀和精神财富。它包含了丰富的哲学思想、文学艺术、科学技术、道德伦理等方面的内容,是中华民族的文化根基和精神支柱,具有深厚的历史底蕴、独特的价值观、强大的凝聚力和影响力。这种独特的精神标识就是中华民族区别于其他民族的本质特征,就是中华民族绵延不绝的文化基因,是中华民族文化自信的重要来源。在中华民族走向现代化的复兴道路上,这些独有的精神资本以其独有的思维方式、价值理念和表达逻辑为中国走出一条不同于西方的现代化道路贡献了独到的智慧,成为中国树立文化自信的独特历史养分。例如,"天人合一"的生态理想有利于化解中国现代化进程中的生态矛盾;"自强不息、厚德载物"的进取精神激励中国人民以不屈不挠的坚定意志投身现代化事业;"尊道守仁、兼济天下"的民族价值追求培育了中国现代化的共享精神和人民情怀;"多样一体、和合共生"的民族大同理想涵养了中华民族共同体乃至人类命运共同体的价值愿景。这些优秀的文化基因深植于中国发展道路中,成为中国人民坚定"四个自信"的历史文化底蕴。

改革开放以来,中国融入世界的步伐日益加快,在全球化的历史进程中不断发展壮大,综合国力显著提升,世界影响持续扩大,民族精神日益振奋。与之相应,中国文化的伟大复兴是历史发展的必然趋势,亦是全体中国人民的共同期待。中国市场经济的飞速发展不断满足着人民群众日益增长的物质需求。然而,随着全球化、西方价值观和其他多样文化的冲击等,当下中国的文化矛盾和文化冲突日益复杂。人类现代文化发展中的自我认知迷失现象也蔓延到我国,人与人、人与社会,乃至人类与自然之间的矛盾冲突也日益凸显。如文化焦虑、无所适从、心态浮躁,人的文化生活中也出现种种价值失范。与此同时,人们对传统文化的认知出现偏差,逐渐迷失对传统文化的自我认同,传统价值体系备受质疑,导致文化自信缺乏深厚的心理根基。在这种现状之下,我们有必要重新审视优秀传统文化的历史地位和现实价值。我们只有自觉传承和弘扬中华优秀传统文化,系统学习传统文化中的精华部分,不断激活传统文化中的积极文化因子,才能从几千年优秀的传统文化精髓中不断激发出新的安身立命之活力,在传统文化的传承发展中不断播撒智慧之火,以兼容并蓄的文化自信姿态,有效推进中国传统文化的创造性转化和创新性发展,真正树立起民族文化自信心。

（2）吸收外来

纵观人类历史,得以存继的文化都是在开放交融的过程中保存下来的。文化的迁移、交流、融合是其得到发展延续的重要保障。要推动自身的发展延续,任何一种文化都要以开放的方式兼容并蓄、创新发展。随着全球化的日益加深,不同民族、不同区域之间除了经济和政治等方面的交流外,更深刻的文化和思想层面的交流也不可避免。如果不持有开放多样、交流互鉴的文化发展心态,那么文化思想领域的冲突必然会加剧。实际上,文化的开放和包容是大国树立文化自信的必经之路。一个国家如果忽略与其他文化的交流与对话,那么最终的结果只能是自说自话。马克思主义先进文化作为中国特色社会主义文化发展的根基,同样也是文化发展过程中不断继承、扬弃、包容互鉴的产物。

当前,我国文化软实力的提升面临更加严峻的挑战。面对这一现实,中华民族文化应该发扬包容开放的优秀品质,一方面推动融入国际先进文化秩序,积极推进国际不同文化间的交流互鉴,学其所长、为我所用,并在此基础上进行创造性发展;另一方面,要坚持改革开放,积极促进"一带一路"文化发展共同体的建设,着力打造融通中外的新概念、新范畴、新表述,讲好中国故事,传播好中国声音,增强中国在国际上的话语权,并通过中华民族的复兴带动周边国家的经济、政治和文化共同发展、共同进步。习近平总书记指出,中国要永远做一个学习的大国,不论发展到什么水平都虚心向世界各国人民学习,以更加开放包容的姿态,加强同世界各国互容、互鉴、互通,不断把对外开放提高到新的水平。尤其是数字化信息时代使得人类掌握和运用的知识从来没有像今天这样丰富,人类从事文化创造的空间从来没有像今天这样广阔。如何既发扬民族优良文化传统,又吸收全人类优秀文明成果,大力开拓创新、与时俱进,走出一条全新的民族文化复兴之路;如何在世界各种文化相互激荡,特别是面临敌对势力"西化""分化"威胁的情况下,深入发掘中华民族文化精华,充分展示中国人民在继承传统的基础上创造的新思想、新理念和新文化,靠文化自身的独特魅力提升中国文化的国际认同度和影响力,让古老的中华民族文化在新的时代焕发出更加耀眼的光彩,这些对于每一个中国人来说,既是责任,更是义务。与此同时,还要坚持正确把握文化开放和文化安全问题,在扩大对外开放、大胆借鉴外来优秀文化的同时,坚持"以我为主、为我所用"的原则,保持中国文化的民族特色和自主发展,提高对民族文化的传扬、创新能力及对外来文化的批判、借鉴能力,对"文化拔根"现象保持警惕。

(3)面向未来

在全球化时代,生产要素的全球配置,促成了经济、科技和文化在全球范围内的流动,为发展中国家加快经济社会进步提供了新的机遇和可能。但是,全球化既带来文化的激烈竞争,也使得文化的创造性转化和创新性发展成为国际文化交流中占有优势的决定性因素。从综合国力的角度看,21世纪大国间的竞争越来越体现为文化话语权和文化软实力的较量。文化产业的强弱直接影响一个国家和民族的文化竞争力,尤其是国内文化市场的竞争力和海外文化市场的竞争优势,以及文化创新能力(包括文化资源整合能力和文化遗产保护能力)。

因此,要从面向未来的视角建立文化自信,构建与提升国家的文化软实力和文化竞争力。第一,必须面向未来提高本土文化的自我创新能力。创新是文化交流和传播的基础,只有创新,才会使民族文化具有强大的传播力和影响力;只有不断创新,才会有高质量的文化产品,才能提高中国文化在国际文化市场中的竞争力。第二,要面向未来培育和践行社会主义核心价值观,不断增强意识形态领域主导权和国际社会话语权。一个拥有强大文化软实力的国家,也必定拥有生动凝练的核心价值观,从而拥有坚实稳固的国际话语权。在国际社会中,掌握国际话语权的一方可以利用话语权优势,按自己的利益和标准以及按自己的"话语"定义国际事务、事件,制定国际"游戏规则",并按自己的利益和逻辑对事物的是非曲直做出解释、评议和裁决,从而获得在国际关系中的优势地位和主动权。因此,中国需要积极主动地创新和创造符合自身核心利益的话语体系和文化标准。只有建立自己的文化话语权,才有可能在这场"包装在话语权背后的国家利益之争"中胜出或者成功捍卫自己的利益,才能让人民从内心深处建立起文化自信心。第三,要强化内功,在对外文化推介中开创发展新局面,增强文化影响力。例如,努力增强民族文化的感染力和吸引力,增强民族文化的品牌意识,从具体的文化产品和文化观念、标识、品牌入手,脚踏实地、循序渐进地开展对外文化交流和文化贸易,拒绝缺乏文化底蕴的廉价推销、硬性搭配,或者是不切实际的贪大求全、急于求成的做法,避免产生适得其反的结果。第四,着眼世界文化前沿,大力发展特色产业,积极参与国际竞争,坚持文化的自主发展战略,用大量的真正富于原创性的文化产品去开拓民族文化品牌的国内和国际市场,对内激励体现民族价值观的文化消费,对外提供具有国际竞争力的文化产品和文化服务,不断增强民族文化在全球市场中的竞争力,培养一批懂得国际市场规则,熟悉融资、营销和市场运作的专门人才,推动更多的民族文化精品走向世界,从而不断提高中华民族文化的吸引力、感召力和全球影响力。

2. 文化自信基本内涵的多维度解读

(1)主体维度

从主体维度而言,文化自信不是其他人的自信,而是中国共产党人、中国人民和中华民族的自信。文化自信的主体既不是古人,也不是外国人,而是中国共产党、中华人民共和国、中华民族,是当代中国人,特别是中国共产党人。正如习近平总书记多次指出的那样:当今世界,要说哪个政党、哪个国家、哪个民族能够自信的话,那中国共产党、中华人民共和国、中华民族是最有理由自信的。在思潮激荡、众声喧哗的当代世界,当代中国人相信自己走过的道路、取得的成就有深厚的文化根基,能够以我为主,独立自主,相信自己创建和发展的理论、制度有文化正当性,是文化自信的关键所在。

(2)对象维度

从对象维度而言,文化自信是对中国特色社会主义的文化自信。中国特色社会主义,是文化自信的总体对象。这种自信是坚信中国特色社会主义是社会主义,而不是其他任何主义;坚信中国特色社会主义植根于中国文化沃土,反映中国人民意愿,适应中国和时代发展进步要求,有着深厚历史渊源和广泛现实基础,既是中国共产党领导中国人民所做出的伟大创造和取得的根本性成就,又是开辟未来、创造新奇迹的根本保证;坚信中国特色社会主义具有文化上的正当性和先进性。

(3)内容维度

从内容维度而言,文化自信既包括对中华优秀传统文化的自信,也包括对中国共产党领导人民所创建的革命文化和社会主义先进文化的自信。对此,习近平总书记强调,在5 000多年文明发展中孕育的中华优秀传统文化,在党和人民伟大斗争中孕育的革命文化和社会主义先进文化,积淀着中华民族最深层的精神追求,代表着中华民族独特的精神标识。革命文化、社会主义先进文化与中华优秀传统文化是既一脉相承又与时俱进的关系。在文化自信的大框架中,三种文化相辅相成,不可偏废。这三种文化,构成了中国特色社会主义深远的文化纵深,是发展中国特色社会主义的文化沃土。

(4)目标维度

从目标维度而言,文化自信不是为自信而自信,也不是厚古薄今、发思古之幽情,更不是为安于现状、无所作为寻找借口,而是着眼于未来和长远,是为了实现"两个一百年"奋斗目标,实现中华民族伟大复兴的中国梦,同时为21世纪人类的和平和发展提供中国理念和中国方案。在此意义上,文化自信是中国共产党和中国人民在时代转换和世界百年未有之大变局中肯定自我,积极、进取、有所作为的姿态,是要在已有文化的基础上实现创造性转化和创新性发展,发展中国特色社会主义文化,创造中国文化新辉煌。

(5)结构维度

从结构维度而言,一方面,文化自信与中国特色社会主义道路自信、理论自信、制度自信是一个整体。"增强文化自觉和文化自信,是坚定道路自信、理论自信、制度自信的题中应有之义。""四个自信"与对马克思主义的信仰、对社会主义和共产主义的信念是密切联系在一起的。另一方面,文化自信与其他三个自信又不是简单的并列关系。文化自信是贯穿于其他三个自信的更基础、更深厚、更持久、更广泛的自信,因而也是最为根本的自信。

(6)适度维度

从适度维度而言,文化自信是"适度"或"中道",文化自卑是"不及",而文化自大则是"过头"。坚定文化自信,不是要从文化自卑的极端走向另一个极端,即文化自大或文化自负。文化自信不是闭目塞听、妄自尊大,而是要"以我为主、博采众长",更好地包容和吸纳各种文化资源,培育当代中国人的精气神。在世界范围内来说,文化自信不是要建立所谓的"文化霸权",而是要确立与中国大国地位相称的话语权和影响力,使中国以更加积极主动的姿态参与人类文化的创造和新的文化秩序的构建,为人类各种问题的解决发出中国声音、提出中国方案、做出中国贡献。

总之,文化自信是对中国共产党人、中华民族和中国人民的文化延续力、创造力、包容力、超越力的自信,是对中国特色社会主义的文化传承和创新能力的自信,是对当代中国所具有的深远文化纵深和巨大发展潜力的自信。文化自信思想的实质,是要改善中国人的精神状态,克服各种妄自菲薄(文化自卑)和妄自尊大(文化自大),确立起当代中国人的中国特色社会主义文化认同,增强中国人的精神力量和文化定力,把中国特色社会主义事业推向新阶段。在此意义上,文化自信不是可有可无的粉饰或点缀,而是使中国特色社会主义行稳致远,顺利实现"两个一百年"奋斗目标,实现中华民族伟大复兴中国梦的前提性要求。

### (三)文化自信的基本特征

文化自信是增强文化软实力的源泉与动力,是涵盖民族文化、生活方式、意识形态、国民凝聚力的一种精神上的向心力,其形成是一个极其复杂的过程。只有深刻理解文化自信的基本内涵,准确把握文化自信的基本特征,才能为文化的发展与创新提供有益的指导。中国人民的文化自信来源于中华优秀传统文化的民族精华、红色革命文化的历史遗产和社会主义先进文化的时代追求,这些都表征了文化自信的民族性、时代性、统一性及可塑性的基本特征。

1. 民族性

文化自信的形成与发展是一个历史的、连续的过程,表现为对一个民族悠久的历史文化的传承与坚守。中国传统文化所蕴含的优秀品质和价值,是文化自信形成与发展的强劲动力。不论是从文化自信的主体、客体方面来分析,还是从主客体之间的关系来分析,文化自信都具有独特的民族性特征。

(1)文化自信的主体体现着独特的民族属性

文化自信有其特定的主体,从宏观上看,可以是一个国家、一个民族或者是一个政党;从中观上看,可以是某个区域、某个集体;从微观上看,可以是每一个存在的个人。但不论是宏观的主体还是微观的主体,都是在某种民族文化浸染下的主体存在,自始至终都深深镌刻着某种民族的烙印,传承着某种民族文化的基因,具有独特的民族属性,因而自然表现出某种相对稳定的民族性特征。

(2)文化自信的客体蕴含着民族文化的本质

从文化自信的构成客体来看,文化本身是由处于共同的地域、拥有共同的习俗、具有共同的心理特征的民族群体共同创造的产物,带有鲜明的民族印记,展现出独特的民族风格,反映了本民族共有的精神形态,蕴含着民族文化传统的本质内涵和精神要旨。文化既体现了历史的深度,包含了从古至今优秀的民族文化资源,又体现了范围的广度,涵盖了经济、政治发展不同时期的智慧结晶。

(3)文化自信的主客体关系体现了民族性

从主客体发生作用的结果来看,任何一个民族文化自信的产生与建立,都是主客体之间相互影响、相互作用的结果。对民族文化的自豪、坚持和继承,对外来文化的吸收与借鉴,对符合未来新的时代特征的文化创新,都是主体对客体认知、总结、肯定的认识过程,体现了主体在实践中对客体进行认识、改进和发展的实践关系,也体现了主体通过客体满足自身价值需求的价值关系。

2.时代性

文化自信所反映的是处于不同历史时期和特定历史环境下,人们在生产和生活方面的价值选择和精神追求。当代中国的文化自信,既是适应国内外发展环境要求的产物,也是顺应当今时代发展趋势的产物。因此,不论是从世界范围还是从中国范围来看,文化自信都表现出鲜明的时代性特征。

(1)从世界范围来看,当今世界处于百年未有之大变局

在当今世界的舞台上,经济全球化、文化多元化趋势明显,多种思想文化交流、交融、交锋日益频繁,各民族文化通过交相融合形成了对各自所属界域的不断突破而逐步走向全球的发展趋势,并在这一过程中对外来文化不断进行着分析、评判和扬弃。中国的文化发展也不例外。中国文化与整个世界的联系日益紧密,互动更加频繁。此外,世界大变局深刻复杂、变乱交织,各种新旧因素、力量、矛盾相互叠加、碰撞,大国关系、国际秩序、地区安全、社会思潮、全球治理深刻重塑,国际局势不稳定性、不确定性日益突出,治理赤字、信任赤字、和平赤字、发展赤字越来越大,世界面临重新陷入分裂甚至对抗的风险。全球化、市场

化、网络化的迅猛发展在给我国带来诸多机遇的同时,也给中国特色社会主义各项建设带来了冲击和阻碍,特别是给文化发展和建设提出了严峻的考验、带来了现实的挑战。在此背景下,必须以高度的文化自信促进我国在国际竞争与交往中的影响力和话语权的不断提升。

(2)从中国范围来看,当前我国处在中国特色社会主义新时代

"新时代"是我们理解当前所处历史方位的关键词。中华民族伟大复兴的战略全局,是世界百年未有之大变局的重要组成部分,两个大局相互交织、相互激荡。读懂中华民族伟大复兴的战略全局,是引导学生正确认识世界和中国发展大势的根本。在新的历史阶段,我国社会的主要矛盾发生了深刻变化,人们在持续关注传统文化价值观念的同时,也将做出新的文化选择,必然导致文化自信的内涵和形式发生新的变化,以适应新时代的发展要求。中国特色社会主义理论成果和实践成就决定了文化自信的时代性特征,马克思主义的指导思想决定了文化自信的性质和方向。随着时代的发展变化,建立在中国特色社会主义实践及马克思主义理论基础之上的文化自信,其内涵及发展水平不断走向新的历史高度,已经成为道路自信、理论自信和制度自信的文化底色与时代表征。中国特色社会主义文化正在为实现中华民族伟大复兴这一宏伟目标提供源源不断的精神动力、智力支持和价值支撑,文化自信成为推进复兴战略的时代号角。

3.统一性

文化自信的形成是文化继承和发展有机统一的过程。因此,文化本身的特性及发展规律决定了文化自信的形成与发展规律。文化自信在形成与发展过程中表现出明显的统一性。

(1)文化自信是普遍性与特殊性的统一

现代社会中,一个国家往往会通过文化自信来构建人们对于国家、民族的文化认同。从此种意义来看,任何一种文化自信都具有一般意义上的普遍性的特征。从结构要素而言,不同的文化自信体现的是不同的文化主体、客体及二者之间的关系的组合。因而,不同的文化自信之间必然是一种差异性的存在,表现为特殊性的特征,成为一种文化区别于另一种文化的显著标志。

(2)文化自信是变化性与稳定性的统一

文化是一个具有自觉意识的人类的创造,是一个有机的生命过程,是一种可以传承、传播、分享和发展的动态体系。文化总是处于不断变化之中。文化

的变化性决定了文化自信相应地具有变化性的特征。同时,由于文化是系统性的存在,文化中的观念系统有天然的保守性和怀旧性,因此文化具有保持现状的倾向,文化传统、特定文化和特定因素或性质都表现出持续性的特点,即使是迫于外来压力时,也努力保持其基本的结构和方向。文化自信的形成需要经历一个长期孕育、不断积淀的过程,一旦形成,便具有为人们所了解和认同的相对稳定性,人们就会长期坚守和秉持。

(3)文化自信是整体性与多样性的统一

对于一个群体而言,文化是统一的整体,是具有完整结构和鲜明特征的整体。文化的整体性还表现为人类文化中每一个单一文化内部的统一性。因此,文化自信是一种兼具整体性和统一性的存在。与此同时,任何一个民族都有自己的文化,每个民族都是在特定的文化背景中成长起来的,文化模式构成了一个民族文化的基本单元,其文化特征也就自然而然地从他们特有的文化模式中显现出来。文化差异的存在和文化趋同一样,是一种无法克服也无须克服的正常现象。差异性和多样性是文化本身的特征,也是文化得以发展和延续的基础。在差异性的基础上达成共识、实现共生,也是多样文化发展的趋势,更是文化发展的必由之路。

4.可塑性

文化自信的形成,是一个长期的文化交流和比较的过程,是对某种特定文化由认知到认同,再到坚定信心,进而自觉传承的过程。在这一过程中,通过教育引导的方法和途径,能够实现文化自信的培育和提升。

(1)文化自信的主体具有可塑性

文化自信的主体,既包括某个单独存在的个体,也包括由多个拥有共同价值追求的个体组成的某一或某些社会群体,归根结底,都是由具有价值判断能力的人组成的。人作为一种生命个体,存在于社会中,也就是存在于一定的文化中,既表现为物质性存在,又表现为社会精神性存在。作为社会实践活动主体的人,在对象性地改造客观世界的过程中,也改造着主观世界,形成人对自身所处文化世界的精神构建。一个人的文化自信的形成,不是先天的,也并非一成不变的,它是一个人在对文化问题不断进行学习、思考与比较的过程中而逐渐构建并不断发展的。当整个社会的经济发展水平、文明进步程度、生态人文环境等外部条件因素发生变化,或者当个体的思想认识、心理状态等内部因素发生某些改变时,人的认知水平、自信程度都会随之发生变化。

（2）文化自信的客体具有可塑性

作为文化自信的客体，文化本身不是静态物，不能一经形成便一劳永逸，也不是至善至美、没有任何需要完善的地方的，它会在实践中不断地发展、变化和完善。文化在不断辐射、发展、分化和同化的过程中，能够通过对资源的有效利用而获得新的发展能力，通过对其他社会组织及意识形态的学习借鉴而实现新的进化，通过不断传播与交流而获得新的文化因素，这恰恰是文化变化的作用和意义所在。因此，对文化的整合，促进其凝聚力的提升、影响力的扩大、生命力的激发，使其自身的优势和特点得以最大限度地发挥，这本身就是对文化不断进行塑造的实践过程。

（3）文化自信的主客体关系具有可塑性

文化自信的主客体关系的可塑性，取决于文化自信的主体和客体的可塑性。文化自信的一个共同表征，就是其主客体之间具有相互关联性，即国家文化主体与各民族文化客体之间具有高度一致的政治认同和思想基础。世界各个多民族国家自身存在着多元民族文化，这些文化在长期历史发展过程中通过相互接触、交流、交融，产生了一些诸如价值观、道德规范、宗教信仰等方面的共同的政治或文化特质。这些特质连接着主权国家内各个不同民族及民众，使其形成"多元一体化"的文化共同感和"休戚与共"的政治文化心理，成为各民族人民友好相处、共同发展的精神动力及国家稳定、发展和繁荣的政治思想基础。比如，佛教传入中国后，不断与我国既有的宗教、哲学、语言文学及伦理等方面进行融合，丰富了中国的传统文化，也增加了人们的信仰选择。

# 第二节  文化自信的历史嬗变

中华民族文化不是无源之水、无本之木。历史如根，文化似魂，文化和历史紧密相连，不可分割。历史是一面镜子，要理解文化自信必须将其放到中国历史进程中，以历史的整体性和嬗变性理解文化自信的流变。习近平总书记指出，坚定文化自信，离不开对中华民族历史的认知和运用。陈先达也指出，不懂中国历史，尤其是不懂近百年中国的奋斗史，不懂中国共产党的革命和建设历史，就难以理解文化自信的丰富历史内涵。从古代四方朝贺的耀眼明星到近代忍辱负重的风雨飘摇，再到现当代国强民富的康庄大道，中国文化经历了辉煌灿烂、跌宕发展、螺旋上升这样一个历史嬗变过程,正是在这一发展过程中,酝酿形成了文化自信。

## 一、古代中国：文化辉煌灿烂

中国是世界四大文明古国之一,也是唯一没有消失,民族语言、文化、文字、建筑一直传承至今的文明古国,具有强大的生命力、创造力和影响力。在《中国革命和中国共产党》一文中,毛泽东强调,在中华民族的开化史上,有素称发达的农业和手工业,有许多伟大的思想家、科学家、发明家、政治家、军事家、文学家和艺术家,有丰富的文化典籍。习近平总书记在 2016 年 5 月 17 日举行的哲学社会科学工作座谈会上也曾指出,中华文明历史悠久,从先秦子学、两汉经学、魏晋玄学,到隋唐佛学、儒释道合流、宋明理学,经历了数个学术思想繁荣时期。在漫漫历史长河中,中华民族产生了儒、释、道、墨、名、法、阴阳、农、杂、兵等各家学说,涌现了老子、孔子、庄子、孟子、荀子、韩非子、董仲舒、王充、何晏、王弼、韩愈、周敦颐、程颢、程颐、朱熹、陆九渊、王守仁、李贽、黄宗羲、顾炎武、王夫之、康有为、梁启超、孙中山、鲁迅等一大批思想大家,留下了浩如烟海的文化遗产。中国古代大量鸿篇巨制中包含着丰富的哲学社会科学内容、治国理政智慧,为古人认识世界、改造世界提供了重要依据,也为中华文明提供了重要内容,为人类文明做出了重大贡献。这就是文化自信。

自先秦时期中华文明开始萌芽,经秦汉时期的文化成就积累,魏晋南北朝时期文化繁荣发展,至隋唐时期文化自信出现"峰值",再到宋元时期进入文化发展的重要阶段,明清时期文化发展"喜忧参半",先人高超的智慧和创造力体现在手工工艺、文字、医学、天文历法、礼乐制度、农田水利等方方面面。其中,很多领域都拥有当时世界最先进的水平。如迄今发现最早的提花丝织物——破折商代的提花绮、世界最早的恒星表《甘石星经》、当时数学最高水平的勾股定理、世界医学宝典《黄帝内经》和《扁鹊内经》、中国最早的诗歌总集《诗经》、"天下第一行书"《兰亭序》、"四大发明"(造纸术、印刷术、火药、指南针)、明代李时珍的《本草纲目》、被誉为"技术百科全书"的《天工开物》等,有据可查、有史为证的中国文化从先秦时就在很多方面领先世界,成绩斐然,令世人赞叹,这奠定了中国文化自信的基础。

除以上中国文化丰富的发展成就让我们充满自信之外,中国文化兼收并蓄、海纳百川、积极交流的品质也让我们充满文化自信。先秦时期,文化对外传播与交流就出现了萌芽,如王介南在《中外文化交流史》中所述,"仰韶文化迈开大步,向西奔过河套,越过祁连山,传播至新疆;向东混合于由山东沿海成长起来的龙山文化,跨越渤海,由辽东半岛、朝鲜、日本传播到北美洲的阿拉斯加。这些地方出土的龙山文化器型有孔石刀、石斧和中国陶器,便是物证"。张骞出使西域,陆上丝绸之路和海上丝绸之路的开辟拓展了贸易往来并加强了文化交流。在交流中,中国文化显示出了强大的凝聚力和感召力,"在唐都长安,唐朝皇帝接待了许多国家派来的使节,在繁华的商业区里有不少外商店铺,在国子监有许多国家派来深造的留学生,在寺庙里有许多来中国求法的外国僧人,在朝廷中还有许多供职唐廷的外国官员,此外还有寻求庇护的外国王侯、向唐献艺的外国乐工艺人等"。明代郑和七下西洋极大地促进了中国与世界的经济发展和文化交流。明清华侨将中国文化的成果带到南洋(即今东南亚),对传播中国文化也起了很大作用。中国文化的辉煌、自信、凝聚从中外文化的频繁交流和积极互动中也足可以见。

　　在古代文明世界,中国作为以农业生产方式为主体的古代世界强国,具有独特的语言、文化、历史,取得了许多辉煌成就,在全世界范围内形成了强大的感召力和吸引力。古代中国的文化自信表现为:在经济领域有发达的农业和手工业;在思想文化领域有众多优秀的思想家和丰富的文化典籍。这些对周边各国、各民族乃至古代西方世界都产生了强烈的吸引力,中国也因此成为古代世界物质与文化交流的中心之一。然而,当西方社会开始进入工业革命和资本主义经济时代,世界历史拉开了近代化进程的帷幕时,停留于农业文明时代的中国因落后于时代发展大势而遭受了殖民侵略战争的侵害,中华民族面临列强瓜分的民族生死存亡危机。中国从曾经受世界各国景仰的东方文化大国沦落为半殖民地半封建的"东方睡狮"。中华民族文化随同衰落的民族命运一样失去往日的地位和辉煌,进入文化自信的低潮与失落期。民族文化发展被迫套上了帝国主义强势文化的枷锁,造成了民族文化迷失、文化不自信。中华民族的文化自信陷入前所未有的低谷。中国传统文化在帝国主义文化、殖民文化的侵袭下,陷入前所未有的危机。近代中国历史的主题和时代使命是捍卫民族独立与再塑中华民族文化自信、重建民族文化主体意识。幸运的是,中华文明并没有被迫中断或是被同化,而是以独特的方式和强烈的生命力继续传承发展,延续了历史悠久的民族文化传统。因此,中华优秀传统文化的连续性、包容性、以道德为核心的独特性与价值观,不仅使之成为古代农业文明的"明珠",更在现代化的当代世界中得以继续传承发展,成为中华民族共同的文化主体意识和民族认同感的源泉。

## 二、近代中国:文化跌宕起伏

当大清王朝还沉浸在"天朝上国"的黄粱美梦中时,其已出现衰退之征兆,如文字狱的"登峰造极"、八股制的"万马齐喑"、升官发财的"为学之道"。而此时的西方社会已经进入工业时代,开始殖民扩张,正在用"坚船利炮"瞄准"手推磨"的中国。历史的车轮来到第二阶段——近代中国短暂的文化自卑期,此时文化自信处于低谷期。习近平曾这样描述这段历史:"鸦片战争后,随着列强入侵和国门被打开,我国逐步成为半殖民地半封建国家,西方思想文化和科学知识随之涌入。自那以后,我们的国家和民族经历了刻骨铭心的惨痛历史,中华传统思想文化经历了剧烈变革的阵痛。"历经了两次鸦片战争和中日甲午战争,以及割地赔款等一系列不平等条约的"血洗",中华民族面临亡国灭种的危机。衰败无能的自卑情绪在中国人的心中蔓延,从技不如人,到制度不如人,再到文化不如人,中国人的民族自信受到极大损毁,曾经耀眼的中华文明变得黯淡无光,甚至成为愚昧落后的代号。

文化自信的低谷期与国家衰败是相联系的,它敲响了中国封建社会的丧钟,同时又唤醒了更多的中国人。中华民族文化基因中自强独立的优秀传统促使无数仁人志士奋起拼搏,开启了中国近代史的革命奋斗和民族自立的历史进程。从"师夷长技以制夷"的经世致用到"中体西用"的洋务运动,再到"君主立宪制"的戊戌维新,龚自珍、林则徐、康有为、梁启超等一大批富有家国情怀、勇于革新的仁人志士开始前仆后继地探求救亡图存之路。"路在何方,中华民族复兴应该走哪条路?当时学术界能想到的只有两条路,这就是陈序经在《中国文化的出路》中说的,一条是主张全盘接受西方文化的西化之路,一条是主张返回中国固有文化维持原有封建体制之路。至于所谓折中主义的'中体西用'本质上属于第二条路的改良和变形。实际上中国还有第三条路,这就是革命之路。"辛亥革命推翻了统治中国2 000多年的封建制度,使"民主共和"的观念深入人心,男女平等、人人平等、自由平等意识增强,为中华民族重拾文化自信注入了鲜活因素。但好景不长,袁世凯等挂上了"尊孔复古"倒车挡,民族文化遭遇危机。在这一现实的刺激下,陈独秀、胡适、李大钊等知识分子高举"民主"与"科学"大旗,掀起了"最后之觉悟"(陈独秀)的新文化运动,这是中国文化自信发展的重要转折。但此时的思想界与文化界也不是风平浪静的,在中西方文化优劣、人类文化发展方向等问题上,思想家和学者进行了数十年的持续论战,直到1917年的俄国十月革命给中国送来了马克思主义,改变了论战的方向。"在第一次世界大战给予资本主义世界以沉重打击,十月社会主义革命取得伟大胜利的时代背景下,中国知识分子对中国向何处去的问题进行了重新探讨。在这个时期,封建文化、资本主义文化、社会主义文化的关系,已成为人们关注的中心。文化战线上冲锋陷阵的先进战士们举起的已经是大书'社会主义文化'字样的战旗。"民族存亡的危机催生了爱国自强的革命文化精神,"历史好像是首先要麻醉这个国家的人民,然后才能把他们从世代相传的愚昧状态中唤醒似的"。站在时代前列的革命先辈成为中华民族自强不息、拼搏奋斗的民族文化精神的代表,唤醒了许多受压迫受剥削的中国人。从此,中国文化走出了短暂的自卑期,开启了以马克思主义为指导的科学的社会主义文化的螺旋上升时期。

### 三、中国共产党成立:文化螺旋上升

在近代内忧外患的时代背景之下,追求民族解放、重新树立民族自信的希望不能单靠传统文化的超越性精神追求和内在道德修养,而是更需要指导中华民族解放、代表广大人民希望、引导革命彻底胜利的新的科学理论与方法,这就是马克思主义思想。马克思主义思想的传入给中国带来了民族解放的希望,中国共产党的成立是中国近代历史上开天辟地的大事。中国共产党肩负民族独立解放的希望和使命,带领广大人民群众拼搏奋斗,经历无数革命先烈的流血牺牲,推翻了压在中国人民头上的帝国主义、封建主义、官僚资本主义这"三座大山",改写了中华民族被殖民侵略的衰败命运,书写了中华民族自强奋发的新的历史篇章和发展道路。中国共产党自成立之日起,就深知自己所肩负的历史责任和文化使命,致力于新中国的建立和新文化的发展。为求民族独立和人民解放,中国共产党人坚守信念、无惧牺牲、勇于斗争,形成了以红船精神、井冈山精神、西柏坡精神、长征精神、延安精神、抗战精神等为代表的革命文化。在这些精神的指引下,革命最终取得胜利。1949年,中华人民共和国成立,此时的中国一穷二白,但人民建设自己家园的热情极其高涨,形成了以艰苦奋斗、迎难而上、无私奉献为内核的大庆精神(铁人精神)、雷锋精神、焦裕禄精神、"两弹一星"精神,为社会主义制度在中国的真正确立贡献了巨大力量。在这一时期,社

会主义思想文化建设取得了极大发展,逐步确立了马克思主义思想的指导地位;提出了"百花齐放、百家争鸣""古为今用、洋为中用"的文化建设方针;探索了教育制度改革,实现教育平民化、大众化,初步形成了比较完整的教育体系;科学技术领域取得了重大突破,文艺创作、体育发展等方面都取得了显著成绩,极大地提升了广大人民的文化素养,丰富了人们的精神生活,提振了人民的文化自信。

党的十一届三中全会之后,文化发展"为人民服务,为社会主义服务"的"二为"方向被提出,文化发展迎来了重要的发展机遇期。"各级各类的教育事业如高等教育、九年制义务教育、中等职业技术教育、成人教育等建设全面展开,教育事业蓬勃发展;科技发展与体制改革方面成效显著,提出了'科技是第一生产力'的指导思想,积极建立有利于经济发展和科技进步的新体制机制。因此,这一时期,基础科学和尖端科技领域研究突飞猛进,众多科学研究水平跻身国际行列。"特别是 1992 年邓小平南方谈话的发表和党的十四大上强调的"物质文明和精神文明都搞好,才是有中国特色的社会主义",极大地促进了文化的蓬勃兴起,增强了中华民族的文化自信底气。

20 世纪 80 年代末 90 年代初,国际局势动荡不安,国内社会主义事业发展遭遇空前的困难与压力。以江泽民同志为核心的党的第三代中央领导集体科学判断形势,全面把握大局,在艰辛探索中开创了中国特色社会主义事业的新局面。1997 年 9 月,江泽民同志在党的十五大上全面系统地提出,"建设有中国特色社会主义的文化,就是以马克思主义为指导,以培育有理想、有道德、有文化、有纪律的公民为目标,发展面向现代化、面向世界、面向未来的,民族的科学的大众的社会主义文化"。在党的十六大报告中,江泽民同志全面阐述了"三个代表"重要思想,进一步强调先进文化在建设中国特色社会主义事业中的重要地位和作用,并指出,当今世界,文化与经济和政治相互交融,在综合国力竞争中的地位和作用越来越突出。文化的力量,深深熔铸在民族的生命力、创造力和凝聚力之中。先进文化是综合国力的重要标志,是国家和民族独立的重要基石,在凝聚和激励全国各族人民振兴中华中产生了巨大力量。

2002 年到 2012 年这十年间,中国文化建设领域发生了一系列影响深远的变革,极大地提升了中国特色社会主义先进文化的影响力和传播力,中国人民的文化自信也有了极大的提升。2006 年,党的十六届六中全会通过的《中共中央关于构建社会主义和谐社会若干重大问题的决定》明确指出,马克思主义指导思想,中国特色社会主义共同理想,以爱国主义为核心的民族精神和以改革创新为核心的时代精神,社会主义荣辱观,构成社会主义核心价值体系的基本内容。从此开始,形成了广泛宣传、自觉践行的良好局面。2011年,党的十七届六中全会吹响了文化体制改革的进军号角,通过了《中共中央关于深化文化体制改革 推动社会主义文化大发展大繁荣若干重大问题的决定》,为建设社会主义文化强国指明了前进方向。该决定从九个方面阐述了中国特色社会主义文化发展的重要问题,指出中华民族伟大复兴必然伴随着中华文化繁荣兴盛,号召全国各族人民要积极进行文化创造,为把我国建设成社会主义文化强国而努力奋斗。这一系列政策措施的出台和施行体现了党中央高度的文化自觉与文化自信,为繁荣社会主义文化提供了思想引领和政策支持。

党的十八大以来,中国式现代化发展开始步入快车道和超车道,党和国家事业发生历史性变革,我国发展到了新的历史起点上,中国特色社会主义进入了新时代。这个新时代不仅是经济、科技、社会高质量发展的时代,更是文化高质量发展的关键阶段。习近平总书记在提出"道路自信、理论自信、制度自信"三个自信之后,又创造性地提出第四个自信——文化自信,并强调"坚定中国特色社会主义道路自信、理论自信、制度自信,说到底是要坚定文化自信。文化自信是更基本、更深沉、更持久的力量""没有高度的文化自信,没有文化的繁荣兴盛,就没有中华民族伟大复兴"。把我们党对中国特色社会主义的认识,对文化地位、作用和发展规律的认识提升到一个全新境界和战略高度。在增强文化自信、建设社会主义文化强国这一战略目标指引下,中国在文化建设方面取得了重大进展:一系列新理念、新思想、新战略被提出,一大批传播中国声音、阐释中国特色、传递中国力量的文艺作品被广为传诵,极大地提高了中国文化的影响力和感召力;全社会积极培育和弘扬社会主义核心价值观,进一步传播和弘扬中华优秀传统文化、革命文化和社会主义先进文化,助力中国文化自信的提升;广大人民文化自觉、文化自信意识空前增强,为坚定文化自信、传播文化自信筑牢了坚实的基础。

# 第三节　文化自信的当代价值

## 一、新时代文化自信形成的理论依据

### (一)理论根基:马克思主义文化观

文化观是人们认识、理解、对待精神生活及其成果等文化现象的基本态度和根本观点,是人们的世界观在文化问题上的反映。马克思主义文化观以辩证唯物主义和历史唯物主义的立场、观点、方法来认识、对待文化现象,揭示文化产生和发展规律,是马克思主义世界观在文化问题上的反映。马克思和恩格斯对文化问题的研究不是以文化学的视角去研究相对独立的文化现象,而是以关于文化的理解来丰富关于社会历史运行机制和发展进步的理解。由于马克思主义文化观是从唯物史观出发去探讨文化问题的,因此与其他西方文化观相比,其从一开始就表现出了明显差异,形成了丰富的、独特的文化理论,成为文化自信问题的理论根基。

马克思主义文化观具有阶级性。"统治阶级的思想在每一个时代都是占统治地位的思想。"阶级在统治地位当中既表现为物质力量,也表现为精神力量。在工业革命发展到鼎盛时期时,马克思、恩格斯发现在工业发展的同时存在着阶级矛盾。马克思和恩格斯主要研究政治、经济和社会方面,所以研究文化也主要从政治、经济和社会角度考虑。文化本身就是社会实践的产物,它不同于经济基础和上层建筑,是一种社会意识形态,在社会当中具有独特的地位。社会存在决定社会意识,什么样的统治阶级决定具有什么样的文化,这体现了一定阶段的统治阶级支配着一定阶段的文化。

马克思主义文化观具有社会历史性。"要研究精神生产和物质生产之间的联系,首先必须把这种物质生产本身不是当作一般范畴来考察,而是以一定的历史形式来考察。"每个文化的发展都有其社会历史性,经济的发展水平会受到历史因素的制约,反过来又会影响社会的发展与进步。马克思主义文化观与唯物史观的关系密切,文化的发展与唯物史观同样具有划时代的意义。文化的发展揭示了历史发展的规律。文化是社会发展的重要体现,能够推动社会向前发展。因此研究文化要从历史的角度去分析,既要尊重历史又要把握时代发展脉络,推动文化的发展与创新。

马克思主义文化观具有相对独立性。经济基础决定文化的发展,但经济并不是时时刻刻都能决定文化的发展。就像马克思所说:"关于艺术,大家知道,它的一定的繁盛时期绝不是同社会的一般发展成比例的,因而也绝不是同仿佛是社会组织的骨骼的物质基础的一般发展成比例的。"所以文化的发展并不一定受制于经济的发展水平,先进文化对经济发展具有推动作用,落后文化对经济发展具有阻碍作用,所以文化具有相对独立性,因时间、地点和条件而改变。

马克思主义文化观具有实践性。马克思指出,全部社会生活在本质上是实践的。马克思从实践的观点出发,对人与自然关系等方面进行重要阐述。他认为实践是人类一切活动的基础,是人类社会所特有的物质生产实践活动。对于文化产生的根源,马克思认为是人类的社会实践,即文化产生是人类在认识和改造客观世界的过程中的实践行为所产生的结果,随着实践的不断加深与拓展而丰富和发展,最终形成了人类自己的"文化"。

### (二)理论来源

文化自信在"四个自信"当中是最根本的自信,也是更基础、更广泛、更深厚的自信。文化自信是一个国家的"根"与"魂",如果失去了文化思想的灵魂,一个国家、一个民族就很难强大起来。文化在文明传承的基础上确立了共同的文化思想基础,所以文化是更基础的自信;文化在无形当中影响着人们的思想观念和精神世界,渗透于自信生活的各个方面,具有强大的感召力和影响力,能够凝聚人心,汇聚广大中华儿女的共识,所以文化自信是更广泛的自信;任何国家和民族的文化都是经过时间的积累而孕育形成的,中国的文化有着 5 000 多年的历史积淀,具有深厚的底蕴和历史渊源,为中华民族提供了丰富的养料,所以文化自信是更深厚的自信。新时代文化自信的理论来源主要包含中华优秀传统文化、革命文化和社会主义先进文化,这三种文化为推动中华民族伟大复兴的实现提供了强大的精神力量。

1.植根于中华优秀传统文化

中华优秀传统文化历代相传,凝聚了几千年来中国人民的智慧,塑造了中国社会的日常道德规范,成为现代社会道德规范的重要文化来源。成熟悠久的文化发展历程赋予中华民族文化的自觉与自信的基础。

中华民族文化作为整体性的文化,历经不同时期社会生活方式、生产方式的变更,凝聚成超越时代发展的智慧与精神,成为具有连续性、整体性的文化有机体。一个民族的传统是可变的文化内容中凝聚出的不变的文化传承形式,是具有超越性的可传承的智慧,凭借众多思想文化经典的文字载体得以流传几千年,成为被不断传承颂扬的优秀传统文化。一方面,中华优秀传统文化的连续性使中华文明能够传承千年而不中断,保持本民族文化的历史延续,奠定了中华民族文化的根基和正源,成为中华民族团结、生存和发展的内在驱动力;另一方面,中华文明的包容性使中华民族崇尚和谐共荣的多样文明,积极吸收和学习先进文明的优秀成果,不断内化、不专霸权,经历古代世界朝代更替、世代兴衰依然能够屹立于世界民族之林,并不断丰富本民族自身的内涵。因此,中华优秀传统文化是中华民族在经历不同社会生产方式变更与挑战中保持不变、连续传承的智慧支柱,中华优秀传统文化具有历史性、时代性和超越性,是国家和民族发展的精神支柱,奠定了中国文化自古以来文化自信的智慧内核。

2. 熔铸于中国革命文化

马克思主义理论指导下的革命文化是中国近代文化的重要理论成果,激发了中华民族文化中的奋发自强精神,为中华民族探索社会发展规律提供了科学的理论指导,坚定了中华民族寻求自强独立的革命道路自信、理论自信、文化自信。

在近代中国处于民族危机、时代危机、社会危机和文化危机之际,中国共产党应时代使命和民族命运而诞生,带领中华民族重新站立起来,自主选择中国的发展道路和前进方向,形成了以拼搏奋斗、追求民族独立自强为主旨的革命文化精神,凝聚了中华民族共同的主体性认同和民族复兴的希望。马克思主义理论指导下的革命文化不是对传统文化的复辟或是对外来文化的生搬硬套,而是扎根中国大地、适应中国国情,通过马克思主义中国化建设符合中国文化传统、符合中国国情的中国解放与发展道路。中国共产党领导下的革命实践和革命文化改变了中华民族的命运和中国发展的道路,使中华民族独立自主地重新登上世界民族的舞台,成为近代反帝反封建战线的重要成员,以革命自主的实践与文化精神展现了民族独立的自信,使中国走出近代以来的文化自信低谷,坚定了革命道路自信和民族文化自信,成为中华民族文化自信的重要来源。具有丰富内容和独特品格的中国革命文化已成为中华民族最为独特的精神标识,对于中国未来文化和事业的发展具有重要的意义。需要注意的是,革命文化是以马克思主义理论的历史观、阶级斗争和武装斗争的方法论为指导的,其符合近代中国独立自强的愿望与诉求,拯救了面临解体的民族文化主体意识。因此,革命文化的内核是我们要坚持和认可的精神内容,而革命文化的外延是随着社会发展需求的变化而不断调整的。革命文化的爱国主义和奋发拼搏的精神内涵在中国建设和发展时期仍然是指导工作的重要精神,但是革命文化的方法手段却不适用于和平时期的社会改革与发展。

3. 发展于社会主义先进文化

社会主义先进文化是有中国特色的社会主义文化,是在由中国共产党领导的社会主义现代化建设中创造的文化,是和中国道路、中国制度、中国理论相适应的文化。从闻名于世的古代文明辉煌到悲壮的民族救亡图存经历,从激荡的革命年代到和平年代引领中国社会主义现代化建设,社会主义先进文化继承了中华优秀传统文化的历史性、革命文化的爱国主义情怀,在当代创新发展,成为塑造民族性格、培育民族精神的文化自信来源,展示了中华民族在社会形态变迁中对中华优秀传统文化和革命文化的继承和创新发展。

恩格斯曾指出经济发展与先进文化的辩证关系。社会主义生产方式是社会主义先进文化的物质基础,所以社会主义先进文化的创新发展是能够在改革创新的中国特色社会主义伟大实践中找到源头活水的。社会主义先进文化与社会主义经济、政治、社会、生态文明发展相互影响,构成中国特色社会主义制度的有机整体。社会主义文化强国建设是中国特色社会主义发展的重中之重。社会主义先进文化凝聚了传统与现代文化要素,集中体现于社会主义核心价值观的理念与价值追求。社会主义核心价值观体现了个人与民族发展的双重文化要求,凝聚了中华优秀传统文化的智慧结晶,是提升个人道德修养、凝聚民族向心力的文化推动力。在中国特色社会主义建设的有机整体中,文化力量日益成为推动经济、政治、社会、生态文明发展的重要力量,与其他方面在社会主义现代化实践中相互影响。将社会主义先进文化的价值追求融入中国式现代化实践道路的经济建设、政治建设、社会建设、生态文明建设之中,发展成指导中国特色社会主义建设的价值追求与思想力量,这既是提升国家软实力、建设社会主义文化强国、应对日益激烈的国际竞争的时代要求,也是中国共产党保持先进性的精神支柱,更是国家富强与民族复兴的旗帜。

## 二、新时代文化自信的价值意蕴

### (一)文化自信有利于社会主义文化事业的繁荣和发展

1. 有利于增强中华民族的文化软实力、文化认同感和文化创新能力

在当今世界,文化自信已经成为一个国家软实力的重要组成部分。对于身处"两个大局"的中华民族来说,增强文化软实力、建设文化强国更具有重要意义。首先,新时代文化自信自强有利于增强中华民族的文化软实力。文化软实力是指一个国家通过文化手段来影响和吸引其他国家和人民的能力。中华民族拥有丰富的文化资源,如诗词、书画、戏曲、音乐等,这些文化资源不仅是中华民族的瑰宝,而且中国文化的重要组成部分。通过对这些文化资源的传承和弘扬,可以增强中华民族文化软实力,让世界更好地了解和认识中国文化,从而提高中华民族在国际上的影响力和地位。其次,新时代文化自信自强有利于增强中华民族的文化认同感。文化认同感是指一个人对自己所属文化的认同感和归属感。对于中华民族来说,文化认同感是非常重要的,因为中华民族拥有独特的文化传统和价值观念。这些文化传统和价值观念是中华民族的精神支柱。通过对这些文化传统和价值观念建立自信与自豪感,中华民族可以增强自己的文化认同感,从而更好地维护和传承中国文化。最后,新时代文化自信自强有利于增强中华民族的文化创新能力。文化创新能力是指一个国家在文化领域中创新的能力。中华民族拥有悠久的历史和灿烂的文化传统,这些文化传统和价值观念为中华民族的文化创新提供了丰富的素材和灵感。通过对这些文化传统和价值观念的挖掘与创新,中华民族可以不断地推陈出新,创造出更多的文化精品,从而提高中华民族的文化创新能力,打造民族文化品牌,推动中国文化走出国门、走向世界,不断提升中国文化的吸引力和影响力。

2. 为中华民族伟大复兴提供精神支撑

中国特色社会主义的成功实践,使得追求人民富裕、实现国家强盛成为当代中国文化自信的重要价值依托。当代中国的文化自信作为一种强大的精神力量与奋斗意志,必然能够转化为改变中国的物质力量,推动中国社会继续稳步向前,助力中华民族伟大复兴的实现。首先,新时代文化自信自强可以增强中华民族的凝聚力和自信心。中华民族拥有悠久的历史和灿烂的文化,这是中华民族的独特优势。只有对自己的文化传统和文化价值足够自信,才能更好地

传承和弘扬中华民族的文化,增强中华民族的凝聚力和自信心。其次,新时代文化自信自强可以促进中华民族的创新和发展。文化自信自强不仅仅是在传统文化方面的自信和自强,更是在现代社会主义先进文化方面的自信和自强。只有对自己的文化传统和社会主义先进文化足够自信,才能更好地创新和发展,推动中华民族的进步和发展。最后,新时代文化自信自强可以提高中华民族的国际影响力和竞争力。文化自信自强是一个国家和民族的软实力。只有对自己的文化传统和文化价值足够自信,才能更好地展示中华民族的文化魅力,提高中华民族的国际影响力和竞争力。

3. 有利于超越资本主义给当代世界带来的负面效应和有效应对世界多元文化冲突与挑战

全球化使人类社会联结成为一个密不可分的整体,只有认清当代中国文化在世界文化中的地位、中国话语的世界历史意义,才能把握新时代中国文化自信得以形成的现实依据和时代意义。一方面,新时代文化自信自强有利于超越资本主义给当代世界带来的负面效应。在物质文明层面,过去由西方资本主义国家主导并推动的全球化,其根本目的并不是增加全人类的福祉,而是资本的扩张与增值。从本质上讲,它恰恰与增进全人类的福利相违背,而现实也已经证明了这一点,如世界范围内的贫富差距越来越大,部分区域局势动荡、战争频发,人与自然的关系被破坏,生态危机也在许多地方上演等。而在精神文明层面,不同民族、国家的文化意识在资本主义意识形态的影响下,都产生了不同程度的虚无主义倾向。要想真正超越现代性,超越资本主义在全球范围内的剥削与压迫,必须在夯实经济基础的前提下,转变人类社会发展的文化理念。另一方面,新时代文化自信自强有利于有效应对多元文化冲突与挑战。在全球化的背景下,不同文化之间的交流和融合越来越频繁,这会带来文化冲突。如果一个国家或民族没有文化自信自强意识,则很难理解和尊重其他文化,就容易产生文化偏见和歧视,很难客观地看待不同文化。同时,西方文化的强势渗透对中国文化发展和建设造成了巨大的冲击和阻碍。西方国家推行的文化霸权主义,通过歪曲价值观、丑化政治制度等形式对我国进行文化渗透和文化殖民,且渗透方式在信息技术时代变得越发隐蔽,主要利用互联网、自媒体、新闻出版,甚至饮食、服饰等对人们的价值观和生活方式进行侵蚀,潜移默化地宣扬西方的"普世价值"及其"民主自由"观念,有意歪曲中国的人权问题等。因此在新时代,增强文化自信自强势在必行。

### (二)文化自信有利于培养担当民族复兴大任的时代新人

1.有利于培养社会主义建设者和接班人

未来属于青年,希望寄予青年。大学生作为中国特色社会主义事业未来的中坚力量,应该有担当、有自信、有能力扮演好时代的"剧作者"和"剧中人"。大学生的人生观和价值观尚未最终形成,尚处于"拔节孕穗"的关键期,容易受国际国内形势深刻变化的影响和思想文化领域不良社会思潮的负面冲击。因此,一方面应帮助大学生构筑更加完备的知识结构体系,另一方面需回应时代课题,引导大学生坚定崇高的理想信念,端正社会主义核心价值观,追求科学高尚的人生目标,自觉传承中华优秀传统文化,使其不断提振民族自信心和自豪感,真正成为心理上"平视世界"的一代,进而使时代新人的文化自信"软实力"真正成为中国在当今世界的核心竞争力,这也是培养德才兼备的社会主义建设者和接班人的现实需要。

2.有利于确保社会主义办学方向

"培养什么人、怎样培养人、为谁培养人"这一教育的根本问题关乎党和人民事业发展的根本。习近平总书记强调,我们党立志于中华民族千秋伟业,必须培养一代又一代拥护中国共产党领导和我国社会主义制度、立志为中国特色社会主义事业奋斗终生的有用人才。这为中国特色社会主义高等教育事业发展指明了方向,为新时代我国高等教育的改革发展提供了根本遵循。如果忽视或者弱化这一方向,我们为之奋斗的现代化事业就会失去方向和目标。要办好中国特色社会主义高等教育,实现中华民族伟大复兴中国梦,就需要我们扎根中国大地,坚定文化自信,用共同的理想信念凝聚意志,用中国精神激发中国力量。一是高等教育必须坚持正确的政治方向。政治方向是办好高校的首要前提。高校能否做好意识形态工作,关乎党的前途命运、国家的长治久安、民族的凝聚力和向心力。好的舆论可以成为发展的"推进器",不好的舆论则会成为民众的"迷魂汤"、社会的"分离器"。高校作为舆论高地,要牢固树立"四个意识"(即政治意识、大局意识、核心意识、看齐意识),不断增强"四个自信",坚持文化传播中正确的政治方向和舆论导向作用,真正担当起培育高度文化自信的时代重托。二是高等教育必须坚持对意识形态工作的领导权。意识形态工作决定着举什么旗、走什么路,是党和国家一项极端重要的工作。中国特色社会主义高校是宣传马克思主义意识形态的前沿阵地和主战场,必须时刻注意把意识形态工作摆在突出重要位置。高校知识人才密集、思想活跃,处于不同意识形态争夺的焦点,面对敌对势力渗透的严峻形势,要抵制"西方文明中心"论、"普世价值"等西方文化和价值观的渗透和影响,迫切需要高校牢牢掌握意识形态工作的领导权和话语权。三是高等教育必须坚持以社会主义核心价值观为引领。大学生文化自信的核心和灵魂就是社会主义核心价值观教育,这是建设社会主义文化强国的铸魂工程。高校肩负党和人民对新时代高等教育的重托,有责任和义务推进构建培育社会主义核心价值观的崭新格局,推进文化自信自强,铸就社会主义文化新辉煌。

3. 有利于实现人的自由全面发展

"一切人自由而全面的发展"是马克思主义的最高命题,是马克思主义崇高价值追求的本质体现。马克思曾做出"人的本质属性是社会性"的论断,习近平总书记也曾指出,人,本质上就是文化的人,而不是"物化"的人;是能动的、全面的人,而不是僵化的、"单向度"的人。这些论断在阐述人的本质时都体现出浓厚的人文精神和人本情怀。文化自信是实现人的发展的内生动力。有学者认为,人在头脑中形成对本民族的文化认同之后,就会坚定文化自信,从而树立起深切关怀国家和社会前途命运的意识,激发自身内在的精神力量,筑牢理想信念,充分承担好自身被赋予的社会责任和时代责任。中国共产党人的文化自信是以马克思主义理论为指导的文化自信,是社会主义的文化自信,是真、善、美的文化自信。中国特色社会主义先进文化就是马克思主义指导下的先进文化,是求真向善爱美的文化,其终极价值指向在于实现人的自由全面发展,而文化自信的社会主义性质为实现人的自由而全面发展提供了更为广阔的空间。

(三) 文化自信有利于坚定对中国特色社会主义的自信

1. 有利于巩固中国共产党的执政地位

中国共产党的领导是中国特色社会主义最本质的特征,是中国特色社会主义制度的最大优势。国际政党史充分证明,世界上没有哪个政党像中国共产党这样,建党百年,初心如磐,久经考验,坚持自我革命;也没有哪个政党像中国共产党这样始终把最高纲领和最低纲领、长远目标和现实目标相统一,坚定不移地一步步朝既定目标前进。每一届领导集体的具体施政措施可以在变革中与时俱进,但中国共产党的领导地位不变,中国共产党人的理想信念不变。中国共产党从成立之日起,就重视运用先进文化的力量建党兴党、治党强党。从马克思主义的传入并写入党的指导思想,到与时俱进推进马克思主义中国化,从党的信仰、宗旨、作风建设到"补钙"、党内政治文化建设,从"两个务必""赶考"到"不忘初心""打铁还需自身硬",这些都充分反映了中国共产党对执政地位深刻的文化反思和自省,对党的建设规律的深层把握和驾驭。习近平总书记深刻指出,一个国家的治理体系和治理能力是与这个国家的历史传承和文化传统密切相关的。解决中国的问题只能在中国大地上探寻适合自己的道路和办法。历史文化是中国共产党治国理政思想的重要来源。党的十八大以来,习近平总书记系列重要讲话和治国理政新理念、新思想、新战略,源自中华民族 5 000 多年的文明史,源自中国共产党 100 多年苦难与辉煌的革命史,源自新中国 70 多年从站起来、富起来到强起来的发展史,源自我国改革开放 40 多年的变革史。中国共产党对"五史"实践的精确归纳、科学总结和深化升华,既有对历史的源流、文化的传承,又有对未来坚定的信仰、必胜的信念。在第二个百年奋斗目标的征程上,中国共产党要带领全国人民进行伟大斗争、建设伟大工程、推进伟大事业、实现伟大梦想,要直面和化解"四大危险"(即精神懈怠危险、能力不足危险、脱离群众危险、消极腐败危险)和"四种考验"(即长期执政考验、改革开放考验、市场经济考验、外部环境考验),就必须持续推进文化自信自强,尤其需要运用先进的党内政治文化引领前进方向、凝聚奋进力量,保持党的先进性、纯洁性、提升治理能力,从而巩固中国共产党的执政地位,保持党的基业长青。

2. 有利于引领中国未来发展的前进方向

文化自信作为"四个自信"中最基本、最深沉、最持久的力量,并非抽象的自信,而是有具体且丰富的内容。引领中国不断发展进步的基本理论体系,党的基本路线、基本纲领,中国式现代化发展道路,中国特色的制度模式,中国式治理,以人民为中心的发展思想,共同富裕进程中的中国特色减贫道路,社会主义核心价值观,中华优秀传统文化及其创造性转化和创新性发展等,都是文化自信的基础和内容。近代以来,中国人民在不断的文化反思中,从文化自卑、文化自觉到文化自信、文化自强;中国共产党人立足本国文化,以马克思主义为指导,建立了独具一格的中国特色社会主义文化。党的二十大报告中关于"全面建设社会主义现代化国家,必须坚持中国特色社会主义文化发展道路,增强文化自信"的重要论述,进一步凸显了文化建设在中国特色社会主义事业全局中的重要地位,把中国共产党对文化作用和文化发展规律的认识提升到一个新的境界。文化自信是民族复兴的精神引领。足够的历史底气和丰富的实践基础让中国特色、中国风格、中国气派的中国文化持续焕发新的生机,让民族复兴的脉搏更加坚定有力,让中国式现代化的道路选择、理论创新和制度建设具有更深层次的强劲动力。因此,文化自信能够凝聚各方力量,有利于引领中国未来发展的前进方向。

3. 有利于确保国家文化安全

当今世界,全球经济总体下行压力不断累积,世界经济复苏乏力,同时国际力量对比深刻调整,国际政治、经济局势日趋复杂,逆全球化在文化方面表现为文化保守主义、本土主义和排外思潮,全球文化融合与多样性并存的历史进程面临重大挑战,这些凸显了国家文化安全诉求的紧迫性,以及文化安全与文化治理议题之间更密切的关联。一是马克思主义意识形态受到西方强势文化和价值观的强势冲击。文化交流中的矛盾与冲突频发,这一问题在自媒体时代尤为突出,有时还会引发"舆论海啸",由文化分歧和文化渗透进一步演变成意识形态话语权的争夺战甚至是族群冲突,因此国家文化安全问题早已成为各国普遍重视的焦点问题。西方国家一直没有放松在文化领域对我国青年一代进行文化渗透和舆论渗透,试图瓦解青年一代的意志力和民族向心力,这直接威胁到我国文化安全,对我国以马克思主义为核心内容和理论指导的社会主义意识形态安全造成了极大冲击。党的十八大以来,以习近平同志为核心的党中央高度重视文化建设,文化自信被提到前所未有的高度,我国意识形态领域形势发生全局性、根本性转变。二是社会主义核心价值观受到市场经济逐利性带来的多元文化价值观冲击。在改革开放和发展社会主义市场经济的背景下,国内思想意识领域呈现出多元、多样、多变的特点。传统与现代、本土与外来、精英与大众之间不同形态的价值观存在矛盾和冲突,市场经济逐利性催生了拜金主义、享乐主义和消费主义,一些人信仰缺失、是非不辨、立场动摇、道德和法律底线失守,丧失文化自信,出现核心价值观认同危机。社会主义核心价值观的24个字立足中国具体实际,反映了中国先进文化的要求,是文化自信的核心和灵魂,决定着文化自信的性质和方向。文化自信归根到底是对社会主义核心价值观的自信。

# 第三章　大学生文化自信教育的基本理论

## 第一节　大学生文化自信教育概述

大学生是祖国的未来、民族的希望,是国家宝贵的人才资源,是实现中华民族伟大复兴的关键力量。大学生的文化自信直接关系着社会主义文化强国建设和中华民族伟大复兴中国梦的实现。大学生坚定文化自信的关键在于教育。文化自信教育是大学生坚定文化自信的根本方法,是高校实现"立德树人"根本任务的关键环节,是高校开展思想政治教育的重要内容,更是新时代赋予高校的文化使命。因此,实施大学生文化自信教育意义重大。

### 一、大学生文化自信教育的内涵

#### (一)大学生文化自信

当今世界正处于大发展、大变革、大调整时期,多元文化碰撞交融,意识形态斗争从未停歇。近些年,中国经济、科技、文化等进入了发展的快车道,实现了由跟跑、并跑到领跑的华丽转身,然而"树大招风",这让一些本来就敌视社会主义制度、阻挠中国发展壮大的西方国家更是利用其发达的经济、科技、网络加紧对中国进行文化渗透,意识形态斗争异常严峻。而大学生一方面正处在"两个大局"之中,另一方面自身也正处在"拔节孕穗"关键期,思想意识、价值观念尚未成熟定型,极易受到外来文化和价值观的影响。所以,大学生正确认识本民族文化、坚定文化自信至关重要。大学生文化自信应表现为对中华优秀传统文化、革命文化、社会主义先进文化的历史由来、发展道路的全面了解和正确认知,清晰了解文化的"昨天、今天、明天",对其文化价值、文化精神的高度认同和坚定信仰,对其文化生命力的坚定信心和执着信念,对文化创新性发展、创造性转化的积极践行;同时,还应表现为在世界多元文化碰撞交流中,对外来文化的清醒认识、科学判断、借鉴学习,汲取外来文化之精华,繁荣发展中国文化。

### (二)大学生文化自信教育

文化自信教育是提振一个政党、一个国家、一个民族文化自信的根本方法和主要手段,增强大学生文化自信的关键在于文化自信教育。大学生文化自信教育就是遵循大学生的成长规律和认知规律,依据客观存在环境和文化发展趋势,国家、社会、高校、家庭对其进行有目的、有计划、有组织的教化、影响和培育,使其对文化内容正确认知、对文化价值充分肯定、对文化理念积极践行、对文化前途充满信心。具体而言,大学生文化自信教育,以马克思主义为指导思想,以高度认知、认同、践行中华优秀传统文化、革命文化、社会主义先进文化,辩证认识外来文化和文化交流为内容,以思想健康、内容丰富、形式多样的课程教育、文化活动、社会实践为载体,通过情感培育、价值观塑造和行为养成,最终实现坚定文化自信的教育目标。文化自信教育中的受教育者,在狭义上讲,主要是指大学生;从广义上讲,包括大学的广大师生员工。

## 二、大学生文化自信教育的依据

文化自信有着深厚的历史根基、理论基础和现实依据。中华民族丰厚的历史文化资源和国内外无数智者的伟大思想,滋养了大学生文化自信教育在当今社会实践中的灵魂。

### (一)大学生文化自信教育的历史根基

中华优秀传统文化是文化自信的底气之根,源远流长的中国文化有着深厚的底蕴和历史根基,蕴含着中国人民的精神思想和价值旨归,中国人民和中华民族之魂在长期的社会实践、奋斗中熊熊燃烧。

一方面,中华民族的文明发展历史为我们留下了灿烂的文化瑰宝。中华优秀传统文化是中华民族的突出优势,一直为人类发展和文明延续提供支撑。在古老的年代史和民族发展史中,我们的祖先依靠勤劳的双手和在劳动实践中衍生的经验方法与智慧的头脑,在农耕时代就创造出造纸术、印刷术、指南针、火药等超前的技术文明,促进了劳动生产,推动了人类历史的发展。中国所拥有的厚重的文化积淀和为世界做出的卓越贡献,既是中华民族文化自信形成的必要条件,也是中国走向世界的魅力之源和底气所在。

另一方面,中华民族的文明发展历史鼓舞了中华民族和中国人民的精神。中华优秀传统文化深深植根于中华民族的发展史中,是前人们用双手和智慧创造出来的,同时也是中国人民在实践中得出的宝贵经验和财富。习近平总书记指出,中华优秀传统文化,积淀着中华民族最深层的精神追求。岁月的流转、时代的变迁从来都不能阻止中国伟大的劳动人民向着新的文明迈步前进。人们牢牢团结在一起,产生了具有丰富历史和文化积淀的中华优秀传统文化。传统文化中的爱国主义情怀、自强不息的奋斗精神、团结统一的思想、崇尚道德的优秀品质、爱好和平的光荣传统等丰富的哲学思想、传统美德、人文精神,为中华民族的长期持续发展奠定了坚实的基础,在很大程度上推动了文化发展的进程,影响了每一个中国人的思维方式和行为方式,为大学生文化自信奠定了深厚的文化根基,形成了我们坚定文化自信的精神力量之源。

## (二)大学生文化自信教育的理论基础

### 1. 马克思主义关于人的全面发展理论

马克思主义关于人的全面发展理论,是培养共产主义新人的学说,对于塑造大学精神、文化自信教育、培养新一代社会主义事业的建设者和接班人有着重要的实践指导价值。建设共产主义社会需要全面发展的人,文化能够培育人的心灵,是人的发展的哲学观和理论指导,人的德、智、体、美、劳等方面的发展都需要文化支撑。纵观马克思在《共产党宣言》《资本论》《1857—1858 年经济学手稿》等经典著作中关于人的发展的论述,可以清晰地看到一条逻辑线索,那就是人的自由而全面发展是根本价值目标,它是马克思关于人的发展思想的核心内容。

### (1)人的全面发展理论概述

马克思主义的人的全面发展理论包括人的劳动能力的发展、人的社会关系的丰富和人的个性的全面发展。下面主要对"人的劳动能力的发展"部分展开论述。简单地说,人的劳动能力的发展就是个人在体力和智力方面的劳动能力自由地发展。在马克思那里,从本体意义上探讨人的发展问题只有也只能在劳动过程中探寻。自由自觉的生产劳动实践是确证人的本质的力量,人在进行这类本质活动即生产劳动活动中,既按照"任何物种的尺度"作用于物,又按照人自身"内在的尺度"改变世界、创造世界。正是这种全面性的活动使得人的体力和智力在活动中得到充分发展,能力得到提高,满足人的多种需要,形成全面性的人。"人以一种全面的方式,也就是说,作为一个完整的人,占有自己的全面的本质。"所以,马克思提到的"全面发展"的首要内涵是个人的劳动能力自由地发展。其中"我们把劳动力或劳动能力,理解为人的身体即活的人体中存在的,每当人生产某种使用价值时就运用的体力和智力的总和。"而"个人"应该是"会做一切工作的人"和"具有尽可能广泛需要的人"。在《共产党宣言》中,马克思和恩格斯把人的自由发展作为未来共产主义社会的一个重要维度,"代替那存在着阶级和阶级对立的资产阶级旧社会的,将是这样一个联合体,在那里,每个人的自由发展是一切人的自由发展的条件。"在《资本论》中,马克思指出,共产主义是"一个更高级的、以每一个个人的全面而自由的发展为基本原则的社会形式"。

（2）人的全面发展的条件

在社会生产实践基础上形成的丰富的交往关系是人的全面发展的条件。社会性是人的本质属性,马克思指出,人的本质并不是单个人所固有的抽象物,在其现实性上,它是一切社会关系的总和。人的全面发展实质上是社会关系的全面丰富、人的本质的形成与实现过程。人的本质力量的确证过程即人的素质的不断提升的过程。在满足人们生存需要的社会生产实践中,人们结成各种各样的社会关系,随着生产实践的深入与扩展,人们的社会交往也不断扩大,社会对人的能力、素质的要求也越来越高。为了适应社会发展的需要,人自身的体力、智力等各种能力不断提升。社会交往实践作为生产实践中人的具体的、历史的本质活动,塑造了现实的人的丰富的素质内涵,同时也推动了人的能力全面提升。正如马克思所言,没有共同体,是不可能实现的。只有在共同体中,个人才能获得全面发展其才能的手段,也就是说,只有在共同体中,才可能有个人的自由。包括社会生产实践、交往实践在内的人的自由自觉的活动是确证人的本质的现实力量,只有在它所形成的丰富的社会关系中,个人的全面发展才有可能得到实现。

（3）人的全面发展的内生动力

人的需要及其满足的张力是人的全面发展的内生动力。人类第一个生产实践活动就是由人的基本生存需要引起的。按照哲学人类学观点,人与动物相比,没有特定化器官,更没有特定化本领。为了满足自己的生存需要,在恶劣的自然环境中存活下来,人就必须通过劳动实践发展自己的智力、磨炼自己的体力,打破人自身的限制,于是获得了全面自由发展的权利。由此,马克思才会断言,人们的需要就是他们的本性。随着生产力的提高,人的基本生存需要已经不再是人们的唯一需要。新的需要不断产生,人的需要逐渐多样化和多层次化,不仅有吃、穿、住、安全等物质需要,还有精神需要,精神需要中又有发展需要、自我实现的需要等。人的需要发展推动了人的全面发展。人的需要发展是人的本质力量的新的证明和人的本质的新的充实。人类发展史,就是一部分人的需要推动人的发展与人类社会进步的历史。人的需要及其满足的张力构成人的全面发展的内生动力。人为了适应社会发展的需要,其自身的体力、智力等各种能力要不断提升;人的需要逐渐多样化、多层次化,推动了人的全面发展。

文化自信是人的思想的根本归属的体现,是人的德、智、体、美、劳全面发展的基础。人的全面发展理论对文化自信教育具有重要的指导意义。因此,高校要在人的全面发展理论指导下开展文化自信教育,更要为人的德、智、体、美、劳的全面发展奠定坚实基础,使大学生形成学习中国文化的内驱力、建立起传承中国文化的责任感,最终引导每个学生认同中国文化、坚定文化自信。

2. 思想政治教育理论

大学生文化自信的培育和增强离不开高校思想政治教育;同时,在实际教学和文化继承、交流的过程中,高校思想政治教育的方式方法也处于不断探索、创造、更新中。大学生文化自信教育与高校思想政治教育及其方式方法相辅相成、不可分割。思想政治教育理论包含以下方面。第一,高校思想政治教育的"双主体"理论。"教育者与受教育者是思想政治教育全过程中的主体范畴。"在"双主体"理论中,教育是双向互动的,每一个环节都不能缺少,只有这样才能实现教育目标,获得良好的教育效果。教育者与受教育都具有主体性的地位,这是因为他们都是主动行为者且都具有主动教育或学习的能力。教育者不但要主动承担起领导、组织的职责,还要充分考虑受教育者的主体地位和主观感受,让受教育者积极主动地参与到思想政治教育过程中,从而增强思想政治教育活动开展的有效性。同时,受教育者要自觉发挥主观能动性和自我意识,主动学习有益的文化知识,促进自身的自由全面发展。第二,思想政治教育环境理论。思想政治教育活动的开展不可避免地受到环境的影响,高校应充分考虑人与环境、教育与环境之间的辩证关系。在开展思想政治教育活动时,高校应充分利用环境的优势,尽量避开环境中的劣势,为培育大学生的文化自信提供良好的空间环境,促进大学生文化自信培育活动的顺利开展与实施。

（三）大学生文化自信教育的现实依据

文化自信的形成与发展,不仅要以丰富、系统的理论为指导,还要建立在深厚的现实基础之上。生产力的发展为文化自信教育奠定了坚实的物质基础,文化的繁荣发展为文化自信教育提供了现实条件,全面从严治党为文化自信教育提供了政治保障,社会发展为文化自信教育提供了心理支撑。

1. 生产力的发展为文化自信教育奠定了坚实的物质基础

（1）生产力的发展促进了中国经济的快速增长

关于生产力的理论观点是马克思主义唯物史观的重要内容,马克思正是运用科学的生产力观点,对纷繁复杂的社会现象进行透视,才揭示出人类社会发展的客观规律。新中国成立以来,特别是改革开放以来,中国在马克思主义的指导下,沿着符合本国国情的道路不断前进,不断解放与发展生产力,取得的经济成就令世人瞩目,改变了中国经济发展相对落后的状态,使中国成长为世界第二大经济体;扭转了物质贫困的发展中国家的形象,成为物质上强大的发展中大国;摆脱了传统工业经济形态,呈现出新型数字经济业态,打破了传统的经济布局,建立了合理的现代化经济秩序。中国共产党团结带领人民所进行的改革开放的伟大实践,促进了社会生产力的极大提高,为文化自信奠定了坚实的物质基础。

（2）生产力的发展促进了中国文化生产力水平的提升

改革开放以来,在对市场化、信息化、全球化深入发展的适应性变革中,中国文化事业的发展水平逐渐与社会生产力的发展水平相适应,不断彰显出文化生产力的显著特征。党的十六届四中全会正式提出"深化文化体制改革,解放和发展文化生产力"的发展目标,在全社会范围内形成了"文化是社会发展的推动力量,决定着社会发展方向"的普遍共识,促进了文化体制的改革和文化产业的升级发展,拓展了文化发生作用的范围和深度,激发了文化自信的根本动力。在解放和发展文化生产力的伟大实践中,中国开辟了特色发展道路,形成了特色理论体系,确立了特色制度,发展了特色文化,迎来了伟大复兴的光明前景。

2. 文化的繁荣发展为文化自信教育提供了现实条件

（1）文化的繁荣发展取得了丰富的成果

党的十七大提出了"推动社会主义文化大发展大繁荣"的目标。党的十九大进一步提出"要坚持中国特色社会主义文化发展道路,激发全民族文化创新创造活力,建设社会主义文化强国"。这成为进一步促进文化繁荣发展的根本遵循。改革开放以来,中国的文化建设走上了繁荣发展的道路,这为文化自信提供了现实的基础和条件。通过不断改革与实践,中国确立了统一开放的现代文化市场体系和竞争有序的文化产业布局,形成了与社会主义市场经济体制相适应的文化发展格局。通过不断改革与实践,中国积累了深入推进文化改革与发展的实践经验,促进了公益性文化事业和经营性文化产业的协同发展,文化繁荣发展的生机和活力不断得以激发,文化发展取得了丰富的成果。

(2)文化的繁荣发展激发了文化自信的精神动力

中华民族伟大复兴中国梦的实现,既需要物质的充盈,也离不开精神的强大。"只有物质文明建设和精神文明建设都搞好,国家物质力量和精神力量都增强,全国各族人民物质生活和精神生活都改善,中国特色社会主义事业才能顺利向前推进。"一个国家的综合实力包含物质层面的硬实力和精神层面的文化软实力,"中国强起来"应当在物质和精神之间保持合适的张力。文化的不断发展,丰富了人们的精神世界,增强了国家的软实力,激发了文化自信的精神动力,体现为:一是中国特色社会主义文化理论不断丰富和发展。人们深刻认识到文化是经济社会发展的不竭动力,是满足人民精神文化需求的重要途径,是综合国力的重要标识。文化的发展要把握正确的方向、坚持科学的发展战略、依靠正确的发展力量。二是丰富了广大人民群众的精神文化生活,促进了人的全面发展。通过不断改革与实践,使各类主体的活力和创造力得到了有效激发,极大地丰富了社会文化生活,使全社会参与文化建设的积极性空前高涨。文化产品和服务在满足人们的多样化需求、引领社会风尚和整合社会意识中发挥着越来越重要的作用。

3. 全面从严治党为文化自信教育提供了政治保障

(1)全面从严治党增强了文化自信教育的底气

中国共产党领导人民进行革命和建设的实践证明,中国共产党不愧为中国革命的领导者,带领全国人民夺取了革命和建设的一个又一个胜利;同时,中国共产党也不愧为文化建设的领导者,肩负起重建文化自信的历史使命。中国特色的政党制度具有鲜明的比较优势,是文化重建和民族复兴的强大政治力量。一党主导、多党合作的政党模式可以有效整合社会资源,能够实现集中力量办大事;中国的政治制度能够保持大政方针政策的稳定性和连续性,具有长远战略规划的定力;中国共产党崇尚实干兴邦,对出现的挑战及时反应,具有高效的决策执行力。因此,中国共产党能够同时肩负起救亡图存和民族复兴的历史使命,能够带领全国人民创造出革命的、发展的世界奇迹。没有中国共产党的坚强领导,中国不可能摆脱旧社会、旧制度的束缚,也就不可能重新步入文化自信的发展轨道。同样,没有全面从严治党的深入推进,中国共产党就很难始终保持先进性,中国的文化自信也不可能拥有十足的底气。

（2）全面从严治党奠定了文化自信教育的政治基础

经过多年的不断努力,全面从严治党取得了非常显著的成效。通过"两学一做"等系统的学习教育活动,从思想上坚定了全党的理想信念和党性观念。通过颁布和修订《中国共产党廉洁自律准则》《中国共产党纪律处分条例》等一系列党纪党规,切实强化了全党规矩意识,并进一步增强了全党的"四个意识",贯穿落实了"两个维护"（即坚决维护习近平总书记党中央的核心、全党的核心地位,坚决维护党中央权威和集中统一领导）,从管党方面加强了各级党组织的管党治党能力建设。通过坚持坚决查处各种违反纪律的行为,实现了从执纪方面严明党的政治纪律和政治规矩。通过深化干部人事制度改革,树立了正确的用人导向,优化了选人用人的环境氛围,实现了从严治吏。通过严格落实中央八项规定和严厉整治"四风"（即形式主义、官僚主义、享乐主义、奢靡之风）,切实加强了党的作风建设,进一步密切了党同人民群众之间的血肉联系。通过不断"打虎""拍蝇""猎狐"以及中央和省级党委巡视工作的全覆盖,实现了对腐败问题的标本兼治。总之,通过全面从严治党向纵深推进,弘扬了党内正气,促进了党风的好转,净化了社会风气,凝聚了人心,积聚了社会发展的力量,强化了中国共产党在人民群众心目中的良好形象,极大提升了广大人民群众对中国特色社会主义文化的情感认同,奠定了新时代文化自信的政治基础。

4.社会发展为文化自信教育提供了心理支撑

（1）社会发展的成就增强了人们的民族自豪感

中国特色社会主义的不断发展,使广大人民群众的民族自豪感从内心深处油然而生。今天,中国拥有全世界最完整的工业链条,已经成为世界经济复苏的引领者。从百姓温饱不足到步入世界中等偏上收入国家行列,中国的财富增长速度堪称世界奇迹;从世界边缘到走向世界舞台的中央,中国在全球治理体系建设中发挥着越来越不可替代的作用。2022年,我国居民人均可支配收入比2021年名义增长5.0%,货物进出口总额超过30万亿元,使用外资1 891亿美元。这些都彰显了一个强大的中国正在崛起。如此巨大的制度变革、经济增长和社会进步在短短几十年的时间里就得以实现。这些辉煌的成就令每一位中华儿女自豪,其中也凝聚着民族复兴的强大力量。

(2)社会发展的水平坚定了人们对文化发展的信心

中国的政治、经济和社会的发展速度及水平令人惊叹。中国取得举世瞩目的经济成就,从一个经济发展相对落后的国家成长为世界第二大经济体,创造了"世界奇迹"。随着中国一步步地实现中华民族伟大复兴的目标,中国自信也在一点点地增强。从表现形式上来说,中国特色社会主义文化自信表现为一种心理状态和精神气质。中国所选择的发展道路、制度模式和价值观已成为文化自信的强大心理支撑。

## 三、大学生思想政治教育及其与大学生文化自信教育的内在关联

### (一)大学生思想政治教育

1.大学生思想政治教育的含义

大学生思想政治教育是以大学生为主体,旨在根据大学生群体特点,将国家的路线、政策等有目的、有计划地对其进行教育,将其培养成信仰坚定、思想纯粹、品质优良的高素质人才。由此可知,对大学生所实施的思想政治教育活动,就是为了使他们形成符合一定社会要求的品质而在思想观念、政治观念和道德规范等方面对其实施的有计划、有目的、有组织的引导和具有深刻影响的教育实践活动。首先,这一概念指出了大学生思想政治教育是对大学生实施的思想道德品质培育的社会实践过程。其次,这一概念指出了大学生思想政治教育的目的是通过对大学生的思想观念、道德品质等方面的培育和塑造,培育出符合中国特色社会主义的发展需要的新时代大学生。最后,这个概念指出了思想教育、政治教育、道德教育等是中国特色社会主义建设中大学生思想政治教育的基本内容。

2.大学生思想政治教育的内容

大学生思想政治教育的内容主要是指在大学生思想政治教育实践活动中,教育实践工作者向大学生传递和输送的各种理论、思想观念及行为规范等。大学生思想政治教育内容不仅是构成思想政治教育关系的一个基本要素,而且是涵盖思想政治教育目标的一种具体表现形式。显而易见,大学生思想政治教育

的主要内容是其通过实现和完成相应的目的和任务并最终转化而来的。大学生思想政治教育以马克思列宁主义、毛泽东思想和中国特色社会主义理论体系为根本指导,在对党的教育方针政策进行全面贯彻落实的同时,以培育德、智、体、美、劳全面发展的接班人和合格建设者为最终的目标和任务。根据这一目标和任务,大学生思想政治教育的主要内容包括马克思主义基本理论教育、社会主义思想教育、社会主义道德教育、社会主义政治教育、中国近现代史和革命传统教育。

### (二)大学生思想政治教育与大学生文化自信教育的内在关联

大学生文化自信教育的本质就是用中国特色社会主义文化滋养大学生的心灵,塑造大学生的品行,这与大学生思想政治教育在本质上是一致的,最终目标都指向对大学生价值观的培育,促进大学生的全面发展。文化自信教育与思想政治教育存在同根同源同向的密切联系和表里关联,这种内在关联具体表现为育人目标的同一性、教育内容的同源互动性、教育功能的契合性。

1. 育人目标的一致性

铸魂育人是文化自信教育和思想政治教育共同的目标。文化自信的核心是价值观自信,目标就是帮助大学生在思想上正确认知、认同中国特色社会主义文化的历史由来、发展脉络、价值意蕴和未来前景,在行动上积极践行中华优秀传统文化、革命文化和社会主义先进文化,让文化自信充盈思想、温暖内心、展于外行、感染他人。思想政治教育是对人的教育,大学生思想政治教育就是指高校综合运用思想观念、政治观点、道德规范对大学生施加有目的、有计划、有组织的影响,使他们形成符合一定社会要求的思想水平、政治觉悟、道德品质、文化素养,帮助大学生树立正确的世界观、人生观、价值观。从文化是一种价值观念和行为遵循的特征来看,无论是文化自信教育还是思想政治教育,最终都指向于人的发展和价值观的塑造,都是要培育大学生的价值观自觉、认同,实现由价值观自觉、认同到行为的自然、主动,使文化自信、思想觉悟等能内化于心、外化于行。二者在教育目标上具有鲜明的一致性。

2. 教育内容的同源互动性

文化自信教育与思想政治教育在内容上具有同源互动性。一方面,文化自信教育、思想政治教育从属于教育,是一种对象化的活动,二者共同的教育对象是大学生。大学生是有情感的,且情感极易被感染受感动。所以,无论是文化自信教育还是思想政治教育,在教育内容上都要以情感培育为基础,用有魅力的文化、有精髓的思想、真挚的情感唤起大学生的情感共鸣。情感是文化的重要构成,是思想意识的外在表达,情感的获得与表达直接关系到教育结果的形成,如果大学生从一开始就能够获得中华优秀传统文化、革命文化和社会主义先进文化的全面、系统、正向的教育,以及健康向上、寓教于乐的思想感召和政治引领,那么其情感体验是积极、正向、阳光的,情感外化的行为实践也将导引正能量,从而形成良好的社会风尚。另一方面,文化自信是思想政治教育的重要目的和主要内容。思想政治教育是文化自信教育的主渠道、主阵地,二者在内容上同源互动。中华优秀传统文化、革命文化、社会主义先进文化是文化自信教育的核心基础和根本内容,也是思想政治教育的文化基因和价值底蕴;思想政治教育的理论根基、教育体系、实践活动又为文化自信教育提供了坚定的阵地和多样化的渠道。

3. 教育功能的高度契合性

文化自信教育与思想政治教育在功能上具有高度的契合性,具体表现在二者都具有教化功能、调适功能、聚合功能。"刚柔交错,天文也;文明以止,人文也。观乎天文,以察时变;观乎人文,以化成天下。"以人化人、以文育人就是对文化自信教育和思想政治教育的教化功能的直接表达,即提供与中国特色社会主义相适应的、普遍起约束作用的文化观念、价值体系与行为规范,教育、引导大学生防止、克服各种腐朽思想和不良倾向。文化自信教育在于通过一定的教化载体和方法使大学生产生文化自信的情感,坚定文化自信,进而坚定中国特色社会主义道路自信、理论自信、制度自信;思想政治教育独特的教化功能在于以情感教育为基础,将政治教化贯穿教育目的和教育过程始终。价值凝聚是文化聚合功能中最基本的功能,价值观一致才能统一认识、协调行动,但现实中,受家庭、社会、个人等多方面因素影响,每个人对文化价值的认识、文化自信的表现程度、思想观念、道德水平、政治观点都不相同,因此必须经过统一文化的熏陶教育、趋同价值的规范导引才能在社会生活中表现出正确的认识和辩证的思维,坚定马克思主义信仰,坚定中国特色社会主义道路,自觉将个人的文化自信与思想意识统一到中华民族伟大复兴的中国梦中。

# 第二节　新时代加强对大学生文化自信教育的重要意义

习近平新时代中国特色社会主义思想的科学体系中,将文化自信阐释为继"道路自信、理论自信、制度自信"后中华民族伟大复兴道路上的第四个自信,充分印证了文化自信对于中华民族认同、发展的重要意义。当代大学生是实现自身目标理想和中华民族伟大复兴中国梦的重要力量,是国家宝贵的人才资源,因此培育大学生的文化自信能够提高大学生文化涵养,激发高校思想政治教育新活力,助力中华民族实现伟大复兴。

## 一、新时代加强对大学生文化自信教育是实现中华民族伟大复兴的必然要求

### (一)抵御西方文化霸权侵袭

在《南方问题的一些情况》中,葛兰西首次清晰地使用并表述了"文化霸权"一词的概念。他指出,随着资本主义社会的产生发展,西方统治者的治理理念已经从单纯暴力和绝对强权转化为潜移默化的精神领导,在人们日常接触而不自知的法规、制度及道德规范和市场准则中融入统治思想,使他们达到绝对的"顺从",而不再只是外力压迫产生的"服从"了。随着当今国际局势的变化和国际社会的发展,以美国为首的西方资本主义强国鼓吹文化全球化、"普世价值",兜售"新自由主义""宪政理念",企图通过意识形态渗透对我国进行"和平演变"。人民若在潜移默化中接受了西方的意识形态、生活方式、价值观,就会削弱对中华民族文化的自信心。确保国家的文化安全和政治安全,文化自信是基础,因为人民只要文化自信就能牢牢扎根于中国优秀的文化,并积极地在外国优秀文化中汲取营养,以此来丰富本国的文化思想,提升个人文化修养,营造良好的文化学习和发展的气氛。文化底气足了,人民面对西方文化霸权侵袭时就更从容了。大学生的成长影响着社会的发展,大学生的思想修养、文化涵养直接影响着国家的繁荣发展。增强大学生文化自信,能牢固树立大学生的爱国意识,增强其民族自豪感,使其在面对西方文化霸权主义的挑战时,能加强自我

文化认知,用开放、包容的态度应对多元文化的冲击,助力实现中国文化的新发展,书写中国接续奋斗的新篇章。

## (二)促进优秀文化传播发展

优秀文化是人类社会发展进程中的重要产物,包括中华优秀传统文化、新中国发展历程中形成的进取文化,以及具有时代特征的、以社会主义核心价值观为主要内容的当代文化。优秀文化具有鲜明的民族特色,符合时代发展,蕴含着丰富的精神内涵。中华优秀传统文化是随着社会历史的变迁而积淀下来的中华民族和中国人民的智慧结晶,有其丰富的内涵和深刻的价值意义。传统文化正是因为不断地更迭演变,才能经久不衰,至今依然鲜活并可指导人们的生活实践,丰富人们的精神世界。大学生是中华优秀传统文化的继承者和弘扬者,为实现中华民族伟大复兴中国梦助力,因此要积极推进大学生文化自信培育工作,重视大学生在文化传播发展中的重要作用。文化自信的增强和对优秀文化的感知,能加深大学生对中国文化的理解和对其重要性的认识,使其形成正确的文化观并能以此指引自己人生前进的方向,为促进文化的传播发展、建设文化强国提供原动力。

## (三)建设文化强国的精神保证

文化自信对推动我国现代化进程的重要作用体现在从人们的精神层面。人们的精神底气足了,国家的文化软实力提升了,中国人民和中国现代社会的发展就会焕然一新。"当世人瞩目于中国文化的魅力,我们真切地感受到文化自信在当代中国的日益增长。"政治、经济、文化都是一个国家走向世界舞台的重要组成部分,在经济飞速发展的今天,随着中国的国际话语权的不断增强,国家多次对文化自信进行强调,文化的重要性日益凸显。"当前,我们所要建设的文化强国,要体现在有利于提升人们的精神境界,促进人的全面发展。""建设文化强国"不是一句简单的话语,它包含着对国家各种文艺产品的重视,社会对精神文化的学习和宣扬,个人对文化事业发展持有的积极态度,以及整个文化环境欣欣向荣,指引中国文化向世界更好地发展的价值目标。这些是需要中国人民众志成城、接续奋斗并为之努力拼搏的,因此人们必须加强自身文化意识,提升文化素质,树立正确的文化观念,只有这样才能把握文化强国发展的方向,紧跟时代指引。大学生作为推动国家发展的重要力量,应坚定文化自信和民族精神信仰,为实现中华民族的伟大复兴不懈奋斗。

## 二、新时代加强大学生文化自信教育是高校思想政治教育发展的重要目标

### (一)强化思想政治教育效果

大学生肩负着实现中华民族伟大复兴的使命,因此面对全球化语境下西方文化的大量涌入,引导大学生树立文化自信是当前高校思想政治教育的一项十分紧迫的任务。高校加强对大学生文化自信的培育,是新时代赋予高校的任务和使命,也是高校发挥教书育人功能的应有表现。文化自信与高校思想政治教育联系紧密。一方面,将文化自信培育融入高校思想政治教育有助于提升大学生的文化素养。通过营造文化学习氛围,不断拓展大学生的文化思维,提升其文化素质,增强思想政治教育效果。另一方面,将文化自信培育融入高校思想政治教育有利于促进学科的发展,提升思政课的魅力,提高大学生学习的积极性,引导大学生自觉地学以致用。做好高校思想政治教育工作,要因事而化、因时而进、因势而新。当下,高校思想政治教育的驱动力不足,学生接受度不高、学习内容不充分、个人全面发展受到影响,课上不认真听课、课下不认真领悟的现象普遍存在,这甚至打击了教师的教学积极性。因此,应注重高校教书育人的功能,强调"以文化人",这有利于提升学生对文化的认同感和对思政课的满意度,增强高校思想政治教育效果。

### (二)培育担当民族复兴大任的时代新人

大学生有着青春的活力、聪慧的头脑和无畏的精神,是助力国家发展和实现中华民族伟大复兴的重要主体。大学生对文化越自信,国家发展越平稳有力。随着经济全球化和互联网的迅速发展,受到多元文化冲击的大学生的思想逐渐复杂,个人价值选择和价值判断也受到极大影响。大学时期是人的性格、品质形成的关键时期。大学生是社会主义事业的建设者和接班人,这样的接班人既要有充足的知识储备,也要有理想、有本领、有见解、有担当、有品格。在高校学习生活评估中,大学生的心理素质、文化修养及道德水平成为高校重点关注部分和重要打分对象,这些是其是否全面发展的重要体现。强化大学生文化自信时,应充分遵循大学生成长发展规律,使其将中华民族优秀的传统文化和

精神逐渐内化为优良品质;此外,应运用好文化资源、发挥好文化力量,不仅要增强大学生的文化自信,还要塑造大学生的健康人格,促进其成长成才,使其实现自由全面的发展,从而培养能够担当民族复兴大任的时代新人。

(三)增强学科自信

思想政治教育作为国家意识形态教育,要紧跟国家与社会的发展要求,不断更新、不断创新,符合时代发展的需要。思想政治教育是高校教育中的重要环节,很多高校的"开学第一课"和必修课都与引导大学生树立正确的思想和价值观等有关,但目前我国高校的思想政治教育还有很大的提升空间。当今世界,各种思潮相互交错激荡,利益格局不断变化重组,价值观发生嬗变。新时代的中国的经济迅速发展,整个社会也发生了翻天覆地的变化,随着和世界各国日渐频繁地交往,多种文化观念的涌入和文化多元化趋势使得大学生的思想受到影响。大学生作为未来社会发展的重要力量,其思想和精神状态能够真实地反映社会的发展状况。在充满机遇和挑战的多元文化和多种思潮的影响下,坚定大学生对本民族文化的自信,是高校思想政治教育工作的重中之重。中华民族和中国人民的"魂"深深地植根于中国灿烂的传统文化中,高校思想政治教育工作者要充分认识到这一点,并引领大学生学习、传承中华优秀传统文化。因此,对大学生文化自信的培育是促进高校思想政治教育学科和理论发展、高校相关思政课程完善和增强学科自信的必经之路。

## 三、新时代加强大学生文化自信教育是大学生成长成才的内在需要

(一)提升大学生的文化素养

一个人的文化素养代表着其精神内涵和整体素质,这是大学生在成长中应该重点关注的部分。文化引导人、教育人,是促进一个人人生发展的重要组成部分。文化之于学生的意义在于使之潜移默化地提高自身素质,改变人的精神面貌。对增强大学生文化自信的重视能够促进学生掌握完备的文化知识体系,从而提升大学生的精神境界,启发大学生看世界的思维角度。文化的教育功能不仅在于知识本身,还在于人的品格塑造和人生价值选择。大学生学习和继承的中国文化中的精华部分,是促进个人成长成才的有利因素。在竞争越来越激

烈的现代社会中,个人素养在综合素质中的重要性逐渐显现出来,大学生对文化的独立思考在此时起到重要作用。此外,中国古代的精神文化修养和相应的文化观点也影响着一代又一代的中国人民,中国传统文化中约束自身、强调修养的著名思想和流传语句在今天仍然对指导大学生的人生发展具有重要意义。

### (二)塑造大学生的价值观

价值观是大学生在人生发展和做出人生选择时需要持有的正确观念和态度,错误的价值观必然会对大学生未来发展产生消极影响。大学生的人生选择和价值目标的确立值得重视,只有带着正确的人生价值观进行奋斗,其实现梦想的概率才会越来越大。在遇到艰难险阻和人生低谷时,正确的价值观和奋斗目标会成为大学生的指路明灯。但是,随着改革开放和经济社会的发展,部分大学生的价值追求、价值观受到其他文化的深刻影响,产生了个体价值观和意识形态的冲突,进而可能导致行为失范。比如,出现了考试作弊、论文剽窃等诚信缺失的道德失范行为。中华优秀传统文化中的价值观念有利于大学生价值观的塑造。中华优秀传统文化底蕴丰厚,对当代大学生正确人生价值观的形成有着重要的指引作用。新时代,习近平总书记对社会主义核心价值观的重视和对青年一代的深厚期望等对大学生形成正确价值观和品格具有指导意义。

### (三)坚定大学生的理想信念

人生是物质生活与精神生活相辅相成的统一过程。崇高的理想信念作为影响着人的精神选择的重要因素,一方面能集中人的精神生活的各个方面,使人的内心发展平稳有序,思维稳定统一;另一方面能引导人们树立更高的人生目标和远大的人生追求,升华个人的精神气质和提升其个人修养。党的十八大以来,习近平总书记多次强调理想信念的重要作用并指出,"人民有信仰,国家有力量,民族有希望"。青年时期是人树立正确的理想、坚定信念的重要阶段。大学生的理想信念的树立对其自身发展和国家发展都有重要影响。然而,当前西方文化思潮也在不断冲击着大学生的思想,网上甚至传播着恶意歪曲国史、党史的信息,大学生的理想信念在此时极易动摇。对此,一方面从培育的内容来看,大学生应认真学习中国文化历史,深刻领悟其中的精神魅力,在面对不良文化冲击时保持清醒的头脑;另一方面从培育的方法来看,高校应在潜移默化中加强大学生对文化知识的学习及其文化体系的形成,促进大学生产生深厚的民族文化情感,滋养其自觉坚定理想信念、树立远大目标的信念。

## 第三节　以"大思政课"理念推动大学生文化
## 自信教育守正创新

迈入新时代新阶段,中华民族伟大复兴的新征程步入历史关键时期,前所未有的机遇和挑战不仅考验着我们的韧性和意志,更检验着我们的思想和方法。人民始终是在新条件下创造新的历史的最大动力,而对作为生力军的青年的培养和教育则需要持续创新,以优化育人体制机制并有效地满足历史主体的需求。在这种背景下,"大思政课"理念应运而生,并在实践中成为新时代思想政治教育工作实效性新的重要支点和增长极。

回归"大思政课"的提出语境,深究其背后的意蕴,会发现"大思政课"欲破解的难题正是思想政治理论课的守正与创新。习近平总书记指出,我们通过守正创新形成了中国特色社会主义理论体系,守正就不能偏离马克思主义、社会主义,但不是刻舟求剑,还要往前发展、与时俱进,否则就是僵化的、陈旧的、过时的。思政课建设长期以来形成的一系列规律性认识和成功经验,为思政课建设守正创新提供了重要基础,要推动思想政治理论课改革创新,不断增强思政课的思想性、理论性和亲和力、针对性。

"大思政课"有所"变",亦有所"不变"。唯物辩证法强调对立统一,把握"大思政课"之"变"与"不变"的对立统一正是遵循思想政治教育的规律性、推动思政课改革创新的内在要求。"变"中包含并遵循着"不变","不变"中亦透出"变",万变不离其宗。"不变"即要守正,"变"则要求创新。坚持"大思政课"的"守正",就是坚持思政课的思想性、理论性、政治性、主导性不能变,助推思政课内涵式发展。推动"大思政课"的"创新",就是在新的历史条件下,"大思政课"的视野、场域、格局、体系要随之变化,方式方法要有新的突破。与思想政治教育同根同源同向的文化自信教育,亦需要遵循并准确把握"大思政课"的"变"与"不变",守正创新,落实好立德树人的根本任务。

## 一、准确把握"大思政课"之"不变",确保大学生文化自信教育守正固本

"大思政课"之"不变"体现在理论基石、价值旨归、任务指向三个方面。这是"大思政课"理念下的大学生文化自信教育进行改革创新的前提和本质要求,改革创新仍需锚定根基和找准立足点,确保守正固本,偏离"守正"要求的"大"和改革创新是绝对要不得的。

从本质要求来讲,要立足于思政课的政治性属性,让有信仰的人讲信仰,任何时候都不能忽视、淡化思政课的意识形态属性和社会主义方向,也不能把思政课的核心内容边缘化、中性化、迎合化。从目标任务来讲,要紧紧围绕立德树人根本任务,发挥好对大学生进行思想政治教育的主渠道作用,引导大学生坚定"四个自信",做德、智、体、美、劳全面发展的社会主义建设者和接班人。从内容建设来讲,要根据思想性、理论性、政治性要求,把"大思政课"的内容选好、教材编好、故事讲好,把红色基因传承好。

### (一)理论基石之"不变":马克思主义的指导思想不变

高校思政课以马克思主义为指导,这是思政课鲜明的政治底色和坚实的理论基石,这一点始终不变。首先,基于"大思政课"理念推动大学生文化自信教育守正创新,仍需讲好马克思主义理论。马克思主义指引中国成功走上了全面建成社会主义现代化强国的康庄大道,其科学性、人民性、实践性和开放性,无论时代如何变迁、科学如何进步,依然占据着真理和道义的制高点。习近平总书记指出,在人类思想史上,就科学性、真理性、影响力、传播面而言,没有一种思想理论能达到马克思主义的高度,也没有一种学说能像马克思主义那样对世界产生了如此巨大的影响。所以,尽管时代课题和风险挑战不同,各种思想思潮亦风云激荡,但马克思主义依然处于人类思想高原上的高峰。但马克思主义不是书斋里的学问,而是为了改变世界和人民的历史命运而创立的。"大思政课"理念下的文化自信教育要以马克思主义武装大学生的头脑,使大学生真学、真懂、真信马克思主义,能把握其中蕴含的立场、观点和方法,并及时转化为科学的思维方式、思想观念和工作方法,真正活学活用到学习、工作和生活中去。其次,"大思政课"理念下的大学生文化自信教育仍需讲好马克思主义中国化时代化的理论成果,尤其要推动习近平新时代中国特色社会主义思想走深、走心、

走实。马克思主义的命运早已同中国共产党的命运、中国人民的命运、中华民族的命运紧紧连在一起。马克思主义既是人类认识世界、改造世界的有力思想武器,也是今天中国人的基本世界观和方法论。我们之所以有今天的一切,离不开马克思主义这个万里长河之泉源。党和人民的事业奔向第二个百年奋斗目标,依然离不开马克思主义这个参天大树之根本。马克思主义中国化时代化,必须用马克思主义作为观察和解决中国问题的行动指南,必须以解决中国问题为出发点和落脚点。马克思主义中国化时代化是历史的选择和人民的需要,毛泽东思想和中国特色社会主义理论体系这两大理论成果以及中国发展的成就充分检验了马克思主义中国化时代化的现实伟力。习近平新时代中国特色社会主义思想是中国文化和中国精神的时代精华,实现了马克思主义中国化时代化新的飞跃,是 21 世纪的马克思主义。在基于"大思政课"理念进行大学生文化自信教育的过程中,必须将习近平新时代中国特色社会主义思想讲清楚、讲明白、讲透彻,助力大学生坚定"四个自信",坚定理想信念。

### (二)价值旨归之"不变":人的自由全面发展的终极指向不变

"在那里,每个人的自由发展是一切人的自由发展的条件",这是马克思和恩格斯在《共产党宣言中》对共产主义社会进行的诗意描绘。马克思主义是一门关于社会发展进步和人类彻底解放的科学,这门科学的终极目标任务和最高理想追求正是人的自由全面发展,这成为共产党人最高的奋斗目标和价值信念,也成为马克思主义政党使命的最终归宿。人的自由全面发展的内涵十分丰富,这里的人主要指"个人",包含人的需要、个性、社会关系、能力和潜能等方面的全面发展,体现了马克思主义对人的终极关怀。思政课作为立德树人的关键课程,本身就是一项"面向人、成就人和示范人"的事业。在思政课教学中,人本就应当作为尺度而存在。习近平总书记提出的"大思政课"理念是对思政课教学中人的现实性存在、主体性特征、社会性存在和实践性特征进一步凸显的深刻体察,同时也是对讲出更具针对性、亲和力、感染力和实效性思政课的时代应答。"大思政课"以人的自由全面发展为价值旨归始终不变。第一,"大思政课"理念下的大学生文化自信教育旨在促进大学生自由发展。自由发展是根据大学生身心成长规律,为其个性完善和思想独立提供足够的自由空间,而并非对其个性发展的盲目推崇与纵容。"大思政课"要从马克思主义"人学"要义出发,回归对大学生群体的人文关怀和价值引领,使其在科学价值观的引领下,追求自我独特的生活方式、塑造自我独特的个性,实现个体的自由发展。第二,"大思政课"理念下的大学生文化自信教育旨在促进大学生全面发展。"大思政课"倡导思政课教学遵照人的社会本质属性,回归对大学生的人文关怀本意,贴近其现实生活、契合其实际需求、符合其情感共鸣,"凝聚学校、家庭、社会协同推动思政课建设的合力",真正形成教学共同体,"五育"(即德育、智育、体育、美育、劳育)并举,让学生在社会大课堂中使德、智、体、美、劳五个方面得到全面发展。

(三)任务指向之"不变":立德树人的根本任务不变

"思政课是落实立德树人根本任务的关键课程""要坚持把立德树人作为中心环节",习近平总书记关于思政课的一系列讲话,皆旨归于立德树人。承接上述马克思主义"人学"要义和前提,"大思政课"以立德树人为根本任务的指向始终不变。首先,"大思政课"理念下的大学生文化自信教育要引导大学生明大德、守公德、严私德。大德即家国之德,天下之德,是"国之大者"。大德阐述的是个人与国家发展之间的关系,是指个人在实现中华民族伟大复兴的征程中,应当遵循的道德准则和道德规范。明大德就是要对大学生进行理想信念教育,增强大学生的马克思主义信仰,涵养大学生深沉的家国情怀,坚定大学生的共产主义远大理想和中国特色社会主义共同理想,将个人理想追求融入党和国家事业之中,以大德铸魂。守公德就是要对大学生进行社会责任教育,加强师德师风建设,注重以文化人,加强道德实践,鼓励大学生自觉、主动承担社会责任,培养大学生的奉献意识、责任意识,在高校形成崇尚公德、遵守公德、维护公德的美好局面,孕育出向上、向善的力量,以公德善心。私德主要是指个人道德意识、修养、作风、行为习惯等。严私德就是要对大学生进行修身教育,倡导大学生个体要锤炼品德,恪守正确的道德认知,培育善良的道德情感,塑造坚定的道德意志,践行正确的道德行为,坚持慎独而自律、慎初而敬终、慎微而杜渐,时刻做到自重、自省、自警、自励,将自身的道德素养汇成强大的精神力量,做到清醒自律、慎独慎微,以私德润身。其次,"大思政课"理念下的大学生文化自信教育要着力培养有爱国情怀、有过硬本领、有奋斗精神的时代新人。其一,培养有爱国情怀的时代新人。"大思政课"理念下的文化自信教育需将爱国、爱党、爱社会主义的深厚情怀贯穿育人全程,要让大学生的青春搏动与爱国情怀同频共振。其二,培养有过硬本领的时代新人。"大思政课"理念下的文化自信教育要引导大学生在学习中学真知、悟真理,在实践中练就真本领、硬功夫。其三,培养有奋斗精神的时代新人。"大思政课"理念下的文化自信教育要引导大学生直面困难,永不气馁,勇于拼搏,成为想干事、愿吃苦、肯奋斗的时代新人。

马克思主义的指导思想、人的自由全面发展的终极指向、立德树人的根本任务三个方面,共同构建了以"大思政课"理念推动大学生文化自信教育之"不变"的理论基础。马克思主义的指导思想规约着"大思政课"从哪里出发的问题,人的自由全面发展的终极指向指引着"大思政课"往哪去的问题,立德树人的根本任务明晰了"大思政课"在哪里落实的问题。这三者不可偏废,是对"大思政课"的"起始点""制高点""落脚点"的理论阐释与逻辑规约。

## 二、准确把握"大思政课"之"变",推动大学生文化自信教育改革创新

准确把握"大思政课"的之"变",推动大学生文化自信教育改革创新,主要表现在视野、场域、格局、体系四个方面。

### (一)视野之"变":聚焦"两个大局"

相较于传统文化自信教育,"大思政课"的视野更为开阔。这一开阔的视野基于"两个大局"。习近平总书记指出,我国高等教育要立足中华民族伟大复兴战略全局和世界百年未有之大变局,心怀"国之大者"。作为对大学生进行意识形态教育的关键课程,"大思政课"理应置于"两个大局"中审时度势、整体推进。大学生文化自信教育同样应立足"两个大局",引导学生正确认识世界、认识中国,认识中国与世界的关系,认识世界和中国的发展大势,这是大学生坚定中国特色社会主义理想信念的重要前提和基础,也是大学生文化自信教育的重要使命和任务。

认清世界百年未有之大变局,是把握"大思政课"视野之"变"的关键。随着发展中国家群体性崛起,国际格局得到前所未有的调整,世界范围呈现出影响人类进程和趋向的重大态势,这可谓世界百年未有之大变局。世界百年未有之大变局不是一隅之变、一时之变、一国之变,而是世界之变、时代之变、历史之变。这一变局是挑战,更是机遇。基于"大思政课"理念的大学生文化自信教育不应回避世界百年未有之大变局,而应直面大变局带来的挑战,抓住大变局催生的机遇。一方面,高校应引导大学生在波谲云诡、虚实难辨的国际形势中保

持高度警惕,既不给"黑天鹅"事件可乘之机,也高度重视"灰犀牛"事件。另一方面,高校应站在全球视野的高度,应时代变迁,发时代先声,经常向大学生讲述"人类命运共同体""亚投行""一带一路"等中国方案对世界的深刻影响,反复向大学生阐释中国式现代化道路对人类文明做出的杰出贡献,彰显"中国之治"的显著优势与强大力量。

认清中华民族伟大复兴的战略全局,是把握"大思政课"视野之"变"的根本。中华民族伟大复兴战略全局的提出,是社会主义新发展阶段的必然命题。一部中国近代史,既是一部屈辱史,亦是一部斗争史。近代以来,中华儿女的梦想就是实现中华民族伟大复兴,而唯有中国共产党从众多政治力量中脱颖而出,领导人民实现了站起来、富起来、强起来的大跨步。历史是最好的教科书。基于"大思政课"理念的大学生文化自信教育应聚焦中华民族伟大复兴的战略全局,引导大学生在500多年的社会主义发展史中沐浴马克思主义真理光辉,在100多年的中国共产党历史中体悟中国共产党的初心与使命;在70多年的新中国史中重温中国从积贫积弱到"世界第二"的奇迹历程;在改革开放40多年的历史中领会中华民族书写的腾飞史诗。基于"大思政课"理念的大学生文化自信教育应引导大学生继承和发扬传统和优势,以史为鉴,树立正确的历史观、大局观,善于站在国内国际"两个大局"相互联系的高度,全面理性地审视我国和世界的辩证发展关系,正确认识世界和中国的发展大势,保持清醒头脑和强大定力,不随波逐流,不人云亦云,坚定不移地走好自己的路,朝着自己的目标前进,争做有志气、骨气、底气的新时代青年,为实现中华民族伟大复兴贡献青春力量。

## (二)场域之"变":融通"社会大课堂"

习近平总书记指出,"大思政课"我们要善用之,一定要跟现实结合起来。"大思政课"需置于更大的社会场域之中,以"思政小课堂"融通"社会大课堂"。"大思政课"理念下的大学生文化自信教育亦是如此。

融通"社会大课堂"首先体现于"大思政课"理念下的文化自信教育要讲好中国大故事。当前,一些思政课的教学模式常常为自上而下式的"填鸭式灌输"。这种教学模式往往"曲高和寡",无法与大学生产生共鸣。破解这一困局的关键在于融通"社会大课堂",讲好与当下社会密切关联的中国大故事。2019年底,一场新冠肺炎疫情猝不及防地席卷全球。假若新冠肺炎疫情是对全世界拥有不同道路、理论、制度、文化的国家进行了一次"大考",那么中国则在这次"大考"中脱颖而出,成为优秀的"答卷人",并为世界上其他国家与地区的疫情防控提供了"中国方案",充分彰显"中国之治"的独特优势。2021 年 7 月 1 日,习近平总书记在庆祝中国共产党成立 100 周年大会上庄严宣告:"我们实现了第一个百年奋斗目标,在中华大地上全面建成了小康社会。"这一掷地有声的宣告昭示着全面小康的美好愿景成为现实。全面小康是中国共产党带领人民艰苦奋斗而来的小康,是人人皆不落队、人人同享发展硕果的小康。全面建成小康社会不仅为实现中华民族伟大复兴提供了动力引擎与精神支撑,而且显著缩小了世界贫困人口的版图,为其他国家摆脱贫困、实现现代化提供了新模式。这些都是全民参与的大故事,为大学生文化自信教育提供了社会大场域。基于"大思政课"理念的大学生文化自信教育应充分利用这两本"活教材",打破课上与课下的绝对界限,弥合教学在理论与实践之间的巨大鸿沟,引领大学生面向社会这一场域,让大学生切身体会到"中国共产党能""马克思主义行""中国特色社会主义好"。

融通"社会大课堂"亦体现于"大思政课"理念下的文化自信教育要讲好中国小故事。小故事植根于日常生活之中,与大学生的日常生活休戚相关,是大学生文化自信教育的重要资源。首先,"大思政课"应将小故事"引进来"。以"渐冻之躯"筑起抗疫铁壁铜墙的张定宇、带着山区女孩的梦想飞越大山的张桂梅、穷极一生传播中华优秀传统文化的叶嘉莹,这些"小人物"生于平凡,却归于卓越。他们以自己的人生书写的故事虽小却蕴藏着大情怀、释放着大能量。基于"大思政课"的文化自信教育应以这些"小人物"的人格力量、深厚情怀触动大学生的心灵,引导大学生将人生理想谱写于中国大地之上,使大学生实现思想与现实的和解,展现知识与行为的同步,彰显个体与社会的融合。其次,"大思政课"应带领大学生"走出去",讲好发生在大学生身边的小故事。"大思政课"理念下的文化自信教育应超越理论说教,将大学生带到更为广阔的社会场域之中,使其聆听发生在身边的消防战士抗洪救灾的故事、白衣天使救死扶伤的故事、环卫工人爱岗敬业的故事,引导大学生在生活的"试验田"中脚踏实地,以更坚定的决心承担社会责任、担当时代使命。

(三)格局之"变":形成"育人共同体"

"大思政课"之"变"还展现于格局之"变"。在过去很长时间内,大学生的思想政治教育工作全权被委于思政课教师,其他育人主体与思政课教师之间缺乏必要的协同。"大思政课"则应摒弃、克服这一流弊,形成其他育人主体与思政课教师密切合作、协同发力的"育人共同体"。"大思政课"理念下的大学生文化自信教育也应形成多元合力、协同育人的"大主体"。

其一,"大思政课"理念下的文化自信教育要求高校多方育人主体共同发力。育人是一个系统工程,需要多方参与、分工协调。思政课教师与专业课教师、辅导员、行政人员应同向发力,形成高校"育人共同体"。思政课教师应将马克思主义理论讲清楚、讲透彻,助力大学生坚定马克思主义立场;专业课教师应挖掘专业课程中的"思政因子",力求在知识传授过程中引领大学生的思想;辅导员应走近大学生,了解大学生思想动态,化解大学生思想波动;行政人员应做好服务工作,以兢兢业业的职业精神感染大学生。以上四方力量汇聚,共建高校"育人共同体"。

其二,"大思政课"理念下的文化自信教育要求家庭发力。家长是育人的第一责任人,因此家庭亦应是"大思政课"的主要场域。寒暑假、节假日是高校思想政治教育缺位的"空档期",这时家长要及时跟进学校的育人进程并主动了解大学生的接受情况,帮助大学生在家庭中保持良好的思想状态、心理状态,做到家校"无缝隙对接"。

其三,"大思政课"理念下的文化自信教育要求社会发力。大学生的成长与社会发展同轨,社会对大学生的成长、成才亦应承担一份责任。一方面,政府机构需颁布具有引领性、前瞻性的文件,以明确"大思政课"的目标、任务,为"大思政课"的建设保驾护航。另一方面,企业单位需积极弘扬社会主义核心价值观,为来企业单位参与实习的大学生创造优异的思想政治教育环境,促进大学生明善恶、知荣辱、崇高尚,确保大学生在迈向社会时"大思政课"仍"在场",文化自信教育仍持续发力。

一言以蔽之,"高校-家庭-社会"三位一体的"育人共同体"开创着处处着力、处处有力的"大格局",这是"大思政课"之"变"的现实确证。

## (四)体系之"变":推进"大中小学一体化"

习近平总书记指出,在大中小学循序渐进、螺旋上升地开设思政课非常必要。思政课并非大学的"独奏曲",中学、小学也需要上好思政课。"大思政课"需打破学段分割、条块分割的壁垒,引导小学、中学、大学共同上好思政课,跑好

"接力赛",推进思政课的"大中小学一体化"。由此,作为思想政治教育的重要内容,文化自信教育也需要覆盖不同学段,循序渐进、螺旋上升,助力实现学校教育立德树人、铸魂育人根本宗旨。

思政课肩负着为党育人、为国育才的崇高使命。长期以来,小学、中学、大学的思政课虽各有着明确的教学目标、任务,但三个学段之间缺乏必要的衔接,这就导致教材与教学重复交叉、协同不足,思政课成效亦大打折扣。"大思政课"的"出场"在整体推进三个学段的思政课的同时,又特别关注到三个学段思政课之间的衔接,即推进思政课的"大中小学一体化"。具体而言,其一,推进思政课教材的"大中小学一体化"。小学、中学、大学的思政课教材应分别由浅入深、由简入繁、逐层递进、有序衔接地囊括政治、文化、道德、法治四类要素。政治要素是统领,决定着育人的方向。政治要素中应囊括党的理论创新成果,要以习近平新时代中国特色社会主义思想为主线。文化要素是根基,有助于培养学生的文化自信。文化要素应囊括中华优秀传统文化、革命文化与社会主义先进文化。道德要素是关键,是为人之本。道德要素应囊括中华振兴之大德、社会有序之公德、自省自律之私德。法治要素是保障,有助于使学生遵守法律、规范行为。法治要素应囊括有利于增强学生法治意识、法治思维的要素。政治、文化、道德、法治这四类要素相互依存、相互交融,共同构筑一体化的教材体系。其二,推进思政课教学"大中小学一体化"。小学、中学、大学三个学段的思政课教师应架起合作、交流平台,开展集体备课,分享教学心得,进行学术探讨。这既有助于实现教学资源的共商、共建、共享,又有助于加紧小学、中学、大学思政课之间的衔接,助力构筑一体化的教学体系。因此,基于"大思政课"理念的大学生文化自信教育也迎来了改革创新的契机,不同学段的教学任务、教学内容等方面发生的变化,也对教学方法发展提出了更新的要求。教育者亟须通过改进方法,形成一套衔接完整的以文育人、以文化人的方法体系,不断强化教育成果。

作为"大思政课"教育的重要内容,大学生文化自信教育应准确把握"变"与"不变"的辩证统一关系,厘清新时代大学生文化自信教育守正创新的建设思路,以不变应万变,在万变中保持不变,推动"大思政课"落地落细落实,助力立德树人、铸魂育人根本宗旨的实现。

# 第四章　新时代大学生文化自信教育
# 现状及归因

"青年兴则国家兴,青年强则国家强。青年一代有理想、有本领、有担当,国家就有前途,民族就有希望。"大学生是青年中的优秀代表,是中华民族中的优秀分子,大学生的文化自信现状直接关系到社会主义文化强国的建设和中华民族伟大复兴中国梦的实现,更关系到中国文化的传承与发展,因此,深入了解大学生的文化自信基本情况以及当前大学生文化自信教育现状至关重要。

## 第一节　新时代大学生文化自信教育的积极
## 发展态势

党的十八大以来,新时代大学生文化自信教育持续积极推进且富有成效,基本面和主流值得肯定。具体表现可以从以下三个维度来看。

### 一、大学生文化自信教育的基础坚实

大学生文化自信的养成和稳固,不仅需要教育主体具备系统、丰富的知识基础作为支撑,而且需要强大、坚实的社会基础作为保障,只有这样才能在实践中切实推进文化自信教育工作。近些年来,经过自上而下的全方位努力,大学生文化自信教育的社会基础已经非常坚实。

### (一)党和国家高度重视

其一,重视文化自信的作用。2016年7月1日,习近平总书记在庆祝中国共产党成立95周年大会讲话中,在制度自信、理论自信、道路自信"三个自信"基础之上增添"文化自信",将"三个自信"变为"四个自信",并强调"文化自信是更基础、更深沉、更持久的力量",是贯穿道路自信、理论自信、制度自信的更深层次的精神支撑。"四个自信"的重要论述创造性地拓展了党的十八大提出的中国特色社会主义"三个自信"的谱系,凸显了中国特色社会主义的文化根

基、文化本质和文化理想,标志着我们党对中国特色社会主义有了更加明确而开阔的文化建构。其二,强调立德树人。习近平总书记在全国高校思政课教师座谈会中指出"必须提高政治站位、深化思想认识,必须旗帜鲜明、毫不含糊,理直气壮开好思政课,把立德树人的根本任务真正落实到位。"以立德树人为教育任务,培养"德智体美劳"全面发展的时代新人,成为重要的教育理念,并不断落实到教育之中,加速大学生文化自信培育工作的开展。其三,重视讲好中国故事,提升文化影响力。文化是国家软实力的核心,也是衡量国家竞争力的新标杆。习近平总书记更是积极践行讲好中国故事的实践活动,在德国科尔伯基金会、中法建交五十周年纪念大会等场合,向世界讲述着和平深深植根于中华民族的文化基因;在韩国国立首尔大学等场合,讲述了正确的义利观是中华民族始终崇尚的品德和胸怀。我们国家采取了一系列组合拳来讲好中国故事和提升中国文化影响力,如积极推广汉语和中国文化,设立孔子学院和孔子课堂,向世界介绍中国文化和语言;举办了多种文化活动,如中国文化年、中国文化周、中国电影节等,向世界展示中国文化的多样性和魅力;积极向世界发布中国故事,如《乡村振兴战略》《"一带一路"倡议》等,让世界更好地了解中国的发展和文化;积极建设文化交流平台,如中国文化中心、中国文化遗产保护中心等,为世界各国提供了更多了解中国文化的机会;积极支持文化产业发展,如电影、音乐、文学等,让中国文化更好地走向世界;等等,中国人以更加自信的姿态将中国文化讲述给世界,中国声音越来越多地在世界每个角落得以传播,为世界文化多样性的发展做出了重要贡献。

## (二)国家实力显著增强

改革开放以来,中国国家实力显著增强,这是一个不争的事实。其一是经济实力的增强。改革开放以来中国经济实力得到了显著提升。特别是在改革开放初期,中国实行了一系列的市场化改革,逐步放开了经济,吸引了大量的外资和技术,推动了中国经济的快速发展。如今,中国已经成为世界第二大经济体,国内生产值(GDP)总量超过 13 万亿美元,对全球经济的贡献率已经超过15%。其二是科技实力的提升。改革开放以来中国在科技领域也取得了显著的进步。中国政府大力支持科技创新,加大了对科技领域的投入,推动了科技成果的转化和应用。如今,中国在高铁、5G、人工智能等领域已经取得重大突破,成为全球科技领域的重要力量。其三是军事实力的提升。改革开放以来中国的军事实力也得到了显著提升。中国政府加大了对军队的投入,推动了军队现代化建设。如今,中国已经拥有了一支现代化的军队,拥有了先进的武器装备和技术,成为世界上最强大的军事力量之一。其四是国际地位的提高。改革开放以来中国在国际上的地位也得到了显著提高。中国积极参与国际事务,推动了国际合作和多边主义,成为世界上最重要的国际合作伙伴之一。如今,中国已经成为联合国安理会常任理事国,拥有了更多的话语权和影响力。总之,改革开放以来中国国家实力得到了显著提升,这是中国人民共同努力的结果。未来中国将继续推动改革开放,进一步加强国家实力,向社会主义现代化强国迈进。社会存在决定社会意识,中国不可忽视的硬实力增长成为软实力提升的保障,这些都为更好地开展大学生文化自信教育打下了坚实基础。

## 二、大学生文化自信教育的内容丰富

大学生文化自信教育是一项重要的育人活动,它是高校思想政治教育工作的基本构成要素之一。这是一项具有价值引导性的工作,其目的是培养大学生的文化自信心态,让他们在面对不同的文化背景和价值观时,能够保持自信和开放的心态,帮助大学生养成正确的文化观和价值观。在多年的教育实践中,大学生文化自信教育的内容日渐系统和丰富。

### (一)高校思政课体系完善,发挥主渠道作用

思政课本身具有的文化功能以及政治性特点,决定思政课承担着大学生文化自信教育主渠道的作用。高校思政课的文化自信教育融入思政课学科体系,在"思想道德与法治""毛泽东思想和中国特色社会主义理论体系概论""习近平新时代中国特色社会主义思想概论""中国近代史纲要"等公共思政课程之中往往包含中国特色社会主义文化部分的专题讲解,增强大学生对中国特色社会主义文化的认知;"思想政治教育学原理""思想政治教育化教学"等专业课程中往往包含时事政治版块,以及借助中西思想政治教育的比较引申出对中西文化的深层认知、提升大学生的文化甄别力;除此之外还加强课程思政的开展,全面提升高校对社会主义核心价值观的宣传与讲解力度,增强大学生对中国特色社会主义文化价值的认同和自信。从高校思政课的公共课到高校思政课的专业再到高校课程思政的新发展,高校思政课体系不断完善,各门课程各有侧重,以各自为内容载体帮助大学生树立文化自信认知、培养文化自信情感认同、启

迪大学生文化自觉,有利于大学生形成文化认知、文化认同、文化自觉到文化自信,由此形成由浅入深、逐渐深入的过程,是培育大学生文化自信的主渠道和重要课程。

### (二)社会文化产品丰富,充分展示中国故事、中国精神

文化对人的影响来自一定的文化环境,形成文化自信这种气质与品格,同样需要一定的文化环境。文化环境的营造需要一定文化物质载体的建构。进入新时代以来,中国文化产业、事业繁荣发展,社会文化产品日益丰富。譬如,展现中国力量的纪录片《厉害了,我的国》在全球巡回播放,让中国文化、中国精神映入世人眼帘;《哪吒之魔童降世》《流浪地球》《芳华》《我和我的祖国》等系列优秀影视作品,更是展示中国文化的实力与意蕴。这些优秀文化产品,展现中国精神、中国故事,为大学生文化自信培育内容注入源源不断的新鲜血液,增强中国文化的感召力。

### (三)重大活动、事件凝聚中国精神,展现中国力量

习近平总书记指出:"文明因多样而交流,因交流而互鉴,因互鉴而发展",文化交流始终是人们实现精神文明的必然要求。"一带一路"经济发展思想、"命运共同体"理念、"中国文化年"文化活动等重大活动和事件,既传递了平等互惠、和谐共生、开放包容的发展思想,同时又架起一座座人文交往、文化互赏的友谊之桥,展现出中国"睦邻友好""共同发展""美美与共"的中国力量,凝聚着中国文化价值的强大精神,向世界展示着中国文化的自信,使中国声音、中国方案、中国主张通过"云端"传向世界,同时也推进了人类智慧的共享、人们社会生产生活的丰富,增强交流双方的获得感和幸福感。

## 三、大学生文化自信教育的方式多样

在大学生文化自信教育的不断探索中,除了作为主渠道的课堂教学之外,也呈现出多种多样的教育方式。

### (一)具有实践性的"第二课堂"

"第二课堂"是以文化知识传授为主的课堂教学的必要补充,为的是完善培育的完整性,提升培育成效。由于课堂知识传授的多为文化理论层面的,导致

许多大学生停留在思维理解阶段,甚至许多知识处在死记硬背的状态,大学生在实际生活中对自身文化的认同度并不高。因此,组织大学生进行文化旅游景点参观、举办文化风采演讲比赛等类似实践性的"第二课堂",可以增加大学生的文化体验感,加深对自身文化的理解,进而增强对自身文化的认同感。

(二)利用新媒体打造虚拟课堂

对文化自信教育来说传统的线下课堂效果相对最好,但是这种教学方法受时空限制较大,对于一部分大学生来说其教育效果是受限的。但是新媒体的大发展促使文化自信教育可以轻松突破时空局限,开始利用线上学习空间、微博、微信公众号等大学生使用频率高的新媒体平台进行文化自信教育,即时通信和反馈机制既缩小了教育主体同大学生群体的距离感,丰富的信息资源又增加了文化自信教育对大学生的吸引力,基于新媒体的学习模式越来越成为大学生学习和生活中不可分割的一部分,大大提升了文化自信教育的成效。

(三)显性教育与隐性教育相结合

就大学生文化自信教育来说,隐性教育是与显性教育相对应的模式。隐性教育是指受教育者自身对周围的人、事和景物的感知、认同和欣赏,不知不觉受到感染和熏陶,而没有任何明确的针对性措施。在具体实践中因其教育方法隐蔽、教育成效显著、教育资源丰富等优势越来越多地得到思想政治教育工作者的接受与认同。在注重理论教育的同时,加强文化环境的营造,诸如建设有文化底蕴的亭台、走廊、教学楼,绿色干净的网络空间等,增强文化熏陶作用。并且将文化自信培育落实到更细、更小的日常生活之中,教师为人师表、家长以身作则,增强对大学生的正向示范作用。

# 第二节　新时代大学生文化自信教育中存在的问题

当今世界经济迅猛发展、科技日新月异,历史虚无主义、文化虚无主义、精致利己主义等思想无时无刻不在影响着大学生的思想意识和思考范式。我们在为当前大学生表现出的文化自信现状可喜可贺的同时也绝对不能忽视出现在少数大学生思想中的文化认识怪圈和荒谬的价值歧视,正视国家、社会、高校、家庭等因素对大学生文化自信的影响,更不能忽视忽略、回避逃避当前大学生文化自信教育中存在的问题。

## 一、制度文化层面:重规范轻养成

现代社会是一个复杂而多元的系统,其有效运行依赖于各种制度的确立和规范,制度作为某一共同体内成员共同遵守的、按一定程序运行的规程或行动准则,具有约束和规范作用,制度可以有效地维护社会系统的秩序化运转,帮助社会要素避免或减缓冲突,为个人自由和社会权利提供实质性的保护,进而促进社会政治经济文明的发展和繁荣。大学文化自信教育同样需要制度保障,没有制度规范和约束,大学文化无法解决根本性问题。大学文化的内涵结构主要包括精神、制度、物质三个层面,大学文化的组成应当包括精神文化、制度文化、物质文化三个维度。为此,我们应当构建大学制度文化,由于制度的强制性特征,必然使得师生自觉遵从和维护大学文化及其构成。因此,制度文化是大学文化的重要组成部分,培育大学制度文化,就是要在制度建设的同时,紧紧地渗入文化的东西,使制度的每一条款都充满着文化的细胞和血液。然而,在现有的大学文化自信教育背景中,相当一部分大学的管理并没有遵循高等教育规律,没有体现社会主义大学的特点,尤其是在制度文化建设方面,譬如学术评价制度、人才培养制度等,功利主义色彩浓厚、行政倾向严重,这对现有的大学文化自信教育产生巨大冲击,无法承载大学文化的建设重任。

### (一)制度文化意识相对薄弱

从基本属性来看,大学制度文化体现为保证大学正常运行,推动大学持续向前发展的有组织的规范体系。制度文化是大学文化的重要组成部分,同时又是大学文化自信教育的根本保障。具体来讲,大学的管理体系、规章制度、关系准则等都是大学制度文化的具体反映。一所大学拥有着庞大的学生群体和教职工群体,离开规章制度的约束,根本无法实施正常的教学工作、实现学校的有效运行。而且,不同的大学拥有不同学科特点、发展定位、价值取向,大学制度既要体现这些方面,又要通过约束手段为这些方面实现提供保证。从特点出发,大学制度文化是一个具有动态性的过程,即大学发展会推动大学制度文化的进步,同时大学制度文化还会反作用于大学发展,可能推动也可能阻碍大学发展。因此,从这些方面分析可以发现,制度文化在大学发展中发挥着至关重要的作用。

从保证大学正常运行、推动持续发展的角度来讲,大学都会结合自身办学理念、办学特色、价值体系等建立相对完善的制度体系,并形成一定的制度文化。从大学本身来看,其内部不仅有学生,还有教职工及各层级管理人员。大学人员的复杂性决定了大学制度文化的多元性,并要求其还必须具有一定的和谐张力。但就目前现实情况来看,普遍存在制度文化意识淡薄的问题,具体表现为不同群体具有不同,甚至具有一定冲突性的文化观,进而造成制度文化开放过度,缺乏约束力。大学教师一般推崇自由文化,希望能够获得更大的学术空间,提倡宽松制度文化;各层级管理者则推崇实效文化,希望能够通过严格的制度实现管理的高效化,提倡严谨的制度文化;而学生处于制度直接管理的角色,他们在一定程度上会受老师的影响,不愿被束缚的天性也使得他们更推崇宽松化制度文化。在多元制度文化观的影响下,大学普遍缺乏结合大学精神的制度文化建设,过分强调开放、包容,造成束缚力弱化。

与此同时,制度文化意识淡薄还会影响大学制度文化发展,不利于大学文化自信教育。长期以来,大学都是从管理的角度出发制定、执行制度。因此,当前许多大学仅形成了规章制度、行为规范等外显的制度体系,而未与学校教学、工作各个环节相衔接、相贯穿,缺乏深远的影响力、有效的约束力、持续的发展力,无法上升到制度文化的层面。在具体的环节上,缺乏文化支撑的制度,常表现出短视性、局部性,缺乏权威性和连续性,一些工作无章可循、无规可依,影响大学内各群体的规则意识;缺乏制度支撑的文化,常表现为碎片化、临时化,缺乏传承性和持续性。文化的形成不是一朝一夕就可以实现的,需要不断的积淀与调整,因此大学文化自信教育更需要强有力的制度支撑。

## (二)制度管理重规范轻养成

大学文化自信教育是一个长期的,具有传承性和积淀性的过程。因此,文化自觉对大学文化自信教育具有非常重要的作用。人是自觉行为的实施主体,就大学文化自信教育来讲,需要大学中的每个人都具有一定的文化自觉。而自觉行为的形成也具有一定的过程性,自觉来自强制和规范,形成于行为习惯。随着教育要求的变化和大学自身的发展,大学制度逐步趋于完善化,管理趋于规范化。在社会进步的推动下,学生群体也发生着重大的变化,一些强调"规范"的硬性管理规章不仅对大学发展无助,甚至会阻碍其持续发展。"没有规矩不成方圆",但当前无论是学生群体还是教师群体,主体意识都有所增强,过去层级化、行政化管理模式的规范力和约束力明显减弱。当前,大学无论在教学中还是在管理中,都应该体现"以人为本"的理念。但在现实中,大学普遍通过硬性的制度来管理约束人从而获得立竿见影的管理效果,而忽视使用软性的制度去培育养成人以促进大学文化的形成。

近年来,为了实现学校快速发展,越来越多的学校也开始注重大学文化自信教育。但从当前大学制度建设的情况来看,多以强制性的规范来推进大学文化自信教育。这种形式短期内效果明显,但是处于被管理地位的教师和学生,只是规章制度的执行者,在缺乏人文关怀的情况下长期被限制行为、压制创造性,会影响教师及学生对大学文化的认知,影响参与文化建设的热情和主动性。进行大学文化自信教育,不仅是实现对大学精神的传承,更是希望学生、教师养成一种行为、形成一种习惯,进而外化为一种人文特质。因此,在大学文化自信教育中,应该有所弱化制度的约束性,突出制度对行为的形成性。目前,大学制度文化普遍强调制度的规范性,忽视引导被管理对象将制度内化于心,引导学生、教师自我管理的人文化新型管理模式还未形成。从本质上说,制度是大学文化自信教育的保障,大学文化同时又是制度管理的精髓。但目前一些大学管理者常常忽视大学文化在制度管理中的地位,忽视情感交流、思想互动、价值认同等"养成"性管理手段,忽视通过培养大学不同群体的文化自觉来提升大学整体文化水平的有效渠道。

### (三)制度文化存在价值缺陷

在大学强化依法治校,推动制度文化建设不断发展的大好形势下,各校上下遵章守纪的意识不断增强,规范化建设水平不断提高,但有些制度非立法单位制定,没有广泛征求意见,忽视被管理者和学生的参与权,没有实现制度文化由"外在制度"向"内在制度"的根本转变;有些制度对师生存在重义务轻权利的倾向,缺乏对师生切身利益的整体考量,不能很好地体现民主性、合理性,导致师生对制度缺乏认同感与信赖感,也难以内化为良性的制度文化;另外,有些教职员工,关注学术和事务性工作过多,对"与己无关"的制度创建兴趣不大,在制度试行过程中提不出修改意见;有的学生存在"过客"心理,不能做到以大学为家,虽然对大学制度文化建设私下里有些建议,但缺少参与精神,没有通过合理渠道反映上来,影响大学制度文化建设的效果。

## 二、社会教育层面:有参与缺合力

社会是人生存和发展的基本单位,人总是生活在各种社会关系之中的。社会蕴藏着丰富的文化,随着社会的发展进步,社会教育在整个教育体系中的作用越来越重要,辅助和补偿学校教育及家庭教育的功能日益凸显。社会教育是一种活的教育,文化资源的丰富性、形象性,育人作用的深刻性、独立性都是其显著优势。但是,现实社会中,文化自信教育资源却存在单独性、滞后性和不均衡性等特点,没有形成有效的资源协作和教育合力。

### (一)社会文化自信教育资源缺乏有效互动

在调研走访中,学生大多认为社会实践、研学旅游、参观游览、网络媒体学习等是其了解中华优秀传统文化、革命文化和社会主义先进文化的主要途径。随着经济的发展、社会文化基础设施和公共文化服务网络的完善及公益性开放,越来越多的大学生走进博物馆、展览馆等,在发挥博物馆、展览馆等社会文化机构文化陶冶和思想教育作用的同时,要着重考虑参观者的个体需求,创新陈列展览,整合现代信息技术,让历史陈列鲜活起来,实现物与人的双向互动,产生交流,引起共鸣。但是在家庭与社会资源关系中,学校与社会资源互通上存在一定欠缺,尤其是学校作为文化自信教育的主要阵地,没有充分、主动发挥社会公益性场所、文化组织的文化育人功能,主动性和互动性不足。

### (二)社会文化自信教育资源缺乏平衡性

根据当前我国社会教育资源分布情况,地域差异现象明显,存在地区不均衡、城乡不均衡、学校类型不均衡的现象。有调查显示,学校类型和学校所处地区直接影响大学生文化自信的认知和满意度。国家、社会对重点大学的教育资源投入更多,重视程度更高,学生的文化认知和教育满意度就更高。直辖市、省会城市、自治区、地级城市高校可利用的社会教育资源也存在很大差异,地级城市高校相对于一线城市、省会城市高校教育资源匮乏。城市生源地的大学生对文化自信的认知更高,认同更强烈。不少大学生认为家庭经济收入影响其文化自信,因对家庭收入不满意,忙于生计而忽视文化教育是常态。由此可见,应着重解决教育资源南北、东西、城乡之间的不均衡性,切实增加农民收入,加强农村基础教育投入,优化农村教育资源,促进城乡一体化建设,缩小社会教育资源差距,让学生平等享受到均衡的教育资源,这也是增强文化自信所不能忽略的。

### (三)社区治理效能有待提升

社区是社会的基本组织单位,是个体生活的主要场所,社会治理的重心要向基层下移落到生活社区,突出社会文化宣传、文化育人、终身育人和全民育人的作用。当前,我国的社区更加强调健康功能、经济功能等基础性的生活服务功能,严重忽视了文化宣传、资源整合、监督管理的大教育功能,尤其是还存在网络资源监管整合不足。随着网络媒体的迅猛发展,积极抢占网络阵地增强大学生文化自信已成为文化自信教育的重要途径和关键环节。大多数大学生认为网络媒体文化自信的宣传和国家对网络的监管净化有待于提升。当前网络确实存在门槛低、内容低俗、监管不实等问题,这就需要有效整合网络资源,构建文化自信教育的网络机制,大力开展丰富多彩的主流网络文化主题教育,弘扬正气,净化文化自信教育的网络环境。

## 三、学校教育层面:重形式轻内涵

学校是专门从事教育教学活动的单位,是大学生文化自信教育的主要阵地,具有极端重要性和特殊性。学校的人文环境、课程体系、教育方法和教师素养这些因素在一定程度上影响着学生文化自信意识的形成。然而,当前高校这些因素在大学生文化自信教育中却没有很好地发挥出特殊性的重要教育作用,尤其是校园人文环境的建设和大学生文化活动的开展,存在重形式建设轻内涵培育的问题,这在一定程度上制约着大学生文化自信教育效果。

### (一)教育内容方面,无法满足实际文化需求

大学生作为具有认识能动性和主体创造性、创新性的实践主体,参与到文化自信教育相关理论和实践课程中绝不应该是盲目的和消极的。在当前,高校文化自信教育呈现出好的发展趋势,但是受各种现实因素的影响和制约,影响大学生主体性作用的发挥。新时代的到来,文化自信教育内容有所改变和完善,有了更加丰富和饱满的内涵。但当前文化自信教育内容更多的是通过思想政治教育相关内容呈现,高校也将文化自信相关课程作为普通文化通识课来开展,更注重的是文化自信理论知识的培育,容易导致文化自信教育内容没有明

显的、具体的针对性,实际上这已经无法满足学生的实际文化需求。根据一项针对文化自信教育研究的调查,半数以上受访学生表示,"教育内容泛政治化、枯燥乏味、理论性和理想化强,脱离学生实际"。除此之外,当前还存在着文化自信教育内容不能与实际生活相联系的现实问题,内容过于形而上,无法与实际相联系,大学生不知如何参与到文化传承创新的实践中去,这表明文化自信教育的教学内容是与大学生之间的主体需求有一定偏差的,协调性不足。即使文化自信教育内容非常丰富,若内容缺乏针对性和层次性并脱离了实践,也无法吸引学生主动学习的兴趣,这样实际上是忽略了大学生的主体地位和主体性作用发挥,文化自信教育也无法获得好的教育效果。

## (二)教育方法方面,改革创新力度不够

### 1. 单向度显性灌输依然明显

运用科学合理,灵活多样的教育方法是文化自信教育的重要因素。教师的执教方式和学生的学习行为之间形成双向选择和互动,需要一定的途径和方式方法,仅仅依靠机械的单向性传授理论,无法形成互动,达不到以文育人的教学效果。一项针对文化自信教育方式的调查研究显示,所采取的教学方法依然以课堂教学为主,比例高达80%以上。目前大多数高校在开展大学生文化自信教育中,并不能做到与时俱进,也没有根据时代和学生的发展特点采用科学多元的教育方法,单向度的知识说教和强硬的理论灌输依然是主要的教育教学方式。显性灌输这种单一的教学方法,过于机械和乏味,缺乏感染力,无法引起新时代高校大学生的内心文化共鸣。这种单一的教学方法致使大学生在消极被动地接受文化自信教育,无法获得文化体验,并不能真正感受中国文化的深刻内涵和时代价值,也不能对文化知识内化、吸收。受新时代浪潮影响的大学生个性鲜明、头脑灵活、理性务实,并不喜欢"照本宣科"的硬性单向灌输的教育方式,同样是文化自信教育方法,他们更愿意接受新颖的、鲜活生动的教学方式来满足自身的文化需要。死板僵硬的教学方法,已经不再适应大学生在文化自信教育过程中发挥自身主体性作用的发展要求了。大学生作为文化自信教育活动中的学习主体,要求其在文化自信教育过程中必须有明确的主体意识,进行准确的自我角色定位,深刻理解提高自己的文化素质对新时代中国文化发展过程中的时代价值和重要作用。只有真正了解当代大学生的实际需求,通过形式多样的教学方法和手段,吸引大学生提高学习文化理论知识的兴趣,文化自信

教育的内容才能被学生自觉认同和接受。大学生才能真正调动自己主动参与文化实践活动的积极性和能动性,进而采取实际行动对中国文化进行传承和创新。

2.情感共鸣和价值认同度低

文化自信教育双方的互动关系主要是指教育者和受教育者之间的关系,二者之间除了有传统生硬的教育关系还有以情感交流为特征的伦理关系。其中,教育教学关系是指不进行任何情感互动,教师只根据自身的知识储备、学识眼界和生活经验对学生进行"传道、授业、解惑",而学生在课堂中也并不给予反馈。这种生硬的关系更像是一种二者互相完成自身任务的关系,除此之外再无其他交流。伦理关系是指教师和学生之间的情感交流,通过营造平等对话的教学环境,产生情感交流,实现情感互动和共鸣。这种双向情感交流的伦理关系在文化自信教育过程中十分重要。但是当前在实际的文化自信教育情况中,注重的依然是知识传授和完成教学任务的教学关系,情感交流则很少体现。教师秉持"严师出高徒"的教学思想,只把文化自信教育教学内容向学生机械地灌输,不能真正从学生的角度来考虑问题,和学生之间无法产生情感互动,大学生也无法从中获得体验感。教育作为教育者和受教育者之间的一种平等、和谐的交往活动,应使双方的教育主体性得到充分发挥为手段和目的。而传统的教师权威和书本知识的限定导致教师和学生之间关系变得固化,并且对两者之间的和睦关系和创造活力造成了消极的影响。教师限于书本的权威规定,对文化知识的理解不够宽泛,再加上"硬性灌输式"教学方式向学生传授知识,导致大学生无法开阔思维,无法发挥自身的主体性作用。可以试想一下,当师生双方不再针对某个问题片面强调自己的观点和想法,而是能设身处地为双方思考,在公正平等的条件下,双方彼此商讨建议,得出最优选项,尊重对方也尊重自己,如此一来更容易让学生对文化学习产生兴趣,并付诸行动。总的来看,文化自信教育中师生之间互动关系存在的偏差问题会影响大学生主体性作用的发挥。

3.实践教学缺少统筹规划和创新探索

制定完善的实践教学系统规划,是大学生文化自信教育实践教学的重要保障。目前,一些地方、学校对相关实践教学的组织缺少系统规划:有的尚未建立负责课程管理、学生活动、学生安全、思政教学、社会力量等多元主体协同合作机制,缺少多元主体为实践教学服务的协调规划;有的尚未建立相关实践教学的理论与实践、历史与现实、横向与纵向等多领域资源整合机制,缺少多领域实践教学资源的整合规划;有的大中小学校实践教学尚未实现课程理念、课程标准、课程目标、课程体系、课程内容、教材体系、师资建设、教学教研、课程评价等一体化,缺少大中小学校实践教学一体化推进的协同规划。

充分利用辩证思维、现代科技来创新实践教学的方式方法,是增强实践教学感召力的重要途径。但目前,尚有不少地方和学校对大学生文化自信教育的实践教学环节缺少创新探索。有的相关实践教学形式比较单一,局限于党团活动、义务劳动、调查访谈、参观考察等容易开展的传统方式,很少开展形式多样、内容鲜活的实践教学活动;有的相关实践教学方法比较简单,沿用一法为主或一法到底,很少把理论阐释法、案例教学法、情境体验式教学法、互动式教学法等有机结合起来;有的相关实践教学组织比较固化,沿用以往思政课教学的师资队伍、教学模式、评价体系和领导机制。

### (三) 从校园文化建设来看,存在"文本化"现象

《教育部、共青团中央关于加强和改进高等学校校园文化建设的意见》中所提出的"以理想信念教育为核心,深入进行树立正确的世界观、人生观和价值观教育;以爱国主义教育为重点,深入进行弘扬和培育民族精神教育;以基本道德规范为基础,深入进行公民道德教育;以大学生全面发展为目标,深入进行素质教育"是大学文化自信教育的一项重要内容,也就是国家一直在倡导的"大学生全面素质教育工程",包括人文素质和科学精神教育。

绝大多数大学都建立健全了发展规划、人才培养、管理规范等规章制度,这些政策与文化建设息息相关。但由于学校发展的侧重点不同,大学多以学校发展的"综合实力"来作为工作之重,而"综合实力"的指标包含的是占地面积、教师层次、科研成果等硬实力和数据来实现,"文化建设"这种软实力往往只作为工作重点之一经常提及而已。许多大学的文化建设往往停留在表面、流于形式,是不可能取得较好的教育效果的。如校训是大学师生共同遵守的基本行为准则与道德规范,是学校办学理念、治校精神的反映,也是校园文化建设的重要内容。但通过调研发现,许多大学的师生认为,本校校训与现行的办学理念存在脱节现象。通过收集整理我国部分大学的校训发现,大学校训多为宏大高远的理念,且雷同化十分严重,未能有效地对广大师生形成较好的教育和引导作用。再有,当前高校文化活动形式多样、多姿多彩,大有"你方唱罢我登场"的纷乱,为了"活动"而"活动"的现象,更多时候文化活动被形式所累,挖空心思在

创新活动形式上,却严重忽略了活动的方向性和实效性,缺少思想内涵和文化品位,对于参与活动的学生也没有实现教育目的和文化深层次影响。"马克思认为,自由自觉的活动恰恰就是人的类特性。人只能在自由自觉的活动中得到发展,在由他人所支配的活动中,个体不可能得到发展。"所以,高校在开展文化活动中,首先应了解大学生文化需求和思想追求,不是迎合大学生潮流的口味,而是引导大学生通过文化活动实现自我设计、自我构建,最终实现自我发展。在学生活动中,文化活动应该首先回应大学生的文化需要,不能简单停留在"粗放式"的歌舞中,应侧重举办高水平的、具有知识性的、内涵丰富的、形式多样的文化活动。

### (四)从校园环境建设来看,存在"物表化"现象

清华大学前校长梅贻琦老先生曾说:"所谓大学者,非谓有大楼之谓也,有大师之谓也。"《教育部、共青团中央在关于加强和改进高等学校校园文化建设的意见》中提出"高等学校校园文化建设的主要任务是,积极开展校园文化活动,把德育与智育、体育、美育有机结合起来,寓教育于文化活动之中,促进大学生思想道德素质、科学文化素质和健康素质协调发展;加强校园人文环境和自然环境建设,营造精神内涵丰富的物质文化环境,努力营造良好的育人氛围"。

大学要真正地发挥文化育人的作用,必须走内涵式发展道路,打造充满文化气息的校园环境、充满人文精神的情感环境、充满个性特色的办学环境、充满创新宽容的学术环境,培养一批学富五车的名家大师、素质高尚的教职员工、博学多才的青年学生,让文化触目可及,整个校园弥漫着文化和道德的气息,育人于无形。如利用节日开展各项主题教育活动,举办大学生科技文化节、艺术节、歌手大赛等活动;通过校园广播、网络、宣传橱窗等建设发挥宣传舆论作用;校园绿化美化,布置具有丰富内涵的雕塑、书画等文化作品等。与隐性的文本化的大学文化自信教育不同,物表化的大学文化自信教育具有明显的显性特征,深受一些大学的推崇。很多大学建得富丽堂皇,但只是一些建筑、图案,并没有真正成为师生生活和记忆组成的部分,没有具备深刻的文化内涵和教育意蕴。又如许多大学努力让每一面墙都能"说话",写满了各种标语口号,但这些标语口号只是挂在墙上的宣传语,没有成为师生的自觉追求,甚至行动方向与标语内涵完全不一致。反之,一些名校校园内没有高大上的景观,建筑也由于历史久远而略显陈旧,但丝毫没有掩盖其风采,依然魅力无穷。大学的景观、文化设

施及文化活动是大学文化自信教育的组成部分,但不是重点和核心。如果将学校建设的主要精力和文化自信教育的重点都放在景观、设施和活动中,就等于文化建设流于了形式,失去了内涵的文化建设,很快就失掉了其光鲜,也就失去了它的文化教育功能。

### 四、个体教育层面:有认知缺升华

我们常说,实践是认识的源泉,实践是认识发展的动力,实践是认识的目的。大学生如果对文化自信只停留在感性认知层面,显然是不够的,更严重地说也不能称其为坚定的文化自信。文化自信应表现为对中华优秀传统文化、革命文化、社会主义先进文化的真知、真懂、真行。在调查过程中,部分大学生出现对文化自信认知不深不透、践行意愿不高、过分依赖外力教育和文化辨识力不强的现象,在进行大学生文化自信教育中要高度重视。

#### (一)对文化自信有表面认知,但缺少内涵升华

在相关调研走访中,业内专家、高校辅导员、教师等一致认为当前大学生群体对中华优秀传统文化、革命文化和社会主义先进文化确实表现出一定认知,但这种认知是肤浅的,是浅层次的,只是停留在感性认识阶段,知其然而不知其所以然,更是缺乏对文化自信的自我升华和实践超越,出现对文化自信有表面认识缺少内涵深化的现象。大学生从小学就开始接受中华优秀传统文化、革命文化、社会主义先进文化的教育,但教育效果不强,多半是受当前教育体制影响,接受的是为了应对考试、考出高分的被动教育。教师照本宣科、强制灌输,学生囫囵吞枣、死记硬背,无暇探究知识背后的深层次内涵,导致学生对中国文化整体发展脉络不了解,对中国文化优缺点不理解,对中国文化的现代意义不清楚,呈现出认知范围广但认知不深不透的形态。坚定的文化自信必须有丰富深厚扎实的文化认知作为理论基础,必须有强烈的情感认同作为心理支撑,如当前部分大学生存在的有量无质的文化认知,则很难树立起真正的文化自信。

#### (二)有深刻的文化认知,但缺少实践践行

坚定文化自信,最终目标是提升国家文化软实力,建设社会主义文化强国,为实现中华民族的伟大复兴添注动力。习近平总书记在2019年中央和国家机关党的建设工作会议上的讲话指出,"中华民族伟大复兴绝不是轻轻松松、敲锣

打鼓就能实现的。全党必须准备付出更为艰巨、更为艰苦的努力"。文化自信的建立也如此,不是一朝一夕就能真正建成的,更重要的是需要实践检验,需要广大青年学生的共同努力和积极践行。

但在目前的教育实践中发现,部分大学生对中华优秀传统文化、革命文化和社会主义先进文化的践行意愿不太乐观,尤其在对革命文化的践行态度上出现了滑坡降速,结合大学生对革命文化的了解和价值认同分析可知,部分大学生对革命文化具有深刻认知,但也有相当数量的大学生对革命文化只具有朴素的表面认知,而对革命文化的具体内涵和彰显的时代价值认识不清,更有个别学生单凭字面意义理解,认为新时代是和平的时代,不需要"抛头颅洒热血",所以革命文化已经过时,和平年代不需要,犯了主观经验主义错误。革命文化作为一种特殊的文化存在形式,有着红色基因,流淌着执着信念、斗争精神,其时代价值和当下部分大学生践行认可度不高,使命感不强的实践现实形成鲜明落差。可见,当前的文化自信教育一定程度一定范围内实现了入耳入脑,但没有升华到入心入行,一定程度上出现知行不合,甚至知行脱节的问题。因此,必须强化文化自信教育的真教真知,真懂真行,从知情意行相统一的教育目标出发,不仅充分挖掘出中华优秀传统文化、革命文化和社会主义先进文化蕴藏的深厚的文化精神,而且可以促使大学生在现实实践中能够因时而进、因事而化、因势而新,将其转化为自觉自愿的行动力。

## (三)过度依赖外部灌输,但缺乏自我主动教育

马克思曾说过:"事物的内部矛盾(即内因)是事物自身运动的源泉和动力,是事物发展的根本原因。外部矛盾(即外因)是事物发展、变化的第二位的原因。内因是变化的根据,外因是变化的条件,外因通过内因而起作用。"美国心理学家马斯洛的需要层次理论也认为,人的需要可以分为五个层次——生理需求、安全需求、社交需求、尊重需求和自我实现需求。如果大学生对文化自信的理解只满足了前四个层次的需要,没有实现自我实现的需要,那文化自信是没有真正实现价值的,文化自信意识也没有真正树立。真正的教育是满足个体的需要,大学生有了为实现中华民族伟大复兴贡献力量的需要,就会发挥潜能,主动学习,实现自我教育。

在目前的教育实践中发现,大学生对中华优秀传统文化的认知主要依赖的外力是课堂老师传授、互联网、电影电视和各种新媒体平台等;对革命文化的了

解主要依靠课堂老师讲授、影视作品、互联网;对社会主义先进文化的认知也主要是依赖老师传授、网络媒体、电影电视报纸。由此可见,课堂老师讲授、互联网、各种新媒体平台已成为大学生文化自信教育的主要渠道,而需要充分发挥大学生主动性和积极性的社会实践和校园活动相对弱化,参与面和覆盖面有限,只有极少数的学生会选择通过社会实践和校园活动接受文化自信教育,一定程度上达成教育目标。马克思主义基本原理告诉我们,经过老师课堂传授树立起的文化认知能力和学习能力,必须通过实践检验,在实践中升华,才能让学生真正领悟其深刻的内涵和深厚的思想精髓、真谛,内化于心,外化于行。对于中国特色社会主义文化亦如此,只有积极投身于社会实践中,大学生才能真切感受到文化的魅力和彰显出的力量,才能树立起真正的文化自信,坚定的文化自信。

### (四)文化辨别能力不强,对东西方文化存在认知误区

调研走访中,一些直接同大学生打交道的教育工作者反映,当前部分大学生存在崇洋媚外、追捧西方思想文化的现象,出现对中华传统文化中的优秀基因和消极思想不能辩证认识,出现以偏概全、揪住腐朽思想不放的片面、偏激态度,个别大学生甚至戏谑革命英雄人物的不怕牺牲的无畏精神和舍生取义的道义精神。

1.对中华优秀传统文化的时代价值认识不充分

中华优秀传统文化是中华民族在五千年的长期发展中形成的价值理念、思维范式、道德情操、伦理观念、审美旨趣等。习近平总书记在党的十九大报告中指出,"中华民族有五千多年的文明历史,创造了灿烂的中华文明,为人类作出了卓越贡献,成为世界上伟大的民族"。中华传统文化独特的价值体系蕴含着丰富灿烂的文化内涵和精神宝藏,在中华民族绵延数千年的光辉历程中,以优秀传统文化为标志的中国文化刻画了中华民族伟大的精神画像,为中华民族发展壮大提供了丰厚滋养。

部分大学生混淆了传统文化和中华优秀传统文化两者的区别。中华民族在长期的发展历程中,积淀形成了博大精深的传统文化,但几千年历史积淀的中国文化受历史限制和客观的影响,对当代社会不可能都具有全面的正确的指导性。特别是鸦片战争以来,中国的国门被列强的坚船利炮攻破,国人"天朝上国""唯我独尊"的梦想彻底破灭,西方文化迅速涌入中国,中国传统文化的优势

荡然无存。一时间学习西方的浪潮迅速掀起,加之我国传统文化中腐朽、没落的一面被片面放大,我国的传统文化一度被视为垃圾甚至是毒素,对于其中的优秀传统文化认识比较模糊、关注程度不够,对于中华优秀传统文化的价值认识严重不足、理解也比较偏颇,对于文化因素在经济社会发展中的作用估计与评价过低,对于中华优秀传统文化的当代价值缺乏足够的信心。即便是到了今天,这种对传统文化过度偏激的认识还在源源不断地给部分国人带来对传统文化认知上的消极影响。

从实践层面,改革开放40多年来中国取得了举世瞩目的伟大成就,中国特色社会主义文化的蓬勃发展,超越了资本主义文化因工业化发展带来的局限,有效破解了人类发展面临的诸多困境,形成了激发人的潜能与活力、促进人的全面发展、推动经济社会全面进步、促进全球共同发展的"中国模式"和"中国力量"。这些成就都不是无根之水,都脱离不开中华优秀传统文化的根基、革命文化的形成和社会主义先进文化的力量推动。我们必须承认中华传统文化中蕴藏的博大精深的优秀精神内涵,如"仁义礼智信""协和万邦""己所不欲勿施于人""民贵君轻"等思想时至今日仍然有其社会功能和当代价值。当然,中华传统文化中也有腐朽的成分和落后的思想,这就需要大学生充分运用马克思主义的立场、观点,秉承扬弃精神,增强文化辨别能力,创造性转化运用和创新性发展中国文化。进入21世纪后,大学在将中华传统文化融入教育教学方面,已经取得了一定进展,但我们也应该清醒地看到,要扭转大学在建设过程中普遍存在的"软""硬"实力失衡的状况,切实加强大学文化建设与中华优秀传统文化的有机结合,还需要我们做出更多的努力。

2. 对西方生活方式盲目热衷

随着世界经济全球化的浪潮,中国与西方世界的交往日益频繁,大学和大学生面临西方文化思潮及价值观念的冲击。随着东西方文化的交流日趋频繁,文化之间有裂变更有融合,西方文化对大学文化建设与发展影响深远。大学生正值世界观、人生观和价值观走向成熟的关键阶段,在西方文化的影响下,有相当数量的大学生对待西方文化感性有余而理性不足,表现为明显的盲目认同和盲目崇拜倾向。近年来,西方节日文化和影视文化受到国内民众特别是青年学生群体的盲目追捧。统计分析《中国大学生思想政治教育发展报告2017》提供的相关调查数据,可以发现,有近30%的当代大学生表示喜欢西方节日。并且,这部分大学生中出于休闲娱乐和放松心情的目的,以及出于新鲜感而喜爱西方节日的比例逐年升高。有学者曾指出,当代青年学生对于西方的"圣诞节""情人节""感恩节""万圣节"等节日,大多能够非常清楚或者基本了解这些节日的意义所在,即使并不了解某个节日的风俗,也会随波逐流地选择与周围的人一起去庆祝,其盲目跟风的程度令人费解和担忧。相比较而言,相当数量的当代大学生对于"春节""清明节""端午节""中秋节""七夕节""重阳节"等我国的传统文化节日的认识却表现得比较模糊,有的甚至根本不了解其来历、内涵及风俗。在消费观念的选择上,相当数量的当代大学生表现为追求国外品牌,体现了崇洋媚外心理,对于我国优秀传统文化中所倡导的朴素、实用、理性的消费观念构成了解构的威胁,不利于当代大学生正确消费观念的养成。此外,在当代大学生中追随日韩流行文化行为现象屡见不鲜,热衷于洋快餐现象不足为奇,出国热现象比比皆是,这些都反映了当代大学生对于西方生活方式的盲目向往和追求。

3. 对西方文化渗透缺乏理性认识

进入 21 世纪,随着网络全球化的迅猛发展,西方霸权主义进行文化渗透的企图愈加浓烈,譬如通过干扰主流意识形态、传播西方宗教信仰、利用现代传媒输出大众文化、培育知识精英群体进行文化渗透,这些文化渗透更具隐蔽性、彻底性,其大范围传播会给原生文化造成巨大的冲击,甚至带来颠覆性、破坏性的结果。如何在全球化的进程中处理好中西方文化和本土文化的关系,有效消除全球化对本土文化的消极影响,是十分紧迫的现实课题。

改革开放以来,当代大学生生活和成长在一个开放的环境之中,在接受着积极的文化思想熏陶的同时,也会受到西方文化中拜金主义、实用主义等腐朽价值观的影响。互联网的普及极大地改变了当代大学生的学习与生活方式,大学生不再局限于原来单一的现实生活之中,虚拟现实的特殊技术帮助大学生进入了现实世界不能实现的生活世界。网络作为当代大学生获得外来文化的主要渠道,不同的文化形态、价值观念,甚至是暴力、色情等文化垃圾都会渗透到大学生的日常生活之中,对其价值观念、文化观念、利益观念、社会责任感等方面造成弱化甚至是消解的不利影响。由于大学生所处的年龄阶段和社会生活经历所限,大学生无论从生理上还是从心理上都处在不断成长并走向成熟的关键时期,因而大学生对于某些事物或者问题的认识水平和辨别能力不高是正常现象。面对多元的文化思想和多样化的价值观念,大学生难免会陷入文化选择的困境和价值判断的迷茫。可见,部分当代大学生对于西方文化渗透问题缺乏辩证的分析和理性的认识,在以盲目的、娱乐的、低俗的方式追求西方文化的过程中,文化价值判断和选择上已经面临着"西化"和"他塑"的危险。

4. 对于外来文化的辨别能力有待加强

全球化时代,我们只有不断扩大交流,包容多样,创新发展,才能在世界文化舞台上唱响"中国好声音",展示中国文化建设的成就。从古至今,一种文化之所以能够生生不息,表现出强大的生命力,其中很重要的原因在于这种文化能够兼收并蓄,注重吸收借鉴外国的先进文化。我们透过《速度与激情》等美国的好莱坞电影在世界范围内流行、《来自星星的你》等韩国的电视剧作品在东亚地区备受欢迎这些现象,容易想到的可能在于这些国家的文化产业比较发达,高新科技手段的运用等,其实更重要的原因在于其吸收并融入了其他国家的文化元素,才得以产生了强大的传播影响力。这一做法本身就有值得借鉴的价值。在文化的交错和发展中,外来的西方文化以大众化、流行性、快餐性等特征迅速占据了当代青年学生的大部分娱乐生活。事实上,大学生对西方文化元素的追求,很大程度上是一种非常盲目和缺少理性的行为,并非建立在对西方文化内涵理性认知与理解的基础上,更没有很好地认清西方文化传播中裹挟的文化渗透成分。中国从来都尊重文化的多样性,也从不否认其他文化中所蕴含的先进的、合理的精华。多样文化的并存与发展,以及在此基础上构建形成的价值共识,这是全球化背景下文化发展的基本特征。对待外来文化,我们既要摒弃盲目崇外的文化观,又要摒弃狭隘的文化观,引导当代大学生用辩证的眼光看待外来文化,在差异中求共识,在多样中坚守主流价值追求。

### 五、家庭教育层面:重成才轻成长

家庭是人的第一所学校,父母是孩子的第一位老师,白纸般降生的婴儿,后天形成的性格品行、生活方式、处事态度、价值观念极大程度受到家庭及成员影响,而这种影响又是每时每刻都存在的,其实一定程度上家庭教育已与生活融为一体,生活即教育。家庭的家风家教、经济收入、父母成员的文化水平直接影响大学生文化自信,尤其是家庭经济收入和家庭成员的文化水平对大学生文化自信影响更大。现实生活中,尽管大部分人具有不让家庭缺席大学生文化自信教育的认知,但事实上仍然普遍存在这样的现象。有研究者认为,"虽说中国人现在已经很重视家庭教育这一途径,但由于人们头脑中传统的封建意识根深蒂固,加之封闭式的应试教育的影响又特别深,所以我国目前的大部分家庭教育仍处于朴素的、自发的、随意的阶段，科学的、系统的家庭教育还很不普及"。正因如此，要真正帮助大学生坚定文化自信，家庭教育必须坚持科学化。但是当前我国家庭却存在家庭文化氛围不浓，成员受教育水平不高，过度关心子女成才而忽视其全面成长，家庭在文化传播和文化教育中的力度明显不够等现象。

（一）大学生对家庭文化氛围和家长受教育水平满意度呈现出较大差异

一定情况下，父母受教育水平、文化水平高的家庭，家庭文化氛围也更浓郁，子女受到良好家风家教的熏陶教育影响更多更深。由此可见，当前家庭教育确有诸多人为因素和现实影响掣肘子女文化自信的培育。而经调研发现，大学生对于家庭文化氛围满意度均呈现出显著性差异，这种差异受经济、社会发展情况和生活观念等各种复杂因素影响。个别大学生父母受教育水平不高，尤其农村大学生的父母受教育水平相对更低，这既有历史因素也有现实影响，既有社会原因也有个人原因，其结果就是导致个别大学生家庭教育中文化自信教育的不足或者缺失。

（二）父母重成才轻成长、重智育轻德育的现象普遍存在

随着经济的发展和社会的进步，知识的地位与作用愈发凸显，加之父母望子成龙望女成凤的心理，部分家庭教育就出现了一种教育误区——重成才轻成长，重智育轻德育，错误将成才放在子女教育的首位，急功近利，父母只注重孩子的成绩，只关心考试的分数，而忽视了孩子的思想品德、行为习惯和心理素质的培育和养成，对文化自信的传播与教育更是不重视不作为。大学生依赖家庭，信任父母，认为家庭教育对其文化自信的树立影响很大，但现实是很多家庭出于经济原因和现实所迫，毫无文化氛围可言，这在一定程度上削弱了家庭在文化自信教育基础性作用的发挥。

（三）家庭的文化传播和文化教育功能发挥不够

调研中发现，相当数量的大学生家庭文化传播和文化教育功能没有得到充分的发挥。以中华优秀传统文化为例，很多专家认为家庭是开展传统文化教育的最佳场所，父母是演绎优秀传统文化精髓的最佳老师，如赡养父母既是子女

应尽的义务,也是孝道的首要要求,父母对长辈尽孝就是潜移默化地传授儒家文化。但现实中,不尽赡养义务,不孝顺父母的情况时有发生,对大学生的价值观形成和对中华优秀文化精髓的传承产生不良影响,一定程度上也降低了大学生的文化认同感和归属感。

# 第三节　新时代大学生文化自信教育现存问题的归因

大学生文化自信教育不是孤立的个体教育能够完成的,需要教育制度、教育资源、教育环境互相配合,同向发力,这些因素作用的发挥直接影响大学生文化自信教育效果。分析大学生文化自信教育问题的成因,既要着眼于国家、社会的大环境,也不能忽视高校、家庭的微环境,更不能无视大学生个体因素。造成大学生文化自信教育现存问题的成因是多方面的,既有大学生个体主观原因,也有国家社会等客观原因,诸如教育体制机制的错层断层、教育资源缺乏有效整合提升、教育环境亟须优化净化、大学生个体价值受到多维消解冲击等原因。

## 一、个体因素:大学生文化认知能力不足

个体因素是造成大学生文化自信教育问题的主要原因。大学生文化自信观念受到多元文化、西方文化、网络文化等侵袭,导致自身文化认知能力不足,严重影响文化自信教育效果。

### (一)大学生思想和价值观念尚未形成

大学生所处的年龄阶段正是其思想观念、价值观念形成的关键时期。人的思想观念、价值观念的形成与发展是一个具有客观规律可循而又极其复杂的辩证发展过程,从心理意义上讲,是知、情、意、行等因素相互联系,相互作用的结果。当前的大学生群体,虽然具有强烈的自我意识、积极的人生态度、良好的道德认知和较强的创新能力,但不具备成熟的心理素质、追求安逸舒适、独立选择能力较差、缺乏危机意识却是不争的事实。大学生处在接受高等教育的关键时期,知识储备正在逐步完善,社会经历也非常缺乏,因而不可能具备成熟的心理

素质,对于事物在知、情、意、行方面表现为不平衡不协调是不可避免的。当代大学生所在的家庭结构和成长环境使得其从小在呵护与安逸中长大,很少经历艰苦环境的历练,习惯于衣食无忧的舒适生活,遇到挫折难免会束手无策。当代大学生尽管自我意识强烈,但自我约束和独立生活方面的能力却明显不足,遇到问题习惯于由家长代办代管,因而在一些重要选择面前往往会摇摆不定。在不断发展变化的社会经济形势的影响下,大学生对有些社会问题的认识模糊不清,对未来的社会发展缺少足够的危机意识。大学生心理素质不成熟的这些方面,致使大学生对优秀文化认识模糊、对主流文化选择困惑、对先进文化的未来发展信心不足。因此,大学生的心理素质不成熟是导致其不具备较强的文化认知能力和高度的文化自信的内在原因。

## (二)大学生对主流文化的认知动力不足

在经济全球化的影响下,中华优秀传统文化不断受到外来文化的冲击,在社会民众中的整体影响力有所下降,这就使得大学生从社会大环境中习得优秀传统文化的途径有所减少,加之学校教育中文化教育的内容缺失以及大学生自身学习传统文化的主动性和自觉性不足,造成了当代大学生对于优秀传统文化的认知匮乏。在市场经济的强烈冲击下,实用主义、功利主义等思想盛行,人们追求经济利益的热情高涨,对待文化的态度漠然,文化的发展与经济发展水平不相匹配,人们对主流文化的认识模糊。大学生的认知能力不够成熟和理性,对文化的辨别能力不足,对主流文化的认识比较淡化。调查表明,对大学生而言,马克思主义、共产主义的理想和信念、爱国主义在近 20 年来的影响变小了,淡化了。互联网的普及,极大地改变了大学生的生活。网络化现实条件下,大学生需要借助网络获取知识和完成学业,需要借助网络进行人际沟通和日常交往,可以说,大学生不论是思考问题的方式、生活行为习惯,还是获取知识的模式都镌刻着深深的网络印记。网络空间多元文化的精华与糟粕并存,多种良莠不齐的思潮同在,造成了大学生对主流文化认知与选择的干扰。全球化、市场化和网络化的不断发展,既促进了文化的趋同,又促进了文化的离异,对中国文化造成了较大的冲击、渗透和解构,导致大学生对主流文化的认知动力不足。

## (三)多元文化冲突造成大学生价值认同危机

多元文化冲突造成大学生价值认同危机。全球化背景下,我国文化领域汇聚着来自不同国家、不同地域乃至不同阶级的外来文化,对中国文化主流价值观念造成了较大的冲击。受到多元文化的消极影响,人们的思想观念中滋生了拜金主义、实用主义、自由主义等错误观念。不少人对传统文化和主流文化的认同降低,对西方文化盲目崇尚,造成信仰迷失、思维混乱、行为失常。多元文化的消极影响,直接导致当代大学生文化价值观念的模糊和主流意识形态的弱化,更深层次地造成了当代大学生理想信念的摇摆与迷失。没有坚定的理想信念,大学生的文化认同就极其容易因失去理性而发生偏离,更容易偏向于以西方文化作为主要的参照系,进而不能客观理智地站在民族的立场去把握中华优秀传统文化的独创性,不能辩证地理解外来文化的特殊性,最终难以从内心深处认同并在实际行动中践行中国特色社会主义先进文化。

西方文化霸权削弱大学生的文化意志。一直以来,西方发达资本主义国家借助其经济发展和科技发展先发优势形成的"水势效应",多渠道多手段多形式地对我国进行文化渗透,企图将社会主义国家"和平演变"和"颜色革命"的行径从来没有放松。东欧剧变和苏联解体尽管有其深刻的内部原因,但也与西方国家推行文化霸权和和平演变战略分不开。因此,西方国家的文化霸权主义在今天仍然值得我们深刻反思和高度警惕。当前,美国不断在全球范围内传播其文化价值,美国的好莱坞大片向全世界传递着其价值观念,快餐文化在世界范围内吸引着人们对西方生活方式的向往,凭借强大的信息技术优势肆无忌惮地推行着"文化殖民主义"。中国作为最大的发展中国家和社会主义阵营的领袖,一直是西方资本主义国家重点围攻的对象,美国中央情报局曾专门针对中国提出《十条诫令》,美国前总统尼克松曾经在《1999:不战而胜》一书中明确表达了争夺中国年轻人的观点。时至今日,西方资本主义强国在将自己的文化传播给其他国家和民族的手段越发隐蔽,争夺青年群体的企图越发明显。国外西方发达国家凭借雄厚的经济实力和传播媒介优势,竭力推销资本主义的思想文化、价值观念和生活方式,而且手段越来越多、方式越来越隐蔽。西方文化霸权国家重点针对青年学生群体进行文化和意识形态领域的"渗透"及"西化",对中国大学生的民族文化认同造成了极大消减,对中国大学生的文化自信意识造成了极大削弱。

## (四)碎片文化蚕食消费大学生文化自信

现代信息技术的迅猛发展,互联网早已成为大学生生活中必不可少的一部分,曾有老师戏言"大学生寝室能断水断食断书,但绝不能断电断网断手机",深刻揭露了大学生对网络的依赖程度。伴随着数字化和商业化的发展节奏,我们的阅读环境和阅读习惯也已经发生变化。作为青年大学生更是早已变得聒噪不堪,朋友圈、QQ 空间、公众号、微博、热搜……这些碎片化杂乱的信息会占用学生有限的时间和注意力,似乎一切都是碎片化的。另外,当前网络门槛资格比较低,这就直接导致网络文化内容、层次水平不一,面对各种网络中铺天盖地的信息,大学生们大多是没有分辨能力的。网络文化带给大学生内容鲜活、传播快速、使用便捷、形式多样的同时,大学生也正在被碎片化的信息、虚假的信息、泛娱乐化的信息包围着,蚕食着学生们基本的文化认知能力和辨别思考能力,学生们的大脑被"看"得越来越懒,逐渐丧失独立思考的能力,更是养成了"阅读"(读原著经典)惰性,享受于这种"方便"的碎片化的肤浅阅读,逐渐形成了内心与灵魂极度缺少"精神"的"断壁残垣"空躯壳。

## 二、社会因素:文化传承断层和教育制度不完善

造成个别大学生对文化自信认知不足或者文化不自信的原因是多方面的,其中,文化传承断层是核心,教育制度层面的不完善是关键。

### (一)优秀传统文化传承出现断层

第一,文化的发展与生产力发展水平不相适应。文化作为上层建筑的一种表现形式,其发展水平取决于生产力的发展水平,不同时期文化的发展状况受到同一时期经济发展状况的制约,这是历史发展的客观规律。纵观历史,任何一个文化发展比较繁荣的国家、地区或者民族,无一例外都是生产力水平和经济水平高速发展的结果。反过来,一个国家和民族的文化发展速度越快、发展程度越成熟,能够有效促进该国家和民族的民众提升文化认同度、增强文化创新能力、增强文化自信心,进而促进生产力水平的提高和经济的繁荣发展。在中国文化的发展历程中,五四运动促进了马克思主义在思想文化领域的传播,从此中国开启了文化发展的新篇章。

但是,五四新文化运动对传统文化采取的彻底批判和否定的态度对中国传统文化构成了很大的影响。中国传统文化在以后的岁月中经历了一次次的口诛笔伐和任意破坏。改革开放 40 多年来,我国社会主义现代化建设取得了辉煌成就,经济发展的速度和规模都取得了突破性的增长,经济总量排名跻身世

界第二位。然而,在经济持续快速增长、物质空前繁荣的背后,带来的却是社会在精神文化领域的相对滞后。具体表现为不同区域和不同人群之间精神文化资源分配不够平衡,精神文化产品生产、供给和传播的数量及质量不够充分。新时代背景下,人们对精神文化的追求空前高涨,文化建设与经济社会发展同步性不足的矛盾日益突出,文化建设面临着很多现实困境。这是导致当代大学生文化自信缺失的重要原因。

第二,优秀传统文化的现代化转化相对滞后。市场经济的功利性驱使经济主体追求自身利益的最大化,在追逐利益的过程中所形成的拜金主义和个人主义思想,在部分大学生中滋生并蔓延,对社会主义所奉行的集体主义提出了挑战,在一定程度上削弱了我国主流政治信仰。在市场经济的消极影响下,中华优秀传统文化的现代化转化面临着困境。随着市场经济的不断发展,广大社会民众的价值选择和判断受功利主义、实用主义的影响比较明显,对于文化的认知表现为功利化、多样化的倾向,对于优秀传统文化认知片面、情感消极,片面地认为传统文化是封建糟粕,是过时的、保守的东西,从而忽略了优秀传统文化的当代价值和强大的生命力。文化的发展有其自身的规律性,任何文化都是所处时代的现实表征,都将伴随着历史的发展而不断向前发展。因此,传统文化与现代文化的碰撞势必是一个由表及里的过程,传统文化的现代化转化也必将是一个文化坐标重构的过程。当前,经济转型升级和文化转型发展是我国客观存在的两大社会现实。市场经济的快速发展,导致了文化发展的相对滞后,社会文化矛盾比较突出,现代人正在面临着文化选择的困惑和文化认同的危机。深入挖掘我国优秀传统文化中所蕴含的思想精华,结合时代发展的新要求予以继承和创新,使文化发展成为经济发展的强大精神动力,无疑是中华民族艰巨而又伟大的文化使命。

第三,市场经济趋利性导致人们文化世界的缺失和精神意义的缺失。在我国的现代化进程中,曾经一度片面强调经济硬实力的作用,而忽视了文化发展和文化软实力建设,文化发展从理念、内容、载体、路径等方面都表现出了非常突出的问题。文化矛盾突出,优秀传统文化的传承出现了断层,人们的文化观念畸形、文化自信出现严重危机。这些已经成为中华民族伟大复兴所面临的文化困境。党的十九大报告指出,"中国特色社会主义进入新时代,我国社会主要矛盾已经转化为人民日益增长的美好生活需要和不平衡不充分的发展之间的矛盾"。发展的不平衡不充分,既存在于经济领域,也存在于文化、社会及生态领域,文化发展的不平衡不充分是关键部位,能够为促进其他领域充分、平衡的发展提供精神动力。当前,广大社会民众对美好生活的需要,既包括对物质生活水平、文化生活水平的更高要求,也包括对更加"民主"和"法治"的政治环境的向往,对更加"公平"和"正义"的社会生活环境的追求以及对更加"安全"和"和谐"的生存空间的期待。这些"需要"中,文化是最为核心的部分,对其他的需要具有凝聚和引领的作用。因此,我们必须直面当今社会的主要矛盾,深入挖掘和弘扬我国优秀传统文化中的精髓,深刻认识优秀传统文化传承的现实困境,积极探索符合新时代要求的文化建设路径,树立高度的文化自信。

### (二)社会文化自信教育"大合力"不够

大学生文化自信教育是一项系统工程,需要全社会高度重视,共同参与,共同努力,同向推动。党的十八大以来,全社会高度重视文化自信宣传教育工作,社会文化自信氛围有了很大提升。但是,从现实情况来看,仍然存在一些部门没有真正重视,将文化自信"抬得高落得低"的现象,文化自信教育的体制机制不够完备完善,各部门"单打独斗",没有形成有效的教育合力等现象。目前,在大学生文化自信教育上存在的严重的教育误区是认为对大学生进行文化自信教育那是高校的事,与社会一些部门无关或者关系不大,把责任推给高校。社会性是人的基本属性,大学生也如此,虽然一定程度上大学生与学校的关系更亲密,但是也离不开社会这个大家庭,而文化更是如影随形,渗透于生活的各个方面,浸润在社会的各个环节。所以,"大社会"背景下的各个部门要齐抓共管,形成合力,为大学生文化自信教育同向施力,如文化部门、教育部门、宣传部门应在各司其职基础上,强化沟通,共同应对大学生中存在的不自信现象,打好文化自信教育的"组合拳"和"连环拳"。

### 三、学校因素:教育资源缺乏整合提升

文化自信教育是一项系统工程,高校是实施大学生文化自信教育的主要场所,高校的育人体制机制、职能部门配合程度、教师素质等直接影响大学生文化自信教育效果。但是当前高校在这些方面还存在诸多不足,亟须改善和提升。

### (一)重理轻文的教育理念仍未彻底转变

新中国成立以来,高等教育的发展始终受到经济发展水平的影响和制约,

不同时期围绕的中心任务不同,高等教育理念先后经历了"以政治为中心""以经济为中心"以及"以人为本"等不同的发展阶段。历史上,中国的高等教育在进行院系调整的过程中,甚至出现过以削弱文科为代价推动理工科发展的情形。因此,在我国的教育理念中,重理轻文的价值倾向根深蒂固,时至今日,这种价值选择所带来的负面影响依然非常明显,以文育人的教育理念尚未完全树立,文化自信培育意识还比较淡薄。对重理轻文教育价值理念的推崇,实质上就是对文化发展的削弱,对于文化的传承与创新会造成不利的影响,进而会对社会主义文化强国的建设形成阻碍作用。大学组织作为社会文化的重要组成部分,在文化自信培育中具有不可替代的作用。对文化的传承、创新以及引领先进文化的发展是当代大学肩负的重要职能。大学通过对知识的传授,将人类文化的精髓一代代传递下来,这本身就是传播文化、传承文化的过程。大学对先进文化的普及,也是剔除落后文化、抵制腐朽文化的过程,体现了对文化的不断创新。大学是新思想、新理论兴起与发展的摇篮,肩负着引领社会先进文化发展的使命。因此,面对当前加强文化建设的现实要求,大学要不断更新教育理念,将"以人为本""德育为先""立德树人"的理念贯穿于育人工作的始终,强化文化育人工作,不断增强大学生的文化自信。

## (二) 文化育人的教育内容明显不足

文化教育是培养大学生文化认知、文化情感、文化意志与文化行为的最重要途径。文化自信教育是思想政治教育的重要内容,思想政治教育是实现文化自信教育的主要渠道。考察当前的大学文化自信教育,教育内容缺乏的问题十分突出。一是文化教育类的课程不足。专门的文化教育类的课程数量很少,更没有形成系统的文化教育课程体系。传统文化教育课程除了体现在文学类专业学生的人才培养方案中外,其他理工科类专业(包括人文社科类专业)几乎没有开设传统文化教育的相关必修课程。同时,对于革命文化、社会主义先进文化的教育也没有开设专门的课程,其中的少量元素仅仅是有限地融合在了"中国近现代史纲要"等思想政治理论课程中,内容可谓杯水车薪。现实情况下,部分高校的做法是传统文化教育散见于形式单一、内容空洞的选修课程中,很多都属于学生能够轻松易过的"水课",难以达到真正的教育效果。此外,关于文化教育类的课程几乎没有设置实践环节,即便开设此类课程也局限于课堂灌输,缺乏实践体验。二是文化教育的教材缺乏。即便是拥有部分教材,对于文化的阐述也比较泛泛,过于笼统和粗糙,缺少吸引力和感染力,不利于学生对文化精华内涵的理解和掌握,未能真正起到传承文化经典的作用。三是文化教育的载体开发利用不够充分。当前,大学文化教育的内容还没有完全融入校风学风建设、校园文化建设、大学精神培育之中,网络媒介等新兴载体也没有得到充分的利用,教育的形式还比较单一,不利于教育内容的有效传播,教育活动的整体活力不足。

### (三) 文化育人的师资队伍亟待加强

文化育人的师资队伍亟待加强。教育主体的文化素养对于文化教育的实施具有重要的影响。一个人接受教育离不开其学习和生活所处的家庭环境和学校环境,对其影响最为直接和深远的莫过于父母和老师。从此种意义上来讲,学生的父母和老师都可以视为文化育人的师资力量。一是父母的文化素养直接影响到子女文化观念的养成。随着我国高等教育的充分发展,父母们的学历层次有所提升,整体素质有所提高,但原有的教育环境和教育背景决定了父母们的文化意识不强,文化素质也没有达到一定的高度,对子女文化观念的影响还比较有限。因此,父母积极更新自身的文化理念,树立良好的价值观和文化观,营造良好的家风,对子女的文化兴趣激发和文化情怀的启蒙是非常关键的。二是教师的文化素养直接影响到大学生文化自信的培育。大学生文化观念的形成和文化自信的树立,主要是通过教师的文化教育才得以实现的。目前,全国本科教育工作会议精神指出,教师应该回归本分,要潜心教书育人,要做到"德高""学高""艺高"。其实,从文化育人的角度来理解,教师更重要的还要做到"文化高"。只有教师自身具备了过硬的文化理论知识,掌握了文化教育的精要,养成了良好的文化教育的"教风",才能更好地提高学生的文化认知和情感认同,使之具备将文化进行传承与创新的能力。然而,当前我国高等教育的教师队伍文化素养的整体水平并不高,对于文化教育的驾驭能力还迫切需要提升。

### (四) 文化创新力明显不足

教育是文化的重要组成部分,学校是教育实现的重要机构,而高校更是担负着传播知识,创新文化,发展文化,建设文化的历史使命,对文化的传承与创新是当代高校的重要职能,坚持民族性、时代性、开放性、传承性和创新性发展好中国文化是当前高校的紧迫任务。高校的主要职能就是传播文化,而创新又是文化的生命。科学技术日益发展,文化载体不断丰富,文化创新亟须加强。高校对先进文化的普及,对中华优秀传统文化创造性转化和创新发展,对革命文化和社会主义先进文化的广泛性传播和时代性转化教育就是在进行文化创新。然而,当前一些高校忽视对中华优秀传统文化、革命文化、社会主义先进文化的广泛传播,更缺乏对其内容和精髓的时代价值的阐释,仍然停留在"照本宣科"缺乏思考的阶段,大学本就应该是一个极具创新的社会组织,但是师生们却选择"失声"和"失语",对国家的"创造性转化和创新性发展"视而不见,固守"本分",让文化一定程度上失去了鲜活性和大众性。教师在日常教学中应该为学生打开思想的视野,真学中活学,活学中活用。

## 四、家庭因素:育人环境氛围亟须优化

习近平总书记强调,"家庭是人生的第一所学校,家长是孩子的第一任老师,要给孩子讲好'人生第一课',帮助扣好人生第一粒扣子"。对于大学生而言,虽然形式上降低了对家庭父母的依赖程度,但家庭的文化氛围和生活习惯、家人的思想观念和行为举止仍对其文化自信能够产生影响。

### (一)家庭文化育人氛围亟须优化

家庭文化氛围不浓郁,大意可以从两个层面理解:一是家庭片面追求经济利益,忽视精神文化生活。随着现代经济的发展,物质生活的提高,人们开始过度追求物质需要,"金钱至上,没钱不行"观念盛行,执着的物质欲望充斥着家庭成员的内心,生存是第一位的,逐渐淡漠了文化需求,没有时间、精力去主动学习文化、传播文化,更不会去经营家庭文化氛围。二是家庭成员本身"先天"受教育水平不高,"后天"更是没有机会和能力去弥补。这一点在问卷调查中有所显示,很多大学生对父母的受教育水平很不满意,尤其是生源地为农村的大学生,认为家庭文化氛围不浓郁是因为父母的受教育水平不高。普遍意义上来说,父母的受教育水平直接影响大学生的文化认知,也直接作用于大学生的文化认知和认同。造成参差不齐的家长文化水平,既有经济原因,奔波于吃饱穿暖的生计;也有社会原因,缺乏继续教育学习的社区机构;更有自身个体原因,很多家长的想法是,"我努力赚钱供孩子上学,孩子好我就好",主观放弃继续学习提升的机会。

## (二)家庭成员传统美德亟须大力弘扬

父母是孩子行为养成的直接老师,父母的一言一行直接影响孩子心理和行为习惯的养成。家庭美德是中华优秀传统文化的重要内容,和谐的家庭关系、和美的婆媳关系夫妻关系、和睦的邻里关系亲戚关系对孩子一生的和谐关系把握和处理做好方向引导和行为示范。但是,现实生活中,不可否认矛盾的出现,家庭成员之间、亲邻间都会偶尔发生不愉快,这时能否真正做到中华优秀传统文化所倡导的仁爱孝悌、忠恕诚信,做到了和谐处理和榜样示范就是对中华传统文化的最好传承。但是现实生活中婆媳激战时有发生,邻里大打出手随处可见,兄弟间因赡养老人反目成仇,夫妻不睦家庭不亲邻里不和比比皆是,这些类似的行为不仅对大学生的心理和观念产生极大的负面影响,更违背中华传统美德,一定程度上将会颠覆大学生对中华优秀传统文化的正确认知和深入理解。

## (三)家庭功利化的教育理念亟须净化

受社会大环境制约和当前教育体制影响,家长把更多的注意力和"责任心"都放在了子女的补课、升学、考试、分数上,"唯分数、唯学历、唯工作"成为家庭常态,家长忙碌于各种补习机构,奔波于各个特长班,疲惫不堪,根本"无暇顾及"孩子的内心世界和文化养成,错误的认知只要有知识,在社会上就能立足,却严重忽视了精深的文化素养、高尚的人格品格、健康的心理才是立足社会的资本。"望子成龙望女成凤"的片面教育"追求"下,子女连声叫苦,养成了"衣来伸手饭来张口""唯我独尊"的坏习气,培养了一大批高分低能、思想偏激、自私自利的"学习机器"和"知识复读机",严重缺乏创造性。这种严重忽视了子女思想教育、文化教育、成长教育和成人教育的错误家庭理念在当今社会仍然大面积存在,亟须净化和治理。

# 第五章　"大思政课"理念下大学生文化自信教育理路

实践是认识的重要来源,而认识是对实践的指导,指导实践进一步发展。因此,"大思政课"理念下的大学生文化自信教育需要科学的理论进行指导。准确把握"大思政课"的视野之"变"、场域之"变"、格局之"变",牢牢守住"大思政课"的理论基石之"不变"、价值旨归之"不变"、根本任务之"不变",这"三变"和"三不变"是"大思政课"理念下大学生文化自信教育理路建构的前提。本章对"大思政课"理念下大学生文化自信教育的目标、原则、主体、内容以及场域进行系统理论梳理和建构,从而为文化自信教育的实施提供理论指导和科学方向。

## 第一节　"大思政课"理念下大学生文化自信教育目标

大学生文化自信教育的目标通常是指在一定的条件和环境下,通过一系列的教育引导行为,期望大学生在文化自信方面达到的程度和效果。

### 一、正确的文化认知

文化观念会对人所形成的认知和习惯产生影响,会左右人们的判断而形成定势。且恰恰这种因为习惯、观念而形成的认知,通常是根深蒂固的,是不会以个人的意志力而转变的。"大思政课"理念的视野之"变"在于立足"两个大局",视野更加开阔,聚焦当今世界受到的多元文化冲击而中国传统文化呈现出相对弱化的趋势。新中国成立后,鼓励国人用开放的视野去面对外来文化,使得许多新文化不断冲击着人们的思维方式,影响着人们的行为趋向。而大学生这一群体作为中国的"新生代"青年,却"深受"西方文化的影响,在大学校园中各种"洋式教育"五花八门,各种"西洋建筑"琳琅满目。这种认知的形成虽说不是教育课堂的一味灌输,但也离不开生活中"洋文化"对大学生文化认知所形成的潜移默化的影响。这种潜移默化的思想传播随着时间的流逝就会影响到一代又一代青年大学生的认知。而作为中国文化最具代表性的传统文化却在这一趋势下略显黯淡,很多大学生并不了解中华传统文化,缺乏了解传统文化的途径与方式,甚至丧失学习传统文化的能力。

所以"大思政课"理念下的大学生文化自信教育的目标同样应立足"两个大局",认识世界和中国的发展大势,培养大学生形成正确的文化认知,在波谲云诡、虚实难辨的国际形势中保持高度警惕,既懂得继承和发扬传统及优势,以史为鉴,树立正确的历史观、大局观,又善于站在国内国际两个大局相互联系的高度,全面理性地审视我国和世界的辩证发展关系,正确认识世界和中国的发展大势,保持清醒头脑和强大定力,应时代变迁,发时代先声,不随波逐流,不人云亦云。这既是把握"大思政课"视野之"变"的关键,是大学生文化自信教育目标所要解决的首要问题,是大学生文化自信教育的重要使命和任务,也是青年大学生坚定中国特色社会主义理想信念的重要前提和基础。

另外,这里所说的关于"西方文化"的传播学习,并不是我们要"排斥""抵触"西方文化,而是告诫我们要保持清醒的头脑正确地去认识"西方文化""外来文化"。我们既要了解西方文化的底蕴,也要学习传统文化的精髓。在外来文化与传统文化的冲击中,我们既要看到外来文化合理的地方,也要认识到外来文化的腐朽内容。在学习传统文化中,既要保持弘扬我们的优秀文化传统,又要看到自身文化的不足。只有全方位、多视角,用正确的眼光去看待外来文化与传统文化,才能形成正确的文化认知,才能避免"头重脚轻""一边倒"等错误文化认知的形成。

## 二、真挚的文化情感

正确的文化认知是形成情感认同的基础,真挚的情感文化认同也离不开深刻的认知向导。如果说文化认知是对文化的了解、认识,那文化认同则是在认知基础上更深一层的情感坚守。从一方面讲真挚的情感认同来源于文化认知,它饱含了对中国文化的期待与信赖。从另一方面讲,可以将"文化情感认同"理解为"文化激情"。而当今社会,这种"文化激情",尤其是传统文化"热潮"虽然偶尔出现在公众的视野,但大多是打着商业娱乐旗号的形式主义。例如,前一阵风潮涌动的"汉服热""旗袍热",在大学生群体中多数"个性"青年穿起了汉服、旗袍,这里所谓的"汉服""旗袍"多是改良版的结合现代潮流元素的传统服饰。而这所谓的传统服饰的推崇,也只不过是形式主义,借着传统元素去吸引别人的眼球,来获取一些热度。他们并不了解这些服饰的来源、服饰创造的历史背景以及这些服饰的内在文化,这种文化情感认同便是形式上的情感认同,并没有深入文化的根基,也没有设身处地地去将内心的情感与文化归属感融为一体,这种形式主义的认同没有任何意义。

而"大思政课"理念下的文化自信教育,要求大学生从文化认知层面开始,从大历史观出发,善用历史资源,彰显文化自信深厚的历史底蕴。在中华民族上下五千年的文明史中传承优秀文化成果,在五百多年的世界社会主义发展史中沐浴马克思主义的真理光辉,在百年党史中体悟中国共产党的初心与使命,在七十多年的新中国史中重温中国从积贫积弱到"世界第二"的奇迹历程,在改革开放四十多年的历史中领会中华民族书写的腾飞史诗。可见,培养大学生形成真挚的情感认同的困难重重,而且在相当长一段时间内任务艰巨。文化认同像一条纽带一样联结着文化与情感两端,饱含情感的文化认同感才是真正意义上的文化自豪感、文化归属感。因此"大思政课"理念下的文化自信教育目标是要让大学生有本民族的文化认同感、文化自豪感,仅仅形式意义上的"文化认同感"远不能提高大学生的文化自信,只有从内心深处发出的对文化真挚情感认同,才能从真正意义上树立大学生文化自信心,培养大学生真挚的情感认同感刻不容缓。

## 三、鲜明的文化态度

正确的文化认知、真挚的情感认同在大学生文化自信的培养中有利于提高大学生对民族文化的自豪感,但大学生对错综复杂的文化取舍则取决于鲜明的文化态度。鲜明的文化态度是实现大学生文化自信教育目标的重要保障。改革开放以来,各具特色的外来文化涌入公众的视野,与传统文化交织在一起逐渐影响着人们的生活、思维。所以,在"大思政课"理念下,我们这里所说的文化态度,不仅包括对外来文化的态度,还包括对传统文化的态度。

对待外来文化我们不盲目推崇,但也不全盘否定,我们支持传统文化并不代表我们排斥、抵制外来文化,搞"一国文化"论,而是对外来文化保持清醒的头脑、有所取舍,这就要求我们既要看到外来文化的合理之处,也要看到外来文化的腐朽之处,取其合理,舍其腐朽。如果能够将外来文化的"精华"之处融入中华传统文化,形成文化的"结晶",造福于人类,那也是值得推崇的。

对待传统文化的态度,"大思政课"理念下的文化自信教育倡导大学生既要承认世界文化的多样性,又要尊重民族文化的差异性。我们的文化自信并不是盲目的自信,而是建立在博大精深文化基础上的自信,而这些博大精深的文化就源于中华上下五千年的传统文化。传统文化有值得我们继承和发扬的一面,但也有一些需要我们摒弃的落后的一面。对待传统文化的态度我们要"取其精华,去其糟粕"。任何一个民族在传承历史文化的过程中,一是要与时俱变,抛弃严重落后于时代的糟粕,二是要根据时代的发展而传承与创新。但是传承不等于全盘受纳,发展不能离经背道。我们要用辩证的眼光去对待传统文化,在发展中去全面认识它。

## 四、积极的文化践行

虽然说鲜明的文化态度是实现大学生自信教育目标的重要保障,但是光有态度,没有实际践行也是半途而废的。因此,在以文化自信作为文化主心骨的前提下,更重要更关键的一步是在大学生群体中形成积极的文化践行。大学生作为新一代青年却很难担当得起重建文化自信这一重任,关键在于当代大学生文化践行的缺失。

积极文化践行的前提是正确的文化理论指导,而正确的文化理论需要继续坚持社会主义核心价值观体系,继续弘扬中华传统文化,积极借鉴世界文明成果。将优秀的文明成果应用到实际的文化践行中,尤其要发扬中华民族的创新精神和艰苦奋斗精神。科技时代,文化已经成为提高国家核心竞争力的"隐形武器",培养大学生的文化创新力,不断推进文化内容形式、体制机制以及传播方式的创新,创造出具有强大生命力的文化产品,才能不断满足人民的精神文化需求,才能进一步感受到中国文化的博大精深,体味到中国文化的无穷魅力。

# 第二节 "大思政课"理念下大学生文化自信教育原则

教育活动必须要遵循基本原则,并将其贯穿于文化自信教育过程的始终。"大思政课"理念下的大学生文化自信教育要实现其目标,必须遵循大学生思想政治教育规律、学生成长规律和文化发展规律,不断总结教育实践经验,落实大学生文化自信教育原则。"大思政课"理念下大学生文化自信教育的原则就是在对大学生文化自信教育活动过程中必须遵循的规矩、基准和规范,具体包括文化小课堂与社会大课堂相统一、文化的方向性与教育的科学性相统一、文化的主导性与大学生的主体性相统一、文化的理论性与教育的渗透性相统一、教育的群体系统性与个体针对性相统一。

## 一、文化小课堂与社会大课堂相统一

文化小课堂是巩固马克思主义在高校意识形态领域指导地位,坚持社会主义办学方向的重要阵地,是进行社会主义核心价值观教育、中华优秀传统文化教育、红色革命文化教育、社会主义先进文化教育,帮助大学生树立正确的世界观、人生观、价值观,树立科学的马克思主义文化观,是实施大学生文化自信教育的主渠道,是贯彻落实立德树人根本任务的关键课程。文化小课堂包含了大中小各阶段的思想政治理论课和其他文化类相关教育课程,更多是强调理论教学、课堂内教学,理论性是其基本属性,对精神文化领域实践经验的高度抽象和概括,具备科学理论应有的系统性和逻辑性,因此必然要求我们在教学中遵循基本的理论逻辑,进行系统的理论讲解。文化小课堂的侧重点就是理论讲授,特点和优点是具有理论性、系统性、逻辑性,但文化小课堂也不可避免地存在自身的短板,主要表现为理论讲授的抽象性和课堂教学中学生的被动性。

社会大课堂是文化小课堂以外丰富多彩的社会生活。习近平总书记指出:"实践的观点、生活的观点是马克思主义认识论的基本观点,实践性是马克思主义理论区别于其他理论的显著特征。"文化小课堂同社会大课堂结合,是遵循思想政治工作规律、教书育人规律、学生成长规律、以文化育人和实践育人规律的内在要求,是对思政课建设历史经验的系统总结,是进一步提高大学生文化自信教育教学针对性、有效性的现实需要。社会大课堂要求大学生文化自信教育将具体、生动的社会实际引入理论教学,带领学生走向丰富多彩的社会生活,使理论教学更具现实性、针对性。同时,社会大课堂是丰富多彩的,也是纷繁复杂的,这就需要教师在带领学生走向社会大课堂时,要教育引导学生坚持马克思主义立场、观点和方法,提高政治站位,掌握科学方法,分清社会大课堂中的美丑,辨别主流和支流,能透过现象发现本质、立足当下放眼未来。

将文化小课堂与社会大课堂相统一,就是在大学生文化自信教育教学中,将文化小课堂的理论性同社会大课堂的实践性结合,实现理论与实践、知与行的统一;将文化小课堂的抽象的理论教育和社会大课堂的鲜活实践具体结合,实现抽象理论和现实具体的统一。二者的统一是推动"大思政课"理念落深落细落好的具体措施,是助力大学生文化自信教育提质增效的有力抓手。文化小课堂、社会大课堂各有侧重点,二者以不同的育人方式、育人模式共同服务于增强大学生文化自信的育人目标。

## 二、文化的方向性与教育的科学性相统一

"大思政课"理念下的大学生文化自信教育首先必须明确方向性,坚持科学性,将科学性与方向性相统一,在方向性中守住科学,在科学性中把准方向。

方向性是指大学生文化自信教育必须有明确的政治方向,它是大学生文化自信教育的一个根本原则,回答的是"教育大学生树立什么样的文化自信"的问题。"大思政课"肩负"国之大者",其以马克思主义为指导的理论基石始终不变,既负有传道、授业、解惑的教育使命,同时也肩负维护国家意识形态安全、培养社会主义建设者和接班人的政治使命,"大思政课"的双重使命,正是将其定位于落实立德树人根本任务关键课程的根本原因。所以基于"大思政课"理念下的大学生文化自信教育的方向性就是仍然要讲好马克思主义理论,尤其要推动习近平新时代中国特色社会主义思想走深、走心、走实,就是要教育大学生坚持中国特色社会主义文化根本方向不动摇,坚持中华优秀传统文化创新性发展创造性转化发展方向不动摇,坚持文化包容开放、兼收并蓄方向不动摇,充分发挥文以化人、文以育人的作用与力量,引导大学生坚定文化自信,坚定理想信念,避免迷失方向、南辕北辙。

科学性是指大学生文化自信教育在目标、载体、方法、内容上的科学化教育与管理,聚焦的是"怎么样对大学生进行文化自信教育"的问题。大学生文化自

信教育的科学性,要求在对大学生实施文化自信教育过程中要遵循大学生意识形态形成的规律性,遵循思想政治教育的客观规律性,遵循文化发展的历史规律性,在大学生文化自信教育活动中克服盲目性、主观性和随意性。

方向性与科学性相统一就是把"教育大学生树立什么样的文化自信"与"怎么样对大学生进行文化自信教育"更加科学地紧密地结合起来,不断深化大学生文化自信教育。"大思政课"理念下的大学生文化自信教育既要坚持马克思主义思想指导地位,坚守社会主义根本方向,站稳中国文化立场,又要放眼环顾世界,立足当代中国现实,紧密结合大学生思想实际,解放思想,实事求是,通过科学的教育、丰富的载体、有效的措施、创新的机制,把方向性与科学性基本准则协调贯穿到大学生文化自信教育的全过程,融入文化自信教育的全部内容中,使大学生坚定共产主义远大理想和中国特色社会主义共同理想,深化中华优秀传统文化、革命文化和社会主义先进文化的认知、认同与积极践行,发挥大学生的思想引领和行为带动作用,努力把自己培养成坚定文化自信、担当民族复兴大任的时代新人。

### 三、文化的主导性与大学生的主体性相统一

"大思政课"理念下的大学生文化自信教育是大学生主体对文化客体的全面认知、价值认同、积极践行,是一个自发、自觉、自动的系统过程。现实中,思维活跃的大学生受到网络环境和超前思维的影响,接收到的文化大多呈现碎片化、片面化、非主流化。因此,必须通过教育手段增强大学生的文化自信意识,突出文化自信的主导地位,合力发挥教育者的主导作用,重视大学生的主体地位,坚持主导性与主体性相统一。

主导性即指向性和规定性,是指一种事物或现象对其他事物或现象的统领、指导和领导,突出强调的是它的统领示范、性质规定和方向导引作用。文化自信教育主导性从本质上讲就是文化自信教育的指导、引导、领导与统领的地位和作用。基于"大思政课"理念下的文化自信教育的主导性具体体现在教育内容的主导性地位和教育者的主导性作用发挥。一方面,认知文化、坚定文化自信是大学生文化自信教育的基本内容,在文化自信教育实践中处于主导地位。文化汇聚人心、导引方向、塑造品格、激发动能,是国家和民族的精神统领和灵魂指导,直接影响着个体思维培育和实践活动。文化自信是"四个自信"的基础,是深沉持久的力量,对大学生坚定信仰、付诸实践、贡献力量起着引导

和推动作用。另一方面,从教育的主客体关系视角,强调发挥教育者在文化自信教育过程中的主导性作用。亲其师,信其道。教育者作为文化自信教育的主体,在具体教育活动中承担着思想引领、情感引导、行为示范的作用。教育者自身的文化认知、文化素养和文化行为直接影响着大学生文化自信意识的树立和文化自信教育活动的成效。

主体性在对象化活动中生成、实现和发展,是人作为主体所具有的自觉性、能动性和超越性。与传统教育相比,现代教育中更加侧重主体性的发挥,尤其强调受教育者主体性地位的凸显。受教育者的主体性就是受教育者在教育过程中对教育目标和教育要求的自觉认同,能够自主调节教育行为,对教育评价做出独立的判断与选择。"大思政课"理念以马克思主义关于人的自由全面发展为终极指向和价值旨归始终不变,所以基于"大思政课"理念下进行大学生文化自信教育,必须尊重大学生的主体地位,激发大学生主体动能,培育大学生自觉认识文化、主动践行文化的意识,促进大学生在自我发展和自我实现中坚定文化自信。大学生文化自信教育的主体性体现在两个方面,一是大学生对文化自信教育的主体性认识。大学生必须清楚认识到文化自信教育的重要性,必须明确认识到自我教育的必要性,大学生在接受文化自信教育过程中自我意识和自主行为的发挥直接影响着文化自信教育的成效。二是大学生主体地位的认识。大学生这一特殊群体,思维活跃、学习能力强,但也易于冲动,所以当下进行文化自信教育要准确把握大学生群体特点,突出其主体地位,尊重大学生的独立自主性,充分调动大学生的积极主动性,深入挖掘大学生的开拓创新性,为大学生的独立、自由和全面发展提供足够的空间。

主导性与主体性相统一就是科学把握文化自信教育者、受教育者、教育内容之间的关系。坚持主导性与主体性相统一,突出文化自信意识培育在意识形态领域建设的主导地位,充分发挥教育者的主导作用,激发受教育者的主体性意识。在大学生文化自信教育过程中,教育者要跳出传统教育模式中表现出的"权威"形象、"绝对"地位和"支配"作用,要突出"导"的作用,而非"灌"的塞入,要以思想引领、行为向导潜移默化帮助大学生自主树立起文化自信意识。尊重大学生个体意识和思维习惯,独立地、平等地与大学生开展对话,倾听大学生声音,创新教育方法,营造教育环境,在寓教于乐中传播文化,建立文化自信。

## 四、文化的理论性与教育的渗透性相统一

文化作为存在,本身就具有很强的理论性。大学生文化自信教育作为

一种文化的对象化活动,是一种理论性很强的教育实践活动,对大学生进行文化自信教育,要抓住文化无时不有、无处不在的存在特点,见缝插针,高效运用大学生的学校、社会、家庭的生活场域,时时渗透,处处渗透,潜移默化树立起文化自信意识。因此,"大思政课"理念下的大学生文化自信教育必须坚持理论性与渗透性相统一的准则。

理论性源于实践性,是实践的总结和升华,反过来又指导实践的前进发展。文化自信本身就是一个庞大的理论体系,它来源于 5 000 多年的中华优秀传统文化,是经过实践检验的理论。理论教育是大学生文化自信教育的主要手段。习近平总书记曾说过"思政课的本质就是讲道理",所以"大思政课"理念下的大学生文化自信教育必须始终贯彻理论性准则,坚持以马克思主义为指导,以中华优秀传统文化、革命文化和社会主义先进文化理论为基础,有效实施文化自信教育活动。文化自信教育活动取得的效果,依赖于教育者理论的传授状况,受教育者的内化程度和重视程度,没有理论支撑的文化自信教育就是无源之水、无本之木。同时,还要坚持文化理论的开放性和包容性,坚持马克思主义的"批判性",汲取中华优秀传统文化精髓,创新性发展创造性转化传统文化,借鉴国内外行之有效的管理理论和教育方法,使大学生文化自信教育呈现出理论的民族性、科学性和时代性。

渗透性即循序渐进,不动声色地融入。坚持渗透性准则,要求教育者增强渗透意识,创设渗透条件,拓展渗透形式,让受教育者在具体实践中提高理论水平和应用能力。习近平总书记指出"'大思政课'我们要善用之,一定要跟现实结合起来",该理念就是倡导"大思政课"下的文化自信教育既要会"讲道理",将道理"讲深、讲透、讲活",又应超越理论说教,遵循大学生的思想发展规律,将大学生带到更为广阔的社会场域之中,把文化自信渗透到学校、家庭、社会不同教育环境中,渗透到课堂学习、校园活动、社会实践各个环节中,有机融合教育环境和教育环节,用潜移默化的形式循序进行文化渗透。"大思政课"理念下的文化自信教育目的在于帮助大学生树立文化自信意识,坚定"四个自信",建设社会主义文化强国。目标的实现单纯依靠理论是不够的,文化的认知与认同要靠实践,文化自信意识的形成与提升需要实践,所以大学生文化自信只有从形势实际出发,从大学生"需求侧"进行有效渗透,才能增强文化自信教育的针对性和实效性。

"大思政课"理念下大学生文化自信教育的理论性准则和渗透性准则是高

度统一的。文化自信教育理论的"理性"和"权威性"是大学生文化自信教育中的"有形之手",是文化认知与文化认同的强大思想武器。文化自信教育渗透性的"软柔"和"无形"是大学生文化自信教育中的"无形之手",行动于无形,作用于无边。大学生文化自信教育仅仅依靠理论传授,单纯灌输的"外部力量"是绝对不够的,必须充分调动起"内因"的崛起,而内因的崛起往往隐形于日积月累的渗透,强化"有形之手"与"无形之手"紧密结合,坚持理论性与渗透性的统一,才能提升大学生文化自信教育的效果。

### 五、教育的群体系统性与个体针对性相统一

"大思政课"理念下的大学生文化自信教育还必须坚持系统性与针对性相统一的原则,既要将文化自信作为一个完整的理论体系对大学生群体统一施教,又要根据文化存在形态的差异特征和大学生的个体情况,适时地、有针对性地进行教育。

系统性是现代教育的基本特点,就是自觉运用系统理论和方法,对教育内容、教育对象进行系统分析,从而抓住整体,抓住关键,通过体系化、系统性的教育取得良好的教育效果。"大思政课"理念之"变"也正体现在教育的格局之大,倡导教育过程应汇聚多方力量,各个育人主体应多方参与、多方协调、密切合作、协同发力,构筑"育人共同体"。大学生文化自信教育要坚持系统性原则是由文化自信教育过程自身的特点决定的,"大思政课"理念下的大学生文化自信教育是一个复杂的系统工程,包括教育者、受教育者、教育内容、教育环境、教育方法等多个要素,这些要素相互关联、相互作用,构成了完整的教育体系。"大思政课"理念下的大学生文化自信教育坚持系统性原则是实现教育目标的现实需要,也是文化自信教育内容自身的庞大、复杂特性所决定的。文化自信意识的形成是一个极其复杂的思想运动过程,只有坚持系统的文化自信教育,才能使文化自信转化为文化认识与文化认同。在这个认识转化过程中,大学生个体性差异会明显表现出来,这就更需要创设系统的教育环境与教育载体,让不同大学生都能在不同起点上共同进步,同步提升。

针对性原则是指在实践活动中遵循个体的差异,选择合理的手段与方法,达到现实需要的目标。针对性突出强调的是针对个性与特性采取的有力措施。大学生文化自信教育面对的群体是大学生,他们的性别、年龄、生源地、家庭环境、父母受教育程度、就读学校类型、学校文化氛围等都不相同,他们的思维方

式、价值认识、政治觉悟都存在不同程度的差异。而"大思政课"以立德树人为根本任务的指向始终不变,追求人自由全面发展的终极指向始终不变,因此基于"大思政课"理念进行文化自信教育过程中,必须以学生为本,注重个体差异,因材施教,有针对性地制定个体化、特色性的教育方案,使大学生能够在正确价值观的指引下,追求自我独特的生活范式、形塑自我独特的个性,实现自由发展。

因此,基于"大思政课"理念实现大学生文化自信教育的目标,必须坚持系统性和针对性相统一的原则,二者是不可分割的有机统一体。在大学生文化自信教育活动中,如果缺失系统性原则,就是缺乏全局观念,也就不能从宏观上和整体上把握文化自信教育实践的有序进行,影响大学生文化自信树立。但是,如果只坚持了系统性原则,没有注意到教育对象的差异性,忽视了对个体大学生的分析与教育,势必会产生教育目标未能实现或者目标实现的空洞,影响文化自信教育的整体效果。

# 第三节 "大思政课"理念下大学生文化 自信教育主体

文化自信教育是一项文以化人的教育实践活动,其活动的展开始终围绕人、依靠人、并服务人。教育主体是教育活动系统建构的基本构成因素之一。认清教育主体及其各主体之间的相互关系是达到教育活动目标的关键。大学生文化自信教育由谁实施?对谁实施?对这两个问题的回答,有利于明确主体,提高文化自信教育的主动性和针对性,推动文化自信教育的顺利开展。

## 一、教育主体建构的理论基础

"大思政课"之"变",其中一个重要方面就是要形成多元合力、协同育人的"大主体",这是落实"大思政课"理念的突破点。参与大学生文化自信教育的主体,并非是无原则、无边界的泛化的主体,而是严格遵循马克思主义关于人的自由而全面发展的逻辑、遵循马克思主义文化观以文化人的逻辑而生成的,按照建构主义理论,课程知识的生成并不是单纯的个体事件,而是人们通过与他人在具体的社会文化情境中的互动建构起来的。吸纳社会成员反映"大思政课"应有的社会性向度,使课程更加富有社会意蕴和现实感,但这种"吸收"又得合乎课程化要求,根据课程的价值目标,将社会主体亦转换为教学主体,使之成为教育的构成要素并参与教育实施环节。这样,"大思政课"理念下的大学生文化自信教育就具有了社会品格,在此理论基础上建立健全辐射社会全域、接纳社会成员的通道,完善对接社会系统的体制机制,构筑一个社会、学校、家庭、个人自身等多方参与、分工协调、同向发力的"育人大主体"。其中,社会主体发挥保障性作用,学校主体发挥系统性作用,家庭主体发挥基础性作用,大学生自身发挥根本性主体作用,共同合力助推大学生文化自信提升。

## 二、大学生文化自信教育的主体构成

### (一)社会:发挥保障性作用

习近平总书记指出:"'大思政课'我们要善用之,一定要跟现实结合起来。"可见,"大思政课"理念要求社会发展与大学生成长同轨,社会对大学生的成长、成才亦应承担一份保障责任,为大学生文化自信教育保驾护航。发挥社会的保障性作用,集中体现在文化产业的兴盛和社会舆论的规范上。

首先,新时代大学生文化自信教育,要求善用社会资源大力发展文化事业和文化产业,努力打造能够引发心灵共振的文化精品。大学生是文化消费的重要群体,对文化知识的渴望无比强烈,对文化产品的需求新颖多样。文化精品是凝聚价值观念、传播社会正能量、体现中国文化精神、反映国人审美追求的优秀文化作品。文化精品能够满足新时代大学生的精神文化需求,增强精神力量。通过文化精品消费,新时代大学生能够强化知识认知、加深情感体悟、落实言行实践,从而坚定文化自信心。

其次,新时代大学生文化自信教育,需要规范社会媒体的舆论影响力,建立健全促进文化产业、文化事业发展管理的法律法规,发挥好规范引导的保障性作用,倡导法治精神,提高法治意识,形成有利于文化自信培育的法治环境;营造风清气正的社会舆论氛围,发挥好各界媒体的舆论引导作用,构建充满正能量的新闻舆论空间;理直气壮唱响主旋律,巩固壮大主流思想舆论,更好地凝聚社会共识。

### (二)学校:发挥系统性作用

学校发挥文化自信培育的系统性作用,主要体现在优化教学系统的要素结构和充分发挥教育教学要素作用两方面。"大思政课"要求高校多方育人主体共同发力,思政课教师与专业课教师、辅导员、行政人员等多方力量参与、分工协调、同向发力,形成高校"育人共同体"。

一方面,"大思政课"理念下的大学生文化自信教育需要优化教学系统的要素结构。大学校园是思想政治教育的主阵地,是大学生学习生活的主环境,是汇集教师职工、教学设施、教材教法等教学要素的整体系统。要建立完善以思政课为中心的教学主课堂,校园二课堂,社会大课堂,网络新课堂多位一体、多元共育的培养机制。

另一方面,"大思政课"理念下的大学生文化自信教育需要充分发挥各种教学要素的重要作用。教育者要针对新时代大学生眼界宽、反应快、思维广、好奇心强、求知欲旺盛,但心智未熟的身心特点,着力构建能有效衔接课程、教材、设施和网络新媒体的教育整合系统;高校应加强师德、师范、师风建设,把落实大学生文化自信培育的绩效纳入教师的教学管理和教学评定中,努力建设一支立场坚定、师德高尚、业务精湛的教学队伍。

### (三)家庭:发挥基础性作用

家庭发挥文化自信培育的基础性作用,主要体现在家教素养和习惯养成上。"大思政课"理念下的文化自信教育要求家庭也要发力,成为大学生文化自信教育的主要场域之一。

首先,良好家庭教育的熏陶,有助于大学生文化自信培育。家庭环境对大学文化自信教育影响深远,因为家庭环境是大学生接触文化知识的重要来源,是文化自信教育体系中最基础的部分。习近平总书记在党的二十大报告中强调要加强家庭家教家风建设,发挥其涵养道德、厚植文化、润泽心灵的作用。家教是指个人在家庭环境中从小养成的行为的道德水准,属于他律性的教化显现。家风是指家庭或家族世代相传的风尚、生活作风。家庭教育是子女成长的第一课,家中长辈的言行举止、情感表达以及对科学文化知识的重视等,潜移默化地影响着大学生成长和长远发展。

其次,家中长辈的榜样作用,有助于提高大学生文化素养。家中长辈要在家庭教育中,加强对中华优秀传统文化和社会主义先进文化的学习,在日常生活中将正确的价值观念传递给晚辈,使他们在良好的家庭氛围熏陶中接受着优秀传统文化的教育,从小养成热爱阅读、乐于探究的习惯,塑造勤俭节约、自律自强的品质。

### (四)大学生自身:发挥主体性作用

现代教育模式开始趋于平等,走向"双主体"教育模式,即教师和学生都应该成为教学系统中的主体,使教学活动最优化,应当充分发挥教师和学生"双主体"的能动性。大学生文化自信教育中学生主体性地位的发挥,亦是"大思政课"中"大主体"模式的应有之义。

自信作为一种相对稳定的心理状态,是外力强加不了的,是真正发自内心、充满热情地对自身的尊重、信任和坚定。大学生自我意识的觉醒并主动要求上进、提升自身能力,是自信的集中体现。因此,新时代"大思政课"理念下大学生文化自信教育的根本动力源于自身,这场"人生大课"需要大学生自身不断提升自我认知的能力,发掘自己身为文化自信主体的重要性,加强文化自信的自我培育。新时代要发挥大学生的主体性作用:首先,大学生要善于从历史的学习中发掘文化自信;其次,要善于从中国文化蕴含的硬实力和软实力的思考中探析文化自信;最后,要善于从自我完善的生活实践中涵养文化自信。唯有如此,大学生主体的文化自信才能真正生成和建立。

## 第四节 "大思政课"理念下大学生文化 自信教育内容

教育内容也是教育活动系统建构的基本构成要素之一,是教育过程中各个目标任务的具体化表现。"大思政课"要回答关于自然界、人类社会和人自身发展的基本规律的大问题,要求具有贯通古今中西的大视野,是旨在教育引导青年认识世界、改造世界的视野宏大、胸怀远大的"大学问"。所以善用"大思政课"既要求善用历史资源,彰显文化自信的深厚底蕴,也要求善用国际对比,彰显文化自信的宽阔视野,更要求善用社会资源,彰显文化自信的实践品格。因此,优化"大思政课"理念下的文化自信教育内容,是有效实现大学生文化自信教育目标,发挥文化自信教育最佳功能的必然要求。文化自信教育内容结构状况不同,所取得的文化自信教育效果也不同。要科学有效实施大学生文化自信教育,必须要以社会主义核心价值观教育为红线,突出中华优秀传统文化教育,加强红色革命文化教育,全面推进社会主义先进文化教育。

## 一、培根:突出中华优秀传统文化教育

习近平总书记在庆祝中国共产党成立 95 周年大会上指出:"文化自信,是更基础、更广泛、更深厚的自信。在 5 000 多年文明发展中孕育的中华优秀传统文化,在党和人民伟大斗争中孕育的革命文化和社会主义先进文化,积淀着中华民族最深层的精神追求,代表着中华民族独特的精神标识。"可见,绵延数千年、博大精深的中华优秀传统文化是文化自信之根,它决定了中国文化的价值意蕴和生命走向。加强中华优秀传统文化教育,对于引导广大青年学生准确认识中华民族历史传统,科学把握文化发展理路,坚定"四个自信",实现中华民族伟大复兴具有重大意义。

中华优秀传统文化是文化自信之根可以从三个层面理解。第一,中华优秀传统文化绵延不断、生生不息的坚强生命力决定它是文化自信之根。中华文明经历了 5 000 多年的历史变迁,有过四方朝贺的辉煌,有过短暂的焦虑自卑,有过激烈的碰撞淬炼,但始终一脉相承,从未中断,表现出了强大的生命力、独立性和稳定性。第二,中华优秀传统文化包罗万象、博大精深的文化精髓决定它是文化自信之根。中华优秀传统文化是中华民族语言习惯、文化传统、思想观念、情感认同的集中体现,凝聚着中华民族普遍认可和广泛接受的道德规范、思想品格和价值取向,具有极为丰富的思想内涵。如厚德载物的道德思想、忠义孝悌的伦理思想、天人合一的和谐思想、民为邦本的民本思想等,几千年来为人们认识自我、审视自我提供规范遵循,为认识世界、改造世界提供经验启迪,为治国理政提供历史启示。第三,中华优秀传统文化海纳百川、兼收并蓄的胸怀决定它是文化自信之根。中华文明之所以屹立于世界几千年经久不衰,一直被模仿从未被超越,归根究底就是因为她开放的气度和博大的胸怀。一直以来,中国文明都秉承"美人之美,美美与共"的态度促进文化交流,认为文化无高低贵贱之分,只有姹紫嫣红之别,文化因交流而多彩,文明因交流而进步。

中华优秀传统文化教育是文化自信教育之根,丰富大学生文化自信教育内容首先要突出这一根基的培育。一要充分发挥课堂教学的主渠道作用,通过完善的课程体系、教材体系,创新教育方法提升中华优秀传统文化的课堂教育效果,增强大学生传承中华优秀传统文化的使命感和责任感。二要通过网络教育平台、数字资源库的在线学习和传统文化名家、非物质文化遗产传承人的讲座,

提高广大学生对中华优秀传统文化的自主学习和探究能力,培养学生的文化创新意识和转化思维。三要充分发挥社会实践的重要作用,以参观考察校史馆、博物馆、文化馆、名胜古迹等公共文化机构,加强大学生对中华优秀传统文化的认知和时代价值的认同。四要强化家庭教育对中华优秀传统文化教育产生的影响,倡导家长通过言传身教践行中华优秀传统美德,润物无声地塑造大学生的品行。

### 二、固本:加强红色革命文化教育

红色革命文化是中国共产党带领广大人民在革命斗争、社会主义建设和改革实践中形成的先进文化,是特定历史时期的产物,是文化自信的红色基因,上承中华优秀传统文化,下领社会主义先进文化,具有鲜明的中国特色。2019 年3 月 4 日习近平总书记在看望参加政协会议的文化艺术界、社会科学界委员时指出:"共和国是红色的,不能淡化这个颜色。"他要求我们要"用好红色资源,传承好红色基因,把红色江山世世代代传下去"。红色革命文化是"党和国家的宝贵精神财富","要不断结合新的时代条件发扬光大"。红色是今天百姓幸福生活之本,是当下国泰民安之本。学习红色文化,传承红色基因,传播红色故事,讲述红色历史,有利于坚定文化自信,巩固文化根基,提升文化软实力,抵抗西方文化侵袭,为建设社会主义文化强国,实现中华民族的伟大复兴注智添力。

红色革命文化蕴藏着丰富的育人资源。从精神资源看,无数仁人志士抛头颅、洒热血在革命、建设、改革时期形成的红船精神、井冈山精神、长征精神、延安精神、"两弹一星"精神、雷锋精神、焦裕禄精神等,催人奋进,给人以火热的思想、平静的内心的和无畏的行动。从理论资源看,中国人民经过艰辛探求到救亡图存的出路——马克思主义,开始了马克思主义同中国实际结合的努力探索,实现了马克思主义中国化,在这一思想的指导下,在革命、建设和改革进程中,马克思主义实现了历史性的飞跃,形成了重大理论成果,是中华民族从站起来、富起来到强起来伟大飞跃的理论指导。从物质资源看,在革命、建设和改革中形成的革命遗址、纪念馆、展览馆、烈士陵园、名人故居等物质媒介和传播载体,以再现历史和人物的方式,聆听红色精神,沐浴红色洗礼。

红色革命文化是大学生文化自信教育最好的营养剂。大学生文化自信教育要加强红色革命文化教育,引导大学生树立正确的历史观、民族观和文化观,反对历史虚无主义,坚定文化自信。首先,高校要充分运用红色文化理论,深入开展党史军史新中国史的教育,教育引导广大学生学习、学好、学深、学透党史军史新中国史,让大学生深刻认识到"红色政权来之不易,新中国来之不易,中国特色社会主义来之不易"。有资源和条件的高校,充分发挥资源优势、地缘优势,组织学生集体或社会实践形式参观革命老区和抗战遗址,感受红色文化,让红色精神烙印在心中。鼓励邀请红色英雄到校讲学,让学生真实感受榜样的力量,增强教育的针对性和感染性。其次,社会要广泛开发,深入挖掘,公益开放革命遗址、纪念馆、展览馆、烈士陵园、名人故居等红色文化传播基地,让更多的大学生有机会、有能力去参观红色遗址、学习红色文化、感悟红色力量。红色文化教育场所可以创新尝试使用新科技手段还原历史岁月,让学生身临其境真切感受战火纷飞的惊悚、命悬一线的无畏、暗号接头的紧张和白山黑水的艰苦等,让学生崇尚英雄,敬畏生命,珍惜来之不易的学习生活。再次,国家要充分发挥现代网络教育优势,净化网络空间,通过影视作品、网络传媒等现代媒介手段营造铭记历史、传扬典型、传递能量的社会环境,旗帜鲜明地抵制历史虚无主义、英雄虚无主义。最后,铭记历史,才能面向未来,发挥红色文化铸魂育人的重要功能。结合时代条件,转化红色精神,将革命斗争中形成的不怕牺牲,勇于斗争,顽强抗争的精神内化为大学生的精神品质,外化为大学生的爱国之行。

## 三、铸魂:全面推进社会主义先进文化教育

举什么旗,走什么路关系党和人民事业的兴衰成败。习近平总书记在 2013 年全国宣传思想工作会议上强调,"独特的文化传统,独特的历史命运,独特的基本国情,注定了中国必然走适合自己发展的道路"。这条路就是适合中国国情,适合中国特点的中国特色社会主义道路。文化为制度提供基础,制度为文化发展繁荣提供保障。在中国特色社会主义道路的伟大实践中形成的社会主义先进文化,随着时代的纵深发展和社会的长足进步,其内涵也在不断丰富和发展。

社会主义先进文化是文化自信之魂。坚定文化自信必须全面推进社会主义先进文化教育。社会主义先进文化的丰富内涵决定它是文化自信之魂。社会主义先进文化是以马克思主义思想为指导,以中国文化为立场,以社会主义核心价值体系和核心价值观为核心,创新发展创造转化中华优秀传统和革命文化,扎根当代中国现实的文化形态。社会主义先进文化面向现代化、面向世界、面向未来,民族的、科学的、大众的特点决定它是文化自信之魂。社会主义先进文化是人民性的文化,代表广大人民利益和需要,新时代坚持以人民为中心的

文化发展和文艺创作是对社会主义先进性的集中表达。社会主义先进文化的开放性、包容性决定它是文化自信之魂。社会主义先进文化植根于中华优秀传统文化,决定其有海纳百川的优秀基因;形成于经济全球化、文化多元化、社会信息化的今天,要求其必须顺应时代发展,正视合作与竞争,彰显社会主义先进文化的优越性,为文化自信增添动力源泉。

构筑大学生文化自信,必须全面推进社会主义先进文化教育。当前存在部分大学生对社会主义先进文化丰富内涵一知半解,对社会主义先进文化的价值认识不清的状况,甚至出现崇拜外来文化轻视社会主义先进文化的怪相,这一点在调查问卷中也有所证实。同时,在大学生中还存在片面重视经济利益,追求物质享受的精致利己主义者。这些现象的存在亟须我们全面推进大学生社会主义先进文化教育。新时代全面推进社会主义先进文化教育,首先,要以长征精神、西柏坡精神、北大荒精神、载人航天精神、北京奥运精神、抗震救灾精神等精神为引领,以加强先进群体和英雄模范人物模范事迹教育为引导,营造良好的社会氛围,强化社会育人作用。其次,要充分发挥课堂教学主渠道教育,无论专业课教师还是公共课教师,都能做到将社会主义文化的先进性、优越性、人民性融入课程,发挥"课程思政"的育人实效。最后,有效拓展和充分利用校园文化活动和社会实践活动平台,提升大学生对社会主义先进文化的科学认知、价值认同和行为转化。

## 四、通脉:社会主义核心价值观教育

文化自信的表现与构成是多方面的,包括对本民族文化历史与未来的理性认知、对文化成就价值的高度认同、对文化发展方向道路的坚定信心等。在多维的文化自信谱系中,核心价值观自信就如同一条贯穿始终的红线,具有统摄意义。沈壮海在《论文化自信》中认为"任何一种文化体系的性质,都由其内含的价值观决定、表征;任何一种文化体系的魅力,都由其内含的价值观培育、彰显;任何一种文化体系的发展,也都由其内含的价值观规约、引导"。文化的核心在于价值观,价值观的滋养在于文化。价值观在文化体系中的独特地位和意义决定了价值观教育之于文化自信教育犹如血脉之于人的生命。

社会主义核心价值观"富强、民主、文明、和谐,自由、平等、公正、法治,爱国、敬业、诚信、友善"的 24 字表达,把涉及国家、社会、公民三个层面的价值要求融为一体,高度概括了国家建设、社会发展、公民培育的目标与要求。既继承了中华优秀传统文化,还辩证吸收了世界文明有益成果;既体现了社会主义本质属性,又突出了时代发展需要,是中国特色社会主义道路、理论、制度和文化的价值表达,也是全体人民共同的梦想追求。培育和践行社会主义核心价值观有利于提高广大人民的思想水平和道德素养,有利于维护社会稳定和和谐发展,有利于提升国家治理体系和治理能力现代化。历史和现实都已表明,构建与弘扬社会主义核心价值观,关系个人全面进步,社会和谐发展,国家长治久安。

社会主义核心价值观教育是大学生文化自信教育的血脉,文化自信教育归根结底就是要打造价值观自信。当前深入开展社会主义核心价值观教育,必须充分发挥学校的文化传播教育作用,家庭的熏陶感染作用,社会的宣传导向作用。首先,通过学校老师的知识传授和丰富多样的校园活动,让大学生明确什么是社会主义核心价值观,为什么要培育和践行社会主义核心价值观,知其然知其所以然,通过课堂教学和课外活动教育引导广大学生从博大精深的中国文化中汲取"仁、义、礼、智、信",家国天下,天人合一等体现个人修养、行为规范、伦理道德、治国理政、生态建设的重要精神养料。其次,要充分发挥家庭的熏陶作用。家长是孩子最好的老师。家长以讲诚信、重孝道、睦友邻、守法纪的言行熏陶引导孩子,现身说法,用言行告诉孩子这就是社会主义核心价值观,社会主义核心价值观应该这样践行。最后,要充分发挥社会的宣传和保障作用。人是社会的产物,必须通过强化教育引导、舆论宣传、文化熏陶、实践养成和制度保障等将社会主义核心价值观融入社会生活,让大学生在社会实践中感知它、领悟它、践行它。

## 第五节　"大思政课"理念下大学生文化自信教育场域

教育场域是指发生教育行为的一切场所,它是物理空间,也是一种网络关系,同时在这一区域中的所有事物,无论其是否具有生命特征,都是构成这一场域必不可少的要素。"大思政课"理念下的文化自信教育场域有何不同?

### 一、教育场域建构的四重逻辑

教育场域不同于教育环境,前者包括物质环境和精神环境,而后者囊括所有区域内的人、事、物。教育场域包括特定的教育行为,而教育环境往往缺少这一特定行为,更强调外部环境对于身处其中的人所起的作用。所以当我们去定义"教育场域"时,教育环境和人为因素是两个缺一不可的重要部分。大学生文化自信教育场域是指影响大学生文化自信教育成效的不同要素之间形成的育人关系空间。该场域的建构依然着眼于大格局、大视野、大愿景,遵循社会逻辑、实践逻辑、系统逻辑和协同逻辑,是一项基础性、长期性、全局性的系统工程。

(一)社会逻辑

"大思政课"理念下的大学生文化自信教育场域遵循向社会场域延伸的社会逻辑,注重通过空间与资源的开发和运用来延展思政课教学的渠道与阵地,强调思政课将教室教学的小课堂延伸到社会的大课堂,将课堂与社会联系起来,促使课堂教学的隐性效果得以在课堂之外彰显,由此呈现了思政课格局之"大"。由此,"大思政课"理念将大学生文化自信教育置于更大的社会场域之中,要求突破思政课局限于课堂、校园这一有限时空范围的狭隘性,以"思政小课堂"融通"社会大课堂",将学生的视野引向广阔的历史中,引向蓬勃的时代发展中,激发学生爱党爱国的豪迈情怀和奋斗激情,培育堪当大任的时代新人。

(二)实践逻辑

"大思政课"理念下的大学生文化自信教育场域遵循"理论与实践相统一"的实践逻辑。"理论与实践相统一"的方法论原则注重实践教学的课程设计,通过组织开展多样化的实践教学,紧扣大学生文化自信教学目标和要求积极开展主题教育活动,充分运用好学校和社会提供的实践教学基地,采用志愿服务、理论宣讲、社会调研、实践体验、情景浸入等形式,注重总结优秀的实践教学成果,推进理论课与实践课相结合,避免实践教学娱乐化、形式化、表面化。

(三)系统逻辑

"大思政课"理念下的大学生文化自信教育场域遵循"系统共建、统筹安排"的系统逻辑。所谓系统逻辑,就是把认识对象看作一个系统,从系统和要素、要素和要素、系统和环境的相互联系、相互作用中综合地认识问题、分析问题和解决问题的一种思维方法。文化自信教育的场域建构就是一项复杂的系统工程,光靠学校还不够,需要坚持系统观念,需要制定全面系统的实施方案,调动多方主体、打通多种资源、协调多方关系,统筹安排,整体推进。现实中,一些地方和学校对开门办思政课、调动各种社会资源的意识和能力还不够强,亟须整合各类育人力量、拓展育人空间,打破封闭状态,推动思想政治教育工作体系、组织内容、整体形态的优化再造,持续强化协同效应,广泛调动课内与课外、校内与校外、线上与线下的一切育人主体,有效整合育人资源,汇聚全社会的育人合力,以更好落实全面推进"大思政课"建设这一根本任务。

(四)协同逻辑

"大思政课"理念下的大学生文化自信教育场域遵循"多元协同、共建共享"的协同逻辑。协同的含义主要包括协调一致、互相配合、沟通合作等。"大思政课"理念下的大学生文化自信教育涉及多方主体、多种资源,需要协同思维来推动。要达成教育目标,不能光靠学校和教师,还需要全党全社会多方面力量的支持与配合,形成协同效应,增强育人合力。一方面,"大思政课"理念下的文化自信教育需要用好历史资源,讲好历史故事。而挖掘和利用历史文化素材涉及多个学科、部门、机构的管理,离不开协同合作。如果主体间没有协同思维,就无法整合相关资源。另一方面,"大思政课"理念下的文化自信教育需要加强实践教学,不断拓展生活素材。而把课堂教学与实践教学相结合,不仅涉及校内各有关部门的协同配合,需要课程设计和教学管理上的协同对接,也需要获得社会有关场所和育人基地的支持和配合,因而需要加强学校和社会各方面育人制度和机制的衔接与贯通,共同担起立德树人、以文化人的育人使命。

## 二、教育场域建构的着力点

### (一)拓展场域空间:课程平台向社会延伸

"大思政课"建设需要从空间上拓展课程格局,使课堂空间由学校延展至整个社会。"大思政课"借助"社会大课堂",依托社会空间,强调课堂内外相结合,挖掘具有育人效应的社会资源,拓展教学活动的主体范围,鼓励探索不同方法和路径,让学生在五彩缤纷的现实生活中体悟,在中华民族源远流长的传统文化中感悟,在革命精神和红色文化的熏陶下成长,感受社会主义先进文化的伟大力量。特别是通过青年学生对中国特色社会主义实践进程中所取得成就与面临挑战的切实体悟,既提升学生对我们所从事的事业的认同与自信,也由此不断增强学生对国家建设与社会发展应有的使命感与责任感,建构具有社会辐射效应的大德育场。因此,历史古迹、博物馆、展览馆都是与思政课教学理论与实践相结合的绝佳场所,可以使大学生在历史与现实的贯通中增强对祖国伟大复兴之路的认可,增强坚定不移走中国特色社会主义发展道路的主人翁意识和信心。

## (二)激活场域优势:促进多种社会资源协同转换

"大思政课"要求调动一切育人主体共同致力于育人实效性提升,应构建教育资源转化的多元协同主体,建设资源转化的生态格局。习近平总书记指出:"要建立党委统一领导、党政齐抓共管、有关部门各负其责、全社会协同配合的工作格局,推动形成全党全社会努力办好思政课、教师认真讲好思政课、学生积极学好思政课的良好氛围。"

"大思政课"的实践育人资源涵括思政课程的实践育人资源、课程思政的实践育人资源、社会与家庭的实践育人资源等,要使多路径的育人实践提质增效就需要高度重视实践育人资源转化的同质性要求与丰富性组合、多样性解读。因此,"大思政课"建设的改革创新需要寻求全社会的力量,重视协调校内外多方面的人力、物力,充分挖掘和运用好社会领域的各类资源,这正是"善用大思政课"推动大学生文化自信教育的现实着力点,也是当前的痛点和难点。难就难在需要在高校教育与社会现实之间建立起对接机制,能及时反映日新月异的社会变化与时代变迁,充分挖掘历史文化资源中的文化自信元素,捕捉利用具有育人效果的鲜活社会素材,按照大学生文化自信教育的标准和要求,进行课程资源转换。因此,"大思政课"理念下的大学生文化自信教育需要建立教学资源的专业化和学科化筛选机制,搭建共建共享的交流与使用平台,将社会成员的价值期待、鲜活的社会素材、多元的社会主体、丰富的社会资源系统纳入课程设计与课程实施中,完成对社会元素的采集、转化及供给,从而形成类型更丰富、形态更多样、覆盖更全面、使用更便捷、合作更畅通的资源库,保证课程教育与社会实践之间形成良性互动,助力"大思政课"的提质增效。

综上,在"两个大局"相互交织、相互作用、相互激荡的时代大背景下,"大思政课"应时而生、应时而用,而"大思政课"理念指引下的大学生文化自信教育作为一项系统工程,也应因时而进,因事而化,因势而新,在扎根实践的基础上梳理打通理路,找准目标、建立原则、明确主体、完善内容、拓展场域,从而为下一步在教育教学实践中优化策略、提升实效提供理论指导和科学方向。

### (三)打破时空局限:充分利用新媒体

传统大学生文化自信教育一般是在固定的时间和地点进行,时空限制性较大,且获取的课程资源有限、学习形式单一、学习渠道狭窄,传统的纸质文字载体既缺乏鲜活性和生动性,又缺乏交互性,内容又容易滞后于现实发展,这些弊端削弱了大学生文化自信教育的功能和成效,不利于大学生文化自信教育活动的灵活开展。而新媒体平台的资源传播路径灵活多元、教育信息丰富生动、传播模式数字交互、传播平台虚拟便捷、资源信息即时快速、表达方式灵活多变、意见表达即时通畅,新媒体的加持和赋能不仅能极大调动大学生的学习积极性与主动性,而且将教育活动从线下拓展到线上,从课内延伸到课外。目前国内高校兴起的线上精品课、微课等,不但为学生提供了更丰富的学习内容,而且资源共享也打破了学校的围墙和地域的限制,优秀的师资吸引了大量粉丝,网络新媒体为他们提供了千里之外的"云"上学习空间,打破了时空局限,提高了教育效率。"云答疑"、流量变现、"吸睛"和"圈粉儿"等网络热词都体现了这一点。

# 第六章 "大思政课"理念下大学生文化自信教育优化模式构建

大学生文化自信能不能自发形成,关键在于教育。善用"大思政课",准确把握"大思政课"之"大",并以此理念为指引,在实践中探索大学生文化自信教育的优化模式,既是推动"大思政课"落深落细落实的需要,也是推动高校思想政治理论课质量革命、激发高校思想政治教育新活力的需要,还是促进大学生成长成才、助力培养担当民族复兴大任时代新人的需要。

文化自信教育,单独依靠学校力量很难实现,需要家庭、学校、政府、社会共同施策,同向发力,形成教育合力;同时,还需要系统科学的教育体系保障支撑。当前,切实增强大学生文化自信教育就要聚焦顶层设计,聚焦关键人员,聚焦关键环节,聚焦关键领域,构建"四大三全"的大学生文化自信教育模式,构筑"大思政课"理念下大学生文化自信教育大格局,实现全员全程全方位文化育人。

## 第一节 聚焦整体机制,构筑统筹协调、同向合力的文化自信教育大格局

习近平总书记在全国教育大会上指出:"办好教育事业,家庭、学校、政府、社会都有责任。"做好大学生文化自信教育,要聚焦整体格局,形成教育合力,国家、社会、高校同向发力,为文化自信教育营造健康多元的育人环境。

### 一、国家层面:抓好顶层设计,把握文化自信教育根本方向

"大思政课"战略定位高,旨在为国家立心,为民族立魂;"大思政课"的战略目标远,旨在培养数以亿万计、接续奋斗的可堪当民族复兴大任的时代新人;"大思政课"战略覆盖广,其直接教育对象和间接教育对象基本涵盖全社会;"大思政课"战略要求高,它要求其组织者、教育者能有大视野、大情怀、大智慧、大格局。所以做好大学生文化自信教育工作,要突出抓好顶层设计,国家层面要

明确大学生文化自信教育对大学生个人成长,对高等教育发展,对提升我国文化软实力和实现中华民族伟大复兴的重要意义,各级各部门要重视大学生文化自信教育工作,完善体系建设,强化组织保障,搭建资源大平台,善用社会大课堂,确保文化自信教育有序有效开展。

## (一)完善体系建设,保证文化自信教育发展方向

大学生文化自信教育体系建设就是要设计建设一整套科学完备的教育制度,明确各部门教育职能,规范培养程序,提供丰富教育资源,制定鼓励和保障措施,做到全员、全程、全方位育人。建设大学生文化自信教育体系,教育、宣传、科技、财政、妇联等部门都有责任,强化责任担当,做到守土有责、守土负责、守土尽责;增强服务意识,服务文化、服务教育、服务大学生。第一,要坚持大中小文化自信教育一体化体系建设,形成一个循序渐进、顺向积累的过程。第二,要坚持家庭、社会、学校、网络教育一体化体系建设,形成一个多元协调的育人环境。第三,要坚持思政课程与课程思政一体化建设体系,形成同向同行、协同育人效应。

总之,大学生文化自信教育体系要扎根中国大地,立足中国文化,在党中央的坚强领导和高度重视下,建立健全文化自信教育体系;各级各部门要把文化自信教育工作摆在突出地位,加快构建高水平大学,推进内涵式发展;把文化自信教育提升到教育战略地位,落实文化自信教育全民化、终身化、民主化、信息化,把大学生坚定文化自信作为人才培养关键环节,把文化自信教育工作贯穿人的成长始终和全部生活;形成各部门齐抓共管的工作格局和常抓不懈的长效机制,实现全员、全程、全方位育人。

## (二)强化组织保障,确保文化自信教育有序有效开展

大学生成长受多方面因素影响,要取得积极有效的教育效果,关键在于强化组织保障,整合、发挥、协调各方面的力量,充分调动学校、社会、家庭等多元主体,协同发力为大学生文化自信教育提供和谐互动的外部生态环境,打破教育"孤岛"困境,实现优势互补,真正形成"育人共同体",确保文化自信教育有序有效开展。探索建立科学的文化自信教育保障体系,涵盖文化自信教育具体相关制度、队伍建设、考核评价等方面,为文化自信教育提供制度保障、人才保障、技术保障、激励保障。

首先,建立大学生文化自信教育的规章制度,确保文化自信教育有章可循,有理可依,如 2017 年中共中央办公厅、国务院办公厅印发《关于实施中华优秀传统文化传承发展工程的意见》,就为当下按照一体化、分学段、有序推进的原则,加强中华优秀传统文化教育提供了教育依据。当前,教育主管部门必须真实掌握大学生思想文化动态,遵循大学生意识特点和发展规律,强调针对性、注重科学性地建立教育指南。

其次,推动文化自信教育多部门育人机制,整合多方教育资源、协同各学科的教育工作者、聚合全社会的力量,切实发挥教育系统的整体育人功能,共同建设大学生文化自信建设大格局。在多部门合力育人作用下,优化其工作机制、提升其工作效能,为助力中国梦的实现夯实组织保障。

最后,完善大学生文化自信教育多主体育人机制,让文化素养扎实的人讲文化,文化信仰坚定的人讲文化自信。习近平总书记强调:"办好思想政治理论课关键在教师,关键在发挥教师的积极性、主动性、创造性。"此外党政领导、专业课教师、辅导员、企业骨干、基层干部等都是育人的主体,高校要创新机制体制,此外还有家长、社会成员等,尤其是社会中的正能量意见领袖、知名人士、网络达人等都可以成为教育主体。

### (三)搭建资源平台,确保文化自信教育资源共建共享

"大思政课"理念下的大学生文化自信教育涉及面广,需要自上而下、多部门多主体联动,强调突破传统资源局限,统一资源调配,确保文化自信教育资源共建共享。根据 2022 年教育部等十部门印发的《全面推进"大思政课"建设的工作方案》的通知要求,搭建大资源平台是推进"大思政课"建设的重要着力点之一。根据要求,第一,建设全国高校思政课教研系统。教育部建设"全国高校思政课教师网络集体备课平台"网络支持系统、"青梨派"大学生自主学习系统、高校思政课教学创新中心资源开发系统、高校思政课教学指导委员会指导审核评估系统、高校思政课教师基础数据系统、高校思政课教师研修培训系统等为一体,共建共享、系统集成、全面覆盖的全国高校思政课教研系统。第二,推进国家智慧教育平台建设使用。教育部把"大思政课"摆在教育信息化的突出位置,加强国家智慧教育平台思政教育资源建设。通过项目支持的方式,推动教学资源建设常态化机制化。组织开发和推荐一批科学权威实用的课件、讲义,推动一线教师统一使用。第三,打造网络教育宣传云平台。教育部会同中央网

信办等组织开展"大思政课"网络主题宣传活动,鼓励师生围绕思政课教学内容创作微电影、动漫、音乐、短视频等,建设资源共享、在线互动、网络宣传等为一体的"云上大思政课"平台。各地各校用好"学习强国"等平台,鼓励思政课教师积极参加中央和地方主流媒体的政论、时政节目,广泛传播党的创新理论。这些来自"国家队"的高水平国家级资源平台覆盖面广、影响力大,为大学生文化自信教育提供了提质增效的重要保证。

## 二、学校层面:健全人才培养体系,推动高校文化内涵育人

2018年,习近平总书记在北京大学师生座谈会上指出:"人才培养体系涉及学科体系、教学体系、教材体系、管理体系等,而贯通其中的是思想政治工作体系。加强党的领导和党的建设,加强思想政治工作体系建设,是形成高水平人才培养体系的重要内容。"文化自信教育作为人才培养的重要内容,关乎文化、关乎教育、关乎发展。学校层面要注重文化内涵发展,健全人才培养体系,突出文化自信教育,将文化自信教育融入课程体系、教材体系、管理体系,推动高校全员、全程、全方位育人。

虽然高校当前很少开设文化自信教育的专属课程,但是高校思想政治理论课、各专业课程以及文化选修课程等课堂教学中都或多或少地渗透着文化自信教育,而且彼此相互贯通又各有侧重,共同助力增强大学生文化自信。课堂建设,是一个古老而常新的话题,可与教育发展共始终。课堂是学生系统学习知识的主要场所,也是实现立德树人根本任务,实现以文化人、以文育人的主渠道。因此,新时代大学生文化自信教育,坚持思政课程与课程思政的有机结合,着力挖掘思政课程、专业课程中丰富的文化自信教育资源,深入推进教学方法和教学手段的创新,全面提高课堂教学的实效性、针对性,有意识地把文化自信教育融入高校各课程之中,让学生在愉快轻松的课堂中感悟中国文化的深刻内涵,体验中国文化的独特魅力,坚定中国文化的情感信仰,并自觉投身于文化发展实践之中。

### (一)夯实思想政治理论课主阵地,推动主渠道教学改革创新

课堂教学是"大思政课"教学的主渠道,承担着思想教育和价值引领的首要责任。习近平总书记曾说:"要用好课堂教学这个渠道,思想政治理论课要坚持在改进中加强提升思想政治理论教育的亲和力和针对性。"强调高校思想政治

理论课培育大学生文化自信的必要性是课程的内在要求。高校思想政治理论课作为培育大学生文化自信的主阵地和主渠道,发挥着政治引领的作用,能够帮助大学生树立文化自信认知、培养大学生文化自信情感认同、启迪大学生文化自觉,促使大学生自觉地承担起发展繁荣民族文化复兴的历史使命。

根据《全面推进"大思政课"建设的工作方案》要求,各高校需要建构党的创新理论研究阐释和教育教学的自主知识体系,优化思政课教材体系。这就需要思政治教育工作者加强对教材整体性的研究,及时修订思政课统编教材,将党的创新理论最新成果有机融入各门思政课,把握每门课程培育文化自信的重点,发挥不同课程的特点与优势,主动将每门课程的文化自信教育重点进行树立和衔接,深化和整合不同思政课教材中文化自信教育的相关内容,完成教材与教学内容的完美转化。"思想课"科学引领新时代大学生形成广泛的价值共识,在新征程上形成坚定的文化自信;"德法课"培育大学生文明素养与爱国情怀,引导大学生进德修业、立己成人;"原理课"深化文化理论知识,培育学生树立辩证的文化观思维;"纲要课"讲好近代历史文化侵略与民族精神,增强学生文化自信心;"概论课"突显文化时代性和现代性内容,引导大学生关注时代变化与当下现实困境;"形策课"补充文化政策时效性,培养学生对时政的关注度和对党的文化政策认同度。

## (二) 建强思政课课程群,推动文化自信教育融入课程思政

习近平总书记在全国高校思想政治工作会议上指出:"要用好课堂教学这个主渠道,各类课程都要与思想政治理论课同向同行,形成协同效应。"除了思政课程以外,文化自信还广泛存在于理学、工学、文学、历史学等 13 个学科门类中,其中,文学、历史学、艺术学、教育学等尤为突出,因此各高校在推进落实大学生文化自信教育过程中要坚持思政课程与课程思政一体化,形成同向同行、协同育人效应。在加强思政课自身建设的同时,其他课程要守好一段渠、种好责任田,发挥好与思政课程同向同行的协同育人作用。按照《高等学校课程思政建设指导纲要》的要求,全面推进课程思政建设,就是要将价值塑造、知识传授和能力培养三者融为一体,在人才培养过程中推动专业课堂与文化自信教育的深度融合,使大学生在获得专业技能和知识的同时感受文化魅力、涵养人文情怀、塑造文化人格。

第一,构建文化自信教育课程思政的学科体系。以中国特色社会主义文化

为指导,将中华优秀传统文化、革命文化、社会主义先进文化有机融入各学科中,用各学科专业特点去阐释文化自信,讲好中国故事。或者大胆设想,成立多学科交叉的文化学学科或者人类文化学学科,旨在钻研人类文化学,在人类文化学对比研究中坚定中国文化自信。

第二,深化文化自信教育课程思政的课程体系。课程体系、教材体系是文化自信教育的有效载体,有助于将显性思想政治教育和隐性思想政治教育相统一,形成协同效应。因此,要着力解决好专业教育和思政教育"两张皮"问题,深入挖掘各类课程和教学方式中蕴含的文化自信资源,明确培养目标,以专业课程为载体通过教育手段达到大学生对中国特色社会主义文化自信的坚定信心和发展信念,为提高文化软实力、建设社会主义文化强国贡献力量。要实现这一培养目标,就要以中华优秀传统文化、革命文化、社会主义先进文化为教学内容,遵循大学生思维意识生成过程,通过开设古代文化类课程、近代史专项课程、东北抗联精神专题课程等文化专门类课程或者哲学社会科学专题类课程等,循序渐进地深化大学生的文化认知、文化认同和文化信心;通过有意识地把专业课中的文化自信教育资源在备课时挖掘出来,把理想信念、职业道德、工匠精神、奉献社会等文化自信元素贯穿于专业课教学中,既增强学生学习专业课程的热情,又拓宽和丰富大学生的文化视野,实现专业课与文化自信教育的"跨界组合",让专业课上出"文化味儿",实现提升学生专业能力和文化素养的双重目标,达到最佳育人效果。

第三,完善文化自信教育教材体系。教材体系是育人的关键。教材体系最直接、最鲜明的体现"教什么",直接影响"教给谁",一定要确保教材内容的知识性、真实性和科学性,来不得半点虚假,正视历史,正视问题,必须确保让学生"吃"到的是干净、纯洁、丰富的文化食粮。邀请学术水平高、思想认识到位、责任意识强的文化名家、思想专家站在尊重史实、联系现实的高度,编撰高水平、有温度、接地气的教材,丰富教材体系。

## (三)实施教学考核评价改革,建立多元灵活评价体系

教育评价精准与否,主要取决于评价方式是否科学。完善相关的评价方式,才能提高文化自信教育质量,更好地促进文化自信教育的创新与发展。教学评价以往都是以教师评价为主,若推动学生主体性作用的发挥,就要进行创新转变,采取主体多元的评价方式,在教师主评、同学互评、学生自评之间开展。

第一,教师主评。无论是文化自信教育课堂还是其他专业课程,教师主评在教育评价中占据主要地位,教师是文化自信教育课程的讲授者,充分了解学生在文化自信教育过程中的学习情况。传统的考评方式就是以期末考试成绩为基准,了解学生对文化理论知识的掌握程度,实际上这并不全面。教师主评的内容也要同步进行转换和扩充,从只依靠考试成绩和考核结果来进行评价,转变到针对学生平时所表现出来的文化素养、在学习中国文化过程中的学习态度、在课业任务中主动性和学习能力的体现、课外对文化自信教育活动的参与情况等进行评价。改变分数定高低,减少考试分数占比,突出学生在文化自信教育过程中个人的文化素养、知识积累和实践活动情况等。

第二,同学互评。朝夕相处的同学对彼此之间的情况最为了解,能够做出比教师更多方面的评价。同学之间一同参与文化自信教育课程中,对彼此的学习态度、在课堂中的认真程度、小组之间的讨论情况、作业的完成度、参与文化实践活动的意愿以及生活中的思维特点和学习意愿等都会比较了解,能看到教师在课堂上掌握之外的情况,评价起来比较客观,也能进行相互学习和相互参照。学生之间的客观评价更加便于看到文化自信教育课程在学生身上所发挥的作用和产生的变化。所以,同学互评是教学评价的一个重要的参考。

第三,学生自评。前面提到文化自信教育教学中评价主体教师占比比较大,掌握着教学评价的主导权。传统的单一的评价方式既不客观也不科学,仅凭课堂表现和考试成绩来评判学生的学习和掌握知识的情况,并不能真正了解到学生对中国文化的学习态度、学习意愿以及学习习惯等。当前高校里会存在一些学生到文化考试周就突击背诵,临时记忆,也能在考试中取得较好成绩的现象,这并不能代表文化自信教育取得了良好的教育效果。通过学生自评,让学生自己评价自己在文化自信教育过程中的表现,分析自己的学习行为和对文化自信教育教学内容的践行程度,在一定程度上克服了单一主体评价的弊端,使文化自信教育教学评价方式更加客观。

## 三、社会层面:着力构建文化自信教育的多元支撑

文化建构着社会,社会作用着文化。"社会是最大型的人类团体,是拥有共同文化遗产的一群人所组成的。文化通过社会中的成员代代相传,甚至利用语言文字、艺术、录像或其他表现手法,来保存特有的文化。"习近平总书记指出,"大思政课"要结合现实才有生命。而当今时代最鲜活的实践就是中国共产党

领导下的中国特色社会主义。因此,大学生文化自信教育要将文化回归社会,回归大学生喜闻乐见的社会存在,从中国共产党理论探索的百年历史中深挖红色资源,从中国特色社会主义的伟大实践中发掘现实资源,在社会中寻求文化自信教育的多元支撑。

## (一)深入实施文化惠民工程

文化学习是人的基本需要,但特定环境下也是人的更高需求。当今社会仍然存在文化发展的不均衡、不平衡,尤其是偏远地区、弱势群体等迫切需要文化教育,既是提升自我也是影响后人。实现全民共享、全面共享文化发展成果,必须深入实施文化惠民工程。第一,加强文化基础设施建设。以政府为主导,社会为主体,秉承公益性、基本性、均等性、便利性原则,深入实施文化惠民工程。建设城乡一体化的文化基础设施、文化公共服务网络,全民共享文化发展。第二,加强社会保障体系建设。完善城镇居民保险制度,统筹城乡社会救助体系,关爱残疾人康复发展,全力解决人民生活问题,确保人民大众有精力有能力重视文化,提升文化。第三,大力开展全民继续教育学习。鼓励受教育水平低的人群积极参加继续教育学习,继续教育学习可以政府出资也可以工作单位资助,或者收费很低,但不能增加群众负担,只为提高全民的文化水平。第四,着力加强社会心理服务体系建设。当今社会很多人思想遭遇分裂,精神倍感压力,出现亚健康,所以要格外注重人文关怀和心理疏导,着力提升公民道德素质,培育积极健康、理性平和的社会心态。

## (二)创新文化自信宣传教育大众传媒平台

大众传媒这把双刃剑带给大学生文化冲击、思想碰撞的同时也带来新奇感受和感性体验。通过调查问卷可知,大众传媒是大学生了解中华优秀传统文化、革命文化、社会主义先进文化的主要途径。加强大学生文化自信教育,要充分运用、创新使用大众传媒手段,以浸润式的方法让大学生获得积极的文化认知和情感体验。创新电视文化综艺节目、影视作品、创意广告与中华优秀传统文化、社会主义先进文化的融合方式,让大众传媒宣传文化、服务文化。发挥报纸、杂志、书籍传统纸质传媒的独特优势,以可触可存的优势深得大众的喜爱,要继续发挥其在文化传承和思想教育上的作用。开设社区、乡镇图书阅览室等公益文化学习场所,搭建全民学文化平台,尤其重视农村基础文化建设,保证书籍品位质量、更新频率。建设儒家文化、红色文化、百年中国共产党等专题网站、应用程序、公众号,综合运用图文影音等手法生动展示中国文化,全方位、多渠道增强大学生文化认知和文化自豪感。

### (三) 重塑文化产业文化事业的育人功能

文化产业、文化事业是社会主义文化建设事业的重要主体。近些年,我国的文化产业文化事业强势发展,取得了丰硕成果,但仍存在一些问题,我们必须运用批判与建设的思维审视文化产业文化事业的发展,使其充分发挥育人作用。当前,寻求大学生文化自信教育的多元有效支撑点,文化产业文化事业的育人作用不能忽视。文化事业是公益性文化单位为广大群众提供的文化活动。正因为是公益性的社会存在,一定程度上削弱了文化事业单位的积极性、主动性和创造性,导致文化内容创新不足,文化活动力不够,文化服务意识不强等现象发生,影响文化受众的文化获得感和满足感。文化产业是市场经济的产物,是以营利为目的的文化传媒企业,为追逐经济利益,文化传媒企业会从文化受众需求出发,迎合大众口味,批量生产出内容不一、思想不高、内涵浅薄的文化产品,长此以往,逐渐消费人民群众的文化品位和内涵。大学生作为文化产业和文化事业的重要"消费群体",加之自身文化批判意识不强,很容易受其影响。所以,为大学生文化自信营造良好的教育环境,必须规范文化事业和文化产业的发展,在批判中建设,启动文化"供给侧结构性改革",从满足群众精神需求出发,创新文化活动形式,提升文化产品思想性和艺术性。一方面,加大对文化事业的资金投入和创新支持,激发文化公益主体的市场化发展;另一方面,规范文化产业的发展,加强文化产品的审核,提升文化产品质量,监管文化传播渠道。协调发展文化事业和文化产业,更好地发挥文化育人作用。

## 第二节 聚焦关键人员,构建全员参与、多元协同的文化自信教育大主体

人是实施大学生文化自信教育的关键主体。教育涉及每一个人。个体的人同时扮演着教育者与受教育者的角色,时刻存在于教育与被教育中。从广义上看,每个人都是大学生文化自信教育的教育者,都在有意识或无意识地传递

着文化信仰、文化观念、文化行为等。在这个意义上,可以说父母是大学生最早的文化自信教育者,老师则很可能是影响最深的教育者,周遭的每一个人都是其文化自信的教育者,教育或多或少,影响或深或浅。加强大学生文化自信教育,就是要聚焦关键人员,形成教育者"角色丛",充分发挥教师、家长、先进模范的教育力量和最重要的教育力量——自我教育,实施全员参与的文化自信教育体系。

## 一、突出教师在文化自信教育中的主导作用

教师是传递知识、传播文明的专职人员,是大学生文化自信教育的主要实施者。新时代"大思政课"倡导大学生文化自信教育的教师主体要成为"大先生"。习近平总书记强调指出,教师不能只做传授书本知识的教书匠,而要成为塑造学生品格、品行、品位的"大先生"。社会认同、大众敬仰、学生崇拜、经得住历史检验,是判定"大先生"的基本指标。

增强大学生文化自信教育,要突出发挥好教师职业的专业性、复杂性、创造性、示范性的劳动特点,明确文化自信教育为谁教、教什么、交给谁、怎么教这一根本问题。为谁教是根本,教什么是核心,怎么教是关键,三者互为前提,互相促进。

### (一)明确文化自信教育为谁而教

大学生文化自信教育是为人民服务的,为中国共产党治国理政服务的,为巩固和发展中国特色社会主义制度服务的,为改革开放和社会主义现代化建设服务的。

为人民而教。人类创造文化,文化作用人类,文化是具有人的属性的活动的产物。马克思主义唯物史观认为,人民是历史的创造者。同时,为人民服务也是中国共产党的根本初心和坚定使命。大学生是人民中的特殊群体,是中华民族伟大复兴的关键力量。只有牢固树立为人民服务的理念才能真正做到在文化自信教育中永葆初心,以大学生为中心,真正从大学生思想、情感、认识的实际出发,想大学生所想,及大学生所及,遵循符合大学生文化自信意识生成的规律,开展有底气、有灵气、接地气的大学生文化自信教育。

为中国共产党治国理政而教。习近平总书记强调,坚定道路自信、理论自信、制度自信,说到底是坚定文化自信。文化自信是更基础、更广泛、更深厚的

自信;文化自信是更基本、更深沉、更持久的力量。当前,在大学生中广泛开展文化自信教育,就是要大学生坚定中国特色社会主义道路自信,新中国成立70多年,改革开放40多年取得的举世瞩目的辉煌成就,根本原因就在于我们走出了一条适合自己发展的特色道路;就是要大学生坚定中国特色社会主义理论自信,马克思主义是经实践检验的中国共产党的"真经",要结合中国现实和时代发展,活学活用,用好这本"真经";就是要大学生坚定中国特色社会主义制度自信,中国特色社会主义制度汲取了中国文化5 000多年的精神养分,形成于中国共产党近百年的实践探索,扎根中国大地,是"独版"和"绝版";就是要大学生坚定中国特色社会主义文化自信,中国特色社会主义文化有中华民族5 000多年优秀传统文化为根,有党和人民伟大斗争中形成的革命文化和社会主义先进文化为魂;就是要为中国共产党治国理政"培养合格建设者和可靠接班人"。

为实现中华民族伟大复兴而教。实现中华民族伟大复兴是近代以来最伟大的梦想,是几代人的美好夙愿。中华民族的伟大复兴是全方位的复兴,"没有高度的文化自信,没有文化的繁荣兴盛,就没有中华民族伟大复兴"。要实现中华民族伟大复兴,必须坚定文化自信。只有坚定文化自信,才能有效推动中国文化的繁荣兴盛,才能切实提高中国文化软实力,才能建设社会主义文化强国,实现中华民族伟大复兴。青年大学生是实现中国梦的主要力量,而他们的思想意识容易受到外界因素影响,所以要充分调动大学生为中国梦的实现贡献力量,就必须增强文化自信教育,使大学生在文化信念、价值理念、道德观念上紧紧团结起来,继承和弘扬伟大的民族精神、时代精神,披荆斩棘,勇往直前。

### (二) 明确文化自信教育教什么

教什么是大学生文化自信教育的核心。思政课教师、专业课教师、辅导员要以各自学历专业为背景,充分运用现代教育传媒技术,融合改革开放40年辉煌成就和新时代的伟大变化,阐释好中华优秀传统文化、革命文化、社会主义先进文化,强化理想信念教育。

在讲明理想信念上下功夫。理想信念是大学生全面发展的健康指南,是大学生砥砺前行的源源动力,需要经历自我觉醒、自我实现、自我超越的艰难过程。大学生文化自信的建立,时刻受到传统与非传统的意识形态斗争和安全威胁,而当代大学生作为思想张扬、个性独特、追求独立、精致利己、理性不够、感性十足、辨识能力不高的新生代,很容易受到历史虚无主义、文化虚无主义等思潮影响,出现理想信念不坚、道德素质滑坡、蔑视民族文化等危机。增强大学生文化自信首先要在讲明坚定理想信念上下功夫,教育引导大学生树立共产主义远大理想和中国特色社会主义共同理想,增强"四个自信",立志实现中华民族伟大复兴。

在讲清马克思主义和"三大文化"上下功夫。大学生文化自信"信什么"教师就应该以问题为导向直接"教什么"。文化自信来源于中华民族 5 000 多年的中华优秀传统文化,熔铸于中国人民在革命、建设、改革中形成的革命文化和社会主义先进文化。大学生文化自信教育关键要讲清楚这"三大文化"的历史由来、发展脉络和形成过程,讲清楚"三大文化"的文化精髓、历史坐标和时代价值。从古代中国的文化辉煌、近代中国的文化探索到中国共产党选择马克思主义、拯救中国文化、创造中国文化再到改革开放之后逐步探索形成的中国特色社会主义文化,用历史与现实、理论与实践结合的方法演示好文化自信的丰富内涵,激发大学生在文化交流、文化交融中坚定文化自信。

在讲透新时代的辉煌成就上下功夫。新中国成立 70 多年,改革开放 40 多年,我国经济、科技、教育等方面突飞猛进,取得举世瞩目的辉煌成就。尤其是党的十八大以来,我国经济实力、科技实力、教育实力大幅跃升,一大批具有标志性意义的经济、科技成果涌现,实现了中华民族由"站起来""富起来"到"强起来"的华丽转身,正在朝着国家富强、民族振兴、人民幸福的中国梦坚强迈进。增强大学生文化自信教育,思政课教师、专业课教师、辅导员要大力发挥第一课堂、第二课堂的育人作用,充分运用现代教育传媒手段,及时、生动展示好中国特色社会主义的伟大成就、辉煌成果和宝贵经验,阐释好成就背后的深层次原因,提升大学生的道路幸福感、制度优越感和理论认同感。

(三)明确文化自信教育怎么教

在大学生文化自信教育中,教师作为文化自信主要传授者,首要的是自己坚定文化自信,深刻理解文化自信从哪来,文化自信到哪去的基本问题,做到真知、真学、真信。同时,还要研究大学生的文化需要,实行"供给侧"改革。

组建专业育人团队,规范要求,强化沟通,协作育人。当前我国高校思政课教师、专业课教师、辅导员归统于不同的管理系统,存在沟通不畅或根本没有沟通的堪忧情况,直接导致对学生文化自信现状掌握不清不准不透。切实加强大学生文化自信教育,要从大学生思想实际出发,组建专业育人团队,弥补思政课教师、专业课教师、辅导员的职业育人缺陷,强化专业互补,实现专业育人;强化三者的有效沟通,紧密协作,无缝对接,将沟通协作日常化、规范化、实效化,实现协作育人;强化专业技能培训,邀请文化名家、政治大家、教学专家传经送宝,提升教师的政治觉悟、文化素养和教学能力,实现科学育人。打造一支政治素质过硬,思想作风精良,文化内涵深厚的文化自信专业教育团队,言传身教,信仰中国特色社会主义文化,坚定文化自信,传播文化自信,践行文化自信。

组织开展专题教学,实现知识传授、价值引领、行动转化同频共振。当前高校的教育模式是各战线单独作战,思政课教师侧重讲授思想道德修养、中国特色社会主义理论体系、近现代史和国际形势热点分析,专业课教师注重某一学科专业知识讲授和技能培养,辅导员则注重日常学生思想政治教育和行为养成。要切实加强大学生文化自信教育,就要整合现在的教育教学资源,开展文化自信专题教学,将中华优秀传统文化、革命文化、社会主义先进文化精髓深入挖掘,有效整合,形成历史性与现实性、理论性与实践性、科学性与针对性相结合的专题。如关于中华优秀传统文化"忠孝"专题,先由汉语言文学专业课教师完成基本内涵的专业阐释,再由思政课教师将其提升到社会主义核心价值观教育阐释环节,最后由辅导员组织开展落实,完成"忠孝"这一传统文化的现实转化与践行。由此,大学生们完成了"忠孝"专题学习,深刻领悟了中华优秀传统文化"忠孝"从哪来、到哪去、怎么去的问题。

创建专项类文化研学社团,突出文化特色,强调研学过程,在研学中坚定文化自信,践行文化自信。大学生社团是高校校园文化建设的重要载体,是大学生实施自我锻炼自我提升的重要平台。增强大学生文化自信教育,就要让大学生文化自信教育落地,文化自信专业教育队伍要真实了解大学生关于文化自信的兴趣点在哪,知识"盲区"在哪,薄弱环节又在哪,基于中国特色社会主义教育需要,从大学生兴趣爱好出发,指导学生成立集政治性、思想性、文化性、知识性、多样性等特点于一体的专项文化研学社团,如红色文化研学社会、传统儒家人文化研学社团、习近平新时代中国特色社会主义思想学习社团等。教师要牢牢把握研学社团的根本方向,给予知识指导,重点激发每一位学生学习的积极性和主动性,吸引广大学生深入研究某一专项文化,创新性发展创造性转化,搭建平台,创造机会,鼓励院系间、社团间、校际文化交流,在研学中坚定文化自信,践行文化自信。

## 二、驱动大学生主体自我文化教育动力

大学生文化自信教育不能仅仅依靠外部力量,更重要的力量也是关键力量在于自我主体的文化教育。"自我"在西方心理学中是一个笼统的概念,心理学家们各持己见,但却在"知、情、意"的形式上基本达成一致,即强调"自我认知""自我体验""自我调控"。自我动力的驱动力量要远远高于各种外力灌输影响。大学生文化自信教育关键是激发自我文化教育内生动力,驱动自我文化认知,自我文化体验,自我文化提升,完成文化自信的自我教育。

### (一)读原文、学原著、悟原理,在认知中夯实文化自信

大学生的第一要务就是学习。坚定文化自信,要从学习文化开始。学习就必须求真学问。当下,科技的进步改变了大学生的学习形式和阅读方式,"网不离手"的大学生更多依赖电子书、有声书,更乐于浏览公众号、网文等,碎片化的信息、快餐式的文化、泛娱乐化教育一定程度上正在奴役着大学生,导致大学生逐步丧失思考能力、领悟能力和鉴别能力。夯实大学生自我教育基础,就要从认认真真、原原本本读优秀传统文化经典、读马列经典、读专业经典开始,在经典著作中掌握基本理论,从整体上把握中国文化的内涵、精髓、发展,增强文化自觉,夯实文化积累;在经典学习中培养理论思考能力,提高理论思维能力和文化思辨能力,增强文化认同,坚定文化自信;在阅读经典中养成历史思维、辩证思维和创新思维,在体悟中汲取真理力量,激发文化自信的内生动力。

### (二)走出课堂、走向校园、走进社会,在体验中感悟文化自信

文化自信不单源于经典文献,还存活于广袤的中华大地,一草一木,一亭一阁,一城一地皆表现文化。大学生要坚定文化自信,必须走出书本,走向校园,走进社会。在浓郁特色的校园风光中感受学校文化之美,在丰富多彩的校园文化活动中体验文化之乐,在体验中完成文化知行转化。在历史遗址、名胜古迹、名人故居的参观学习中驱动自我文化思考,要探究"物"背后的历史和人文精神,结合经典阅读和课堂学习,增强对文化的真切感知和真实感受。如参观各城市规划馆,大学生就能真切地感受到城市翻天覆地的变化和未来的美好发展,更便捷的交通、更高水平的生活、更绿色的生活环境等,而这些都受益于中国共产党的坚强领导、中国特色社会主义道路和中国特色社会主义制度,也更

加坚定了文化自信。

(三)深入文化"请进来""走出去",在交流中坚定文化自信

文化自信不单要立足中华优秀文化之上,还要放眼世界,互鉴学习,加强文化"请进来""走出去",在交流交往中坚定文化自信。大学生作为思想开放、性格活跃的青年力量,要主动参与、创造条件,积极组织大学生文化交流的平台载体,以文化为纽带,以活动为桥梁,深化民族大学生文化交流、两岸大学生文化交流和中外大学生文化交流。如通过"一带一路"沿线国家和地区大学生文化交流,增强文化的碰撞和思想的交流,在文化交流中实现文化传播和文化贸易,感受中国文化的知名度、美誉度和曝光度,坚定文化自觉和中国文化自信。积极参与少数民族间大学生文化交流,在交流中感悟中国文化的博大精深和色彩缤纷,坚定民族文化自信。大学生更要多多参与专业文化学术交流,如语言学术交流,在专业学习中提升文化认知,在专业交流中增进文化认同,坚定文化自信。

### 三、突出家长在文化自信教育中的渗透作用

随着现代教育的发展,"学校教育的发展导致学习由家庭向学校大量迁移。这不仅表现在职业培训方面,也表现在日常的教育实践方面。不过,家庭仍然担负着培养有社会能力的个体所必需的很多因素的传递"。家庭是人生的第一所学校,家长作为孩子的第一任老师,要发挥好独特优势,培养孩子高尚道德情操、优秀文明素养、良好行为习惯,帮助孩子扣好人生第一粒扣子。尤其是文化这一如影随形的客观存在,家长日常语言、行为、思想的熏陶感染显得尤为重要。在调查问卷中显示,大学生认为家风家教、家长的受教育水平、职业类型、经济收入和文化氛围直接影响大学生文化自信。整体上看,家长学历水平高的大学生对中华优秀传统文化、革命文化、社会主义先进文化的认知更深、认同更高,践行意愿更强;家庭文化氛围浓郁的大学生对文化自信教育氛围满意度更高。由此可见,良好的家庭熏陶对大学生文化自信养成至关重要。

(一)发挥家教家风的常态育人和长效育人作用

"家庭是社会的基本细胞,是人生的第一所学校。不论时代发生多大变化,不论生活格局发生多大变化,我们都要重视家庭建设,注重家庭、注重家教、注

重家风,紧密结合培育和弘扬社会主义核心价值观,发扬光大中华民族传统家庭美德。"习近平总书记的这一重要表述,深刻阐明了涵养新家风与弘扬传统家庭美德的重要性。继承家风中蕴含的优秀传统文化,既是延续中国文化血脉的重要举措,也是完善大学生文化自信教育的应有之义。所谓家风就是一个家庭或家族的传统风尚或作风。家风中蕴含着中华传统文化的美德精粹,滋养了一代代中国人。继承和发扬家风中蕴含的优秀传统美德,需要着重突出家风在塑造个人高尚道德修养中的重要作用。良好家风的引领,对于个人心灵成长、智慧累积,特别是在个人道德品质塑造方面,具有不可估量的作用。

### (二)发挥家长言传身教的隐性引导作用

家庭教育对大学生文化气质、品格的形成往往具有最直接、最基础的影响,其作为隐性教育所具有的原始性、基础性作用,是其他教育主体所无法做到的,子女在潜移默化中接受的感染、熏陶,是认知的循序渐进,是价值认知的自然形成,因此要充分发挥家长言传身教的隐性导向作用,实现同其他教育主体的合力协作育人功能。

第一,家长要适度纠偏家庭教育的功利化倾向。"人是工具性与目的性的统一。"长期以来家庭在文化自信教育过程中过度注重社会价值,强调"工具性价值",即注重通过文化知识的习得获得高分、评优、加码等功利性目的,而忽视个人文化素养的提升、文化气质品格的形成等"目的性"价值,许多时候背离文化自信教育的初衷。这一切重要的诱因就是家庭教育目标的功利化倾向,为了同高校教育实现合理协同的教育效果,必须对这种功利化倾向进行适度纠偏。因此,家长要树立全面发展的教育观,不单要注重数理化生等学科文化知识的学习,还要注重人文素养的提升、文化气质品格的形成,注重对其进行中华优秀传统文化的熏陶和灌输,对中华传统美德的日常培育和教化,对革命历史和英雄人物的讲述和刻画,给大学生感性的心灵埋下真善美的种子和坚实的文化基因,实现大学生全面发展,成为德才兼备的时代新人。

第二,家长要主动营造良好的家庭文化熏陶氛围。良好家风以及家庭文化氛围的营造对于大学生文化自信教育是一种有益补充,能够完善文化熏陶体系,助力大学生文化自信的养成。其一,注重家长自身的言传身教。家长要主动学习文化知识增强自身文化素养,要坚定中国特色社会主义文化自信,主动进行社会主义核心价值观教育,增强孩子对主流价值观念的认同,增强对子女文化自信教育的能力。家长在告诫子女与人和善、尊老爱幼、关爱他人等待人接物原则时要以身作则,发挥榜样示范作用。其二,注重仪式感教育。家长在庆祝传统节日时要增加节日气氛的营造。比如,庆祝端午节时可以带领子女去郊外采摘艾草、挂五彩葫芦、佩戴五彩线、手工包粽子等,在这些实践仪式中获得文化意蕴的涵养,增强文化对大学生的熏陶作用。其三,树立正确的文化消费观。进入全面建设小康社会阶段,人民的钱包越来鼓,精神文化层面的需求明显上升,文化消费在家庭支出中所占比重越来越大。然而部分家长却将文化消费当作一种攀比,而忘却文化消费的主要目的是提高精神境界。因此家长在大学生文化自信教育中要注重树立正确的文化消费观,多带大学生去图书馆、艺术长廊、画展、摄影展等有文化气息的地方,使子女在文化消费中获得精神熏陶、提升文化修养。

### 四、突出典型人物在文化自信教育中的激励作用

先进模范作为特殊的文化存在形态,为人指引前进的方向,给人以纯洁的思想启迪,予人以无穷的榜样力量。先进模范并不是高深莫测,遥不可及,而是就在我们身边,他们或民族脊梁、或国家楷模、或时代先锋、或草根一族,他们或耄耋花甲、或而立不惑、或豆蔻年华、或乳臭未干,他们在各自的岗位,用实际行动诠释着爱国、敬业、孝悌、友爱、担当等中华民族传统美德。先进模范人物事迹是大学生文化自信教育最生动的教学资源,是最真实的教学案例,是最有效的教学手段。当前,增强大学生文化自信教育,尤其要充分发挥好先进模范人物的示范激励作用。

### (一)发挥先进典型模范人物的榜样激励作用

习近平总书记指出,人民有信仰,国家有力量,民族有希望。先进典型、模范人物是在革命、建设、改革各个历史时期涌现出的杰出代表和精神旗帜,具有很强的精神价值、文化价值和教育价值。隐姓埋名、以身许国、阔别家乡 30 载的核潜艇之父黄旭华,60 多年深藏功名、朴实纯粹的老英雄张富清,默默坚守、无怨无悔守岛卫国 32 年的王继才,35 年如一日奋战在扶贫攻坚和科技创新一线的李保国,淡泊名利、至诚报国、教书育人的时代楷模黄大年,舍己救人、大美大爱的"最美教师"张丽莉,葬身火海、永远铭记的 31 位凉山救火英雄,扎根边疆、爱国奋斗,教书育人的哈工大"八百壮士",将 30 岁的生命奉献给脱贫攻坚

第一线的"最美奋斗者"大学生村官黄文秀……这些先进模范人物用实际行动诠释了中华美德、时代精神和理想追求,弘扬了中华优秀传统文化、革命文化、社会主义先进文化。加强大学生文化自信教育,就是要充分依托这些"国民榜样",全社会大力开发利用现代化、信息化的教育传播手段,广泛播撒道德火种,引发蒲公英效应,让大学生成为学习中华美德、传播中华精神、坚定中国文化自信的坚强主体。

(二)突出朋辈大学生的示范引领作用

高校要着重从大学生思想实际和精神需求出发,通过评选大学生年度人物、大学生道德模范人物(群体)、大学生自强之星等活动载体,深入挖掘大学生中的先进典型和感人事迹,广泛宣传,激发朋辈的示范引领作用,增强大学生与先进人物、励志精神的亲密度、紧密度和契合度,让大学生真切地感受到模范就在我身边,真实地感悟到这就是中国精神,这就是中国文化产生的强大力量。其实,相比于上面的"国民榜样"教育而言,朋辈的示范激励效能更直接、更亲近。

# 第三节　聚焦关键环节,引领全过程、一体化的文化自信教育"人生大课"

青年时期是人生成长的"拔节孕穗期"和"关键定向期",用科学理论武装青年头脑的文化自信教育是引领青年成长成才的"人生大课"。青年时期树立的世界观、人生观、价值观、文化观,将决定青年的一生拥有怎样的"取景框"和"导航仪",也将决定青年的一生"在何处用情""为谁用力"。用先进的文化理论引领青年发展、武装青年头脑,既是青年成长成才的关键,也是我们党的优良传统和宝贵经验。习近平总书记深刻指出:"在大中小学循序渐进、螺旋上升地开设思政课非常必要,是培养一代又一代社会主义建设者和接班人的重要保障。"

根据党中央关于"大思政课"建设的精神和理念,文化自信教育要从学生成长规律出发,针对不同年龄学生特点和需求,采取与之相适应的教学方式,循序渐进开展文化自信教育,培养坚定中国特色社会主义文化自信,道路自信、理论自信、制度自信的有为青年,为实现中国梦贡献力量。这里我们主要探讨大学生的文化自信教育,但教育要从小抓起,所以这里也简要谈下中小学文化自信教育的实施,实现贯穿人的成长周期的全程教育,实现文化自信教育的终身化。

## 一、从学龄到高中,文化自信教育贯穿全学段

文化自信教育必须从娃娃抓起。从学龄前的家长带领宝宝朗读、背诵《三字经》《弟子规》《千字文》等,或者充分利用现代教育手段,选择高品质的动画演播等,开展中华优秀传统文化的启蒙教育。小学阶段,以培养学生对文化的亲切感受为重点,识汉字,用汉字,用现代科技形象展示汉字的演进变化,感受汉字的形体美和意蕴美;诵读古诗,感受诗词优美的语言和灵动的意境;了解简单的爱国故事,从小埋下爱国的种子。中学阶段,以培养学生对文化的理解为重点,通过中国历史的基本学习和诗词的大范围深层次学习,提高其对文化深层次内涵的理解,对文化传统和文化价值的认同,增强民族自豪感和归属感。高中阶段,以培养学生的理性认知为重点,通过指导学生阅读大篇幅的传统文化经典著作、中外史学书籍和带领学生参观实践等,让学生真切感悟到中华民族的优秀历史和灿烂文化,真切感受到个人价值实现和国家的前途命运的息息相关。

## 二、从大一到大四,文化自信教育贯穿全年级

大学阶段是文化自信意识形成的关键时期,要以提高学生对文化的自主学习和主动探究为重点,培养学生的辨别能力、创新意识,增强学生对文化传承和文化创新的使命感及责任感。当前很多高校没有真正发挥高校的文化自信教育功能,重视入学第一年的文化教育,随着年级的升高,教师对其的文化教育越来越少,甚至放松不管不育,直至毕业怨声载道,大学四年一直在消费高中阶段的文化积累。必须将中华优秀传统文化、革命文化和社会主义先进文化全面贯穿到大学四年学习阶段,杜绝一年级严抓二三年级松抓四年级不抓的"常态"情况,鼓励学生自主研学,持续探究,积极参加文化交流,在研学与交流中增进文化认知与文化自信。

### (一)一年级:在通识课中灌输文化自信教育

通识教育课程是大学生初识大学、了解大学理念的重要途径,也是学校全面系统灌输人文知识,传承学校人文传统与大学生精神的重要手段。当前高校

一年级的一般状况是以通识教育为主,有的学校直接设立通识学院,主要开设思想政治理论课程、语言类课程、文学与艺术类课程、历史与文化类课程、体育类课程、道德思考课程和社会分析课程等人文通识课程。不同大学根据办学理念也设置了不同的通识教育课程,但人文素养和文化传承意识的培育本身就是通识教育的永恒基调。文化自信提出以来,高校更应在通识教育中设置文化自信三大来源——中华优秀传统文化、革命文化和社会主义先进文化专题教育模块,如文学经典与传承专题模块、革命文化专题模块、哲学精神专题模块、社会思潮模块等专题模块,给学生以博学和精专的全面、系统文化教育。尤其是高职(高专)院校,更应注重通识课程的开设,用形象生动的文化课程弥补个别学生的"先天成绩不足"。

## (二)二三年级:在专业课中深化文化自信教育

高校二三年级人才培养主要以专业教育和技能培养为主,但专业课绝不能仅讲"专业",必须将文化自信恰当、有机地融入专业课教学,这样的专业课才有了灵魂,坚持在"教书"中"育人"。尤其高职(高专)院校,更应充分发挥职业教学的优势,将中华传统文化融入专业教学,从专业的文化史讲起,增强大学生的专业文化感和专业自信感,最终实现文化自信。如艺术类、医学类、体育类、建筑类等高校,就可以在专业教学中很好地融合传统元素,在历史演进中增强专业文化的荣誉感和使命感。实证调查中,某中医药大学教师表示在中医学的专业教学中,学生对传统文化表现出浓厚的兴趣,对中华几千年的医药文化和精神文化敬佩至极,产生了强烈的自信感和荣誉感。同时,更重要的一点是专业课教师要特别注重自我综合文化素养的提升,以"腹有诗书气自华"的自信和娓娓道来的表达灌输给学生庞大的知识体系,从而征服学生,才能保证教师所讲的学生能够入脑、入心,产生文化共鸣。

## (三)四年级:在实习实践中坚守"三大文化"

四年级的课程设置基本是实习实践,这是文化交流碰撞的重要时期,也是坚守文化自信、提升文化自信的关键时期。初出茅庐的大学生走向实习岗位,面对复杂的社会环境、人际关系会不知所措,会遇到诸多挑战,颠覆人生观、价值观的事情时有发生,让大学生文化认知、思想意识产生动摇。此时如何坚守本真,守住本性很重要。如刚到实习岗位的大学生基本都是从最基本学起,从事最低级烦琐的工作,很多大学生会不屑于此,觉得"浑身武艺无处施展",这时实习带队教师、辅导员需要及时正向引导大学生,可以用传统文化讲"大道理",也可以用身边默默坚守平凡岗位的真实故事鼓舞学生,让学生懂得仰望星空的资本正是因为脚踏实地,个人如此国家也一样,中国特色社会主义的伟大成就也是从无到有,从跟跑到领跑的默默坚守和不懈努力换取的。文化自信绝不能单单停留在"头脑"中"意识"里,而是要外化于实践和细节中,形成习惯,流淌于自然而然的行动。

### 三、文化比较中,实现文化自信终身教育

文化自信的真正建立必须有坚定的文化心理,而这种文化心理一定会在社会文化比较中更加坚定。走出大学校门,走向社会,社会教育的内容更加丰富,施教主体更加广泛,教育载体与手段也更加多样,价值标准也呈现多元取向,一定程度、一定范围让大学生在学生时代建立起的文化自信受到很大冲击,"质疑"中国文化的自信到底在哪里?这就需要用历史思维和比较思维,将中国文化置身于世界民族文化之中,也可以回望本民族文化不同历史发展时期,在比较中凸显中国特色社会主义文化的强大优势——以人民为中心的文化立场,不变质不易帜的文化主体性和坚强独立性,海纳百川的开放性和包容性。尤其在大众文化繁荣发展的当下,对比其他文化的复制性、同一性、机械性,中国特色社会主义文化不是"再版"更不是"翻版"。学生时代建立的文化自信一定要在长久的社会生活中检验、升华,使之成为终身的教育,代代相传,传承后人。

## 第四节 聚焦关键领域,打造全方位、多场域的文化自信教育大阵地

习近平总书记强调:"思政课不仅应该在课堂上讲,也应该在社会生活中来讲。"善用"大思政课",必须注重思政小课堂与社会大课堂相结合。大学生是活跃的社会存在,广泛活动于高校、社会和网络之间。要推动大学生进行文化自信教育质量革命,就必须深入理解"两个课堂"相结合的重要意义,正确处理"两个课堂"之间的关系,在"两个课堂"相结合中引导学生建立文化自信,立鸿鹄志、做奋斗者。实施大学生文化自信教育,要注重这些关键环节的"课堂教育",

站稳第一课堂——课堂,培养文化自觉,灌输文化自信;积极拓展第二课堂——社会,丰富文化自信,践行文化自信;抓牢第三课堂——网络,提升鉴别能力,坚定文化自信。大学生文化自信教育要有机结合第一课堂、第二课堂和网络课堂,各门课程、各个环节协同发力,打造全方位、多场域的文化自信教育大阵地。

## 一、牢牢站稳第一课堂,树立文化自信

第一课堂主要指传统意义的课堂教学环节,教师综合运用教学手段完成既定目标的教学活动。课堂是学校向大学生灌输文化自信的主要渠道,在教学活动中教师要从以下三方面出发:要把文化自信融入大学生专业学习中,保证文化自信教育内容的品质供给;建立积极的师生关系,创造良好的教育氛围;强化学生间交流互动、思想碰撞,发挥集体教育作用;牢固站稳第一课堂,激发文化自觉,树立文化自信。任课教师要把文化自信教育融入大学生课堂学习各个环节,深入挖掘课堂教学资源,在传授知识过程中加强文化自信教育,使学生在学习科学文化知识过程中,自觉加强文化自信教育,提升文化自觉和文化自信。

### (一)以学生需求为本,保证文化自信教育内容的品质供给

首先,要认真备"学生"。无论思想政治理论课、专业课还是人文通识课在正式授课前,教师要通过问卷调查、提问、谈论等方式全面准确掌握大学生文化自信现状,了解大学生文化思想、文化态度,目的在于了解大学生所需,"投其所好"。

其次,要认真备"课"。根据授课内容和课程特点,结合大学生具体情况,多方面挖掘学科文化价值、育人价值,确立教学目标——教学目标必须分为知识目标、文化目标、情感价值目标,设计教学环节,选择教学方法,以保证"对症下药"。

最后,要品质"供给"。要适时地充实中华优秀传统文化、革命文化和社会主义先进文化到教学内容中,结合专业特点创造性转化,如大学生入学初开设的思想道德修养和法律基础课上,可以把中华传统文化的仁义礼智信、忠孝节义等思想文化融入其中。在艺术专业课程中,将中国文化元素有效融入艺术作品中,在艺术设计与创作中感悟中国文化与时俱进的魅力。

（二）创新教学方式方法，增强大学生的文化认同

1. 建立积极的教育关系，营造良好的教育氛围

教育关系直接影响教学效果，和谐平等的教育关系有助于学生轻松快乐地学习。尤其对于文化自信教育这一看不见摸不到"隐性"教育，大学生个体情况不一，教育效果见效慢，良好的教育关系显得尤为重要。然而由于教育者处在组织教学活动的地位，因而在建立良好的教育关系过程中，他们的责任更加突出也更大。在大学生文化自信课堂教育中，教师自身具有坚定的理想信念、高尚的品德情操、深厚的文化底蕴、强烈的敬业精神，以身作则，对教育者采取尊重、耐心、理解的态度并深入了解大学生思想实际，又能恰当运用教育方法，能在师生间建立良好的教育关系，文化自信教育自然就会得到自然渗透。

2. 创新教学方式方法，在双元互动中强化文化自信教育

新时代大学生文化自信教育中，教师需要根据学生成长规律、学生认知规律、课堂教学规律这教育三大规律不断改革创新课堂教学方法，探索适应时代发展的新的教学模式，以增强文化自信教育的吸引力和亲和力。

首先，需根据三大规律进行科学合理的教学设计。教学设计，就是教师要在充分了解教材和了解学生的基础上，制定教学目标，确定好重难点，再根据教学目标着手设计适当的教学方法，设计教学过程、选择可用的教学媒体、设计简明易看的板书，最后进行教学评价反思设计等。如果教学设计做得好，课堂教学则灵活巧妙，进展顺畅，生动引人，省时省力；如果教学设计做得不好，课堂教学就会没有章法，耗时费力。可见，搞好教学设计，是提高课堂教学质量的重要环节。在这个过程中，应注重教材体系和教学体系间的有效转换。知识体系自身的逻辑结构（理论逻辑、演绎推理等）转换为学生积极学习的教学体系是学生由被动学转为主动学的关键，也是提升亲和力与针对性的途径。

其次，需根据三大规律设计行之有效的教学方法。教学方法是教学活动中必不可少的方法论体现，会对教学效果的好坏产生重要影响。在进行文化自信教育教学活动时，要善于运用多种形式的灵活的教学手段，吸引学生学习中国文化的兴趣，才能有效地在文化自信教育中发挥学生的主体性作用。不论选取何种形式的教学方法，都是为内容服务的，教学方法的运用关键点在于帮助学生厘清知识、准确找出矛盾焦点，落脚点在于激发学生的求知欲和反思心，推动学生内在学习热情，达到教学实效性目的。传统的、单一的课堂灌输式的讲授

方法已经不再适应当前高校学生日益增长的文化需求,不再适合当前文化课堂的教育模式,必须创新教育教学方法。如使用互动式教学法让学生主体活起来,使用问题链教学法让教学环节串起来,使用PBL项目教学法让学生动起来,使用沉浸式情境教学法让学生热起来等。这些灵活多元的教学方法中教师都一改以往的教学权威者姿态,以合作伙伴的角色,共同打造和谐的学习和课堂氛围,吸引学生深入地参与到教学活动当中。

最后,需根据三大规律注重学生主体作用的发挥。注重学生主体作用,充分发挥和调动学生积极性,让学生成为学习中的主角,在"真学、真懂、真信、真用"上下真功夫,促使大学生主体性作用发挥效能。真学就是要让学习中国文化成为一种发自内心的、自觉的学习习惯,从被动的"让我学"转变成主动的"我要学",让学习文化理论知识成为如饥似渴地需要,沉下心来看经典著作、学习原著原文、领悟书中道理,感受"三大文化"的魅力。真懂、真信是真学的结果和收获,不仅仅是懂表面含义,更是要懂其中内涵和实质,能准确、全面、科学地理解和掌握文化自信教育内容,真正明确进行文化自信教育的现实意义和时代价值,明确自身发展在文化自信教育中所起的作用。真信,体现为真学真懂后的一种精神状态,是一种将所学所悟转化为思想上和行动上的自觉。真用,就是将真学、真懂和真信的收获见诸实践行动,将所学所悟躬行于实践,落实到具体行动上,助推中国文化的传承、创新和发展。

## 二、多渠道开辟第二课堂,增进文化自信

第二课堂主要指传统课堂教学之外的实践教学活动,是第一课堂的延伸和补充。第二课堂形式灵活多样、内容开放丰富,能够有效弥补第一课堂的单一和局限,是实现大学生全面发展的有效平台。大学生文化自信教育,要创新运用好第二课堂,突出第二课堂的针对性、丰富性和实践性,组建文化科研团队开展学术沙龙活动,开展丰富多样的校园主旋律文化活动和社会服务活动等,在学术研究中深化文化自信,在校园文化活动中弘扬文化自信,在社会服务中夯实文化自信。

### (一)社会实践中夯实文化自信

"大思政课"理念下的文化自信教育是一门社会实践大课,社会有多大,大学生文化自信实践教学的平台就有多大。在社会实践中夯实文化自信,就是以

文化为载体进行思想政治教育,在思想政治教育的吸引性和渗透性中增强文化自信教育。

在社会实践中用好文化资源。在5 000多年文明发展中,中华优秀传统文化、革命文化和社会主义先进文化都是党和国家宝贵的文化财富。讲好"大思政课"理念下的文化自信教育,就要使学生深入了解中国文化变迁、触摸中国文化脉络、吸收中国文化精髓、感受中国文化魅力,自觉从文化资源中汲取担当民族复兴大任的精神和力量。

高校要积极响应"大思政课"号召,多渠道开辟"第二课堂"。高校要以专业设置、学生需求为导向,积极整合、搭建实践教学资源和平台,构建文化自信教育小课堂与社会大课堂有机联系的生态体系。要充分利用寒暑假和节假日开展大学生社会实践活动,借鉴校企合作和产业融合的经验模式,建立长期的、固定的社会实践单位,可以是博物馆展览馆、文化产业园、乡镇农村、科研院所等,在历史古物中感悟中国文化的源远流长和博大精深,在革命遗址中体悟先辈坚定的理想信念,在现代化农村感受改革带给农民的幸福感和满足感,在科研院所、产业园区感受中国人民的开拓进取和执着追求。这些都是中国特色社会主义宝贵的财富,是实现中华民族伟大复兴的磅礴力量,这些在教科书中不能生动展示和真切感悟,必须实实在在深入社会,深入人民中才能真实地感受到中国文化的强大吸引力和凝聚力。

## (二)校园文化活动中弘扬文化自信

校园文化活动是学校办学理念的重要体现,是校园人文精神的生动载体,也是提高大学生文化素养、思想品质和道德修养的重要途径。校园文化活动以其内容丰富性、形式多样性、手段现代性、教育深刻性深得大学生欢迎和喜爱。文化自信教育要充分运用校园文化这一重要载体,将文化自信内容寓于活动之中,使大学生在活动过程中受到教育,提高文化自觉和文化自信。把文化自信教育的内容有机地融入活动中,并积极组织广大学生参加各种活动,这本身就是教育的过程。避免校园文化活动是大一学生"专属品",大二大三年级不参加或少量参加,大四年级"所有活动与我无关"的"常态"不正常现象,校园文化活动必须贯穿大学生活始终,必须人人积极参与。要想各年级学生积极参与,很关键一点是要提升文化活动的文化内涵,而不是流于形式,应彻底扭转"为活动而活动"为"为学生而活动""为提高而活动"。把校园活动作为文化自信教育的载体,是思想政治教育的内在要求,思想的文化自觉和心理的文化自信的养成,只有在活动中才能完成,这是符合思想意识形成发展规律的。全面推广现代信息技术与文化自信教育的深度融合,建立虚拟现实(VR)体验区,将红色文化"搬到"课堂,让"真走"长征路、"真爬"雪山、"真趟"沼泽地成为大学生的必修课,让大学生在真切的感悟中,提升文化自信的认知与坚守,让大学生在受到感染、不知不觉地接受教育的同时,学会自我对文化的鉴别、比较、判断、提升,从而提高自身文化修养,使自己的文化认知向文化自强要求的方向发展,实现教育与自我教育的有机统一,实现文化自觉和文化自信的同步提升。

### (三)学术研究中深化文化自信

学术研究是借助已掌握的理论、知识、经验对科学问题进行假设、分析、探讨,最终推出结论,其结果应该是力求符合事物客观规律的,是对未知科学问题的某种程度的揭示。目前,越来越多的本科院校鼓励大学生从事学术研究,一方面,学生可以将所学的相对分散的知识进行科学规范和系统整合,提高学科知识交叉组合的能力和综合运用的能力;另一方面,也是更重要的,是培养学生严谨、负责的态度和探索、钻研的精神。高校在课堂学习之外,要充分把大学生荒废的闲暇时间紧抓起来,成立导师负责制的文化自信学术研究社团,在导师的指导和监督下,结合专业知识和兴趣,选取中华优秀传统文化、革命文化和社会主义先进文化中的某一具体文化进行深入探究,全面审视、系统研究文化的形成发展、历史意义和时代价值等,也可以对某一具体人物或人物思想做专题研究,客观、科学地全面考察人物及其思想的演进过程,用先进思想和高尚品质激励鼓舞大学生。

## 三、新媒体赋能虚拟课堂,坚定文化自信

世易时移,新时代的信息技术革命为中华民族带来了千载难逢的发展机遇,习近平总书记多次指出"时"与"势"的辩证法,多次论述"因事而化、因时而进、因势而新"的工作方针,多次强调"大思政课要善用之"的大思政课建设理念并做出重大部署,指出"要运用新媒体新技术使工作活起来,推动思想政治工作传统优势同信息技术高度融合,增强时代感和吸引力",这些都为高校下一步的教育教学改革指明了方向。新媒体赋能下的虚拟课堂是"大思政课"下推动大学生文化自信教育革命的重要途径。我们要全面地分析新媒体时代对大学生

文化自信教育的影响,积极寻求新的教育契机,有针对性地主动探索大学生文化自信教育的创新路径。

## (一)提升新媒体素养

新媒体在高校育人方面的强大功能已毋庸置疑,但从育人功能和育人机制来看,新媒体作为工具和手段,本身并不会自发、自觉和自行起作用,更不可能独立运行,而必须要依赖教育主体的掌握和驾驭能力。也就是说,新媒体技术能不能,关键看教育主体行不行。人类只有真正掌握了科学技术,才有可能转化为现实生产力。因此,要达成大学生文化自信教育目标,教育工作者必须先于学生提升新媒体素养、熟练掌握新媒体技术,不断强化新媒体驾驭能力,化被动为主动,才能真正用信息技术赋能教育过程,赋予其强大的文化自信教育效能。现实中,并非每一个教育工作者都能及时具备这种素养,部分课堂还沿袭传统模式,难以跟手机争夺学生,课堂吸引力打了折扣。而部分教师即便在传统多媒体教室,只要具备网络、投屏和交互平台等基础条件,即能用现代新媒体技术烹饪出时代感足、交互性强、形式鲜活生动的现代教育课堂。

## (二)运用好新媒体平台

对于文化自信教育工作者来说,如何筛选和提供优质资源并实现师生全面覆盖、如何利用移动载体实现课堂翻转和突出教育双主体地位、如何引领学生在分析中西文化差异中提高批判思维能力是教育工作者在新常态下需理性分析、全面考量的重要课题。

一是载体移动化,实现全面覆盖。目前通过中国大学慕课、北京高校思想政治理论课资源平台、清华学堂在线等电脑端网络教学平台,微信、微博、知乎、豆瓣、抖音、快手等移动端新媒体平台,都能使学生更加自由地表达文化观点、提出文化问题、参与文化思辨。

二是内容定制化,提供优质服务。大学生文化自信教育要取得良好教育效果离不开对教育对象需求的精准分析,而依靠新媒体可以做到内容定制化、用户服务精准化。从受众需求方面,借助新媒体可以进行前期广泛调研,了解大学生的文化关注点、兴趣点和疑惑点,找准痛点和切入点后才能进行精心烹制、精准投放;在内容甄选方面,可本着理论性强、可读性强、实用性强、说服力强的原则,坚持"三贴近",即贴近现实、贴近学生、贴近时代,传递理论前沿动态,引领深度思考,开阔文化视野。

三是立体交互化,增强教育效果。利用新媒体技术可以打造全方位、多层次的文化自信教育模式。如运用大数据技术对教学资源进行深度挖掘、广泛采集、分类整理、统计分析,可以建立起教学资源数据库并实现精准的资源匹配与投放利用;运用人工智能推进教材、平台、环境的智能化建设,可以使教学和学习更具自主性、科学性、创造性、交互性;运用 VR 技术将教学内容与现实生活中的场景相结合,将抽象的思想理论知识在逼真的教学情境中具象化、生动化,可以使学生产生身临其境的感觉、获得真实的互动体验;运用全程数据化管理和跟踪评估可以引领教学考核评价改革,可以改善不良学习风气,促进学习成果转化。

(三)规避新媒体弊端

目前正处于新旧媒体并存和新媒体大发展时期,在新旧媒体动能转换中呈现出新旧媒体相互混杂交织、分类不明、使用杂乱的现状,在使用新媒体赋能大学生文化自信教育过程中也容易呈现出知识碎片化、去中心分权化、具象娱乐化等特点。碎片化知识传播模式一旦被习惯适应,则容易使大学生对文化问题难以形成系统性认识,缺乏长线思维、深度思考和辩证逻辑。另外,基于大数据分析的用户画像也会根据用户喜好进行智能优先推送,易造成学生只关注某个方面知识学习的偏好,影响系统性和全面性深刻学习。去中心分权化则容易削弱甚至严重消解教师的专业权威性,使作为网络原住民的大学生因缺乏分辨能力而易被错误思想和价值观念所误导。具象娱乐化虽趣味性强,但容易使师生陷入过度追求新媒体传播形式的标新立异而忽视内容、过犹不及的境地。因此,需从顶层设计出发,充分调研论证传统媒体和新媒体如何优势互补,整合传统媒体和新媒体的人力资源、软硬件资源等,实现平台共建、管理共营、资源共享、内容互通、形式融合、宣传融通的融媒体模式,推动新旧媒体的深度有机融合、一体化发展,真正利用好媒体工具为文化自信教育提供个性化服务和保障。

(四)引领新媒体舆论

新媒体加持下的大学生文化自信教育阵地,网络信息爆炸,流量为王,网络舆情工作压力倍增。大学生或主动、或被动都能轻而易举获取各种新闻、资讯和资源,但由于大部分学生的世界观、人生观和价值观尚未最终形成,文化观和文化自信正在建构当中,他们甄别真伪正邪、抵抗不良信息的能力不足,辩证客观全面看待文化问题和分析文化问题的能力也较弱,情绪管理能力尚不成熟,容易在"从众心理""群体效应"的影响下产生自我怀疑和立场不坚定,导致被错误网络舆论和思想观点"带节奏",或者被围困在"信息茧房"之中,对茧房之外的信息产生排斥和抵触心理,这都对大学生自身成长非常不利,也影响大学生文化自信教育目标的实现。因此,高校利用新媒体进行文化自信教育,也要及时做好网上舆情监管工作,改进网络宣教方式,既要弘扬主旋律、传播正能量,又要从马克思主义文化观出发,及时解答学生困惑、回应学生关切、解开思想包袱,培育和践行社会主义核心价值观,善用马克思主义唯物辩证法和历史观,善用中西对比,善用主流媒体资源去分析问题和释疑解惑。顺应新媒体流量至上的特点,在师生中培养讲政治、有信仰、讲正气、有情怀、有知识的正面意见领袖,充分发挥他们对文化自信培育的热情和能动性,积极引领"三大文化"导向,消解和稀释不良舆论风气,在校园网、微信群、微博、抖音等新媒体高地打造健康清朗的绿色文化教育空间。

## 四、不断优化校园文化环境,提升文化自信

环境作为学习资源的重要因素,对文化自信教育过程中学生主体性作用的发挥有着重要的意义。人身处的环境会影响自身的思想观念和行为选择,"人创造环境,同样,环境也创造人"。高校作为大学生从事学习活动和进行日常生活的场所,是最容易发生思想碰撞的地方。打造学风严谨、善学敏行、健康积极的校园文化环境,对高校文化自信教育产生隐性的、潜移默化的影响。加强校园文化环境建设主要从物质文化和人文精神这两方面着手。

第一,加强校园物质文化建设。校园内的物质基础设施具备辐射文化精华的功能,对大学生群体价值取向、性格塑造以及行为规范有着重要影响。高校加大资金投入和使用力度,在基础设施建设中添加文化元素和文化符号,其中包括教室、实验室、生活园区、餐厅和图书馆等公共场所,更新蕴含中国文化内容的警醒名言文化宣传栏以及相关横幅标语,传递文化内容,辐射文化精神,让青年大学生时刻置身于文化自信教育的环境和氛围当中,加深其对中国文化的情感归属。

第二,重视校园人文精神建设。作为高校文化教育的核心内容,人文精神的提升,有利于建设稳定和谐、学风严谨的校园文化氛围。人文精神建设不仅

要加强人文景观建设力度,发挥人文景观的整体育人作用,也要重视良好学风建设。学风并不是简单指学生的学习风气,其中囊括了学校的治学风气、教学风气和学术氛围。良好的学风,能够使大学生形成隐性的文化熏陶,让大学生在不知不觉中提升文化自信。

第三,依托学生团体开展各类文化活动,使大学生在自觉参与中接触感受中国文化,了解中国文化的精神特征和时代魅力,不断丰富自身文化知识,坚定文化自信。

# 第七章 新时代高校"大思政课"新格局的构建

## 第一节 新时代善用"大思政课"的必要性和要求

推进"大思政课"建设是落实立德树人根本任务的重要举措,是破解思政课改革创新难题的关键所在,是实现思政课发展环境和整体生态转变的重要抓手。"大思政课"推动高校思政课实现理念再更新,激发了改革创新的实践动力,是思政课视野和格局的再拓展,由此可见,高校积极贯彻落实习近平总书记关于"大思政课"的重要指示,推进"大思政课"建设确有必要。

高校"大思政课"的实现是面向全党全社会提出的一项明确要求,也是提高高校思想政治教育工作实效性和针对性的重要改革,更是对我国高校自设立思政课以来的查漏补缺和进一步深化完善。其本质是发挥思政课在高校思想政治教育工作中的关键作用,立足于时代背景,纵观历史与现实,展望未来,顺应时代发展大势,挖掘一切思政育人元素和资源,调动一切思政育人力量,在塑造"大思政"格局、展现"大思政"理念、构建"大思政"育人体系的同时,理解并善用"大思政课",真正建设全员、全方位、全过程的思政育人课程。"大思政课"遵循传统思政课铸魂育人的价值导向,其关键在于对思政课建设过程中的优良传统的继承和对不足之处的完善。

### 一、新时代善用"大思政课"的必要性

#### (一)百年未有之大变局的时代背景需要"大思政课"

因事而化、因时而进、因势而新,习近平总书记在看望参加全国政协十三届

四次会议的医药卫生界教育界委员时指出,"思政课不仅应该在课堂上讲,也应该在社会生活中来讲。这次总的背景是世界百年未有之大变局,'两个一百年'的历史交汇期,……"世界百年未有之大变局对于高校思想政治教育工作、思政课建设的改革创新而言是一个新的时代背景,同时也是思政课建设面临的挑战和机遇。在新的时代背景下,"大思政课"建设是必然要求。随着我国顶层设计不断加固,建党以来、新中国成立以来、改革开放以来、进入新时期以来,社会生活中的思政课素材愈加丰富,但我们也必须意识到随着国际竞争加剧,中国与世界的关系发生变化。信息技术的迅速发展,传播速度的加快和传播途径的增加,使得一些西方意识形态对我国的挑战也不断增加。虽然我国取得了历史性成就、历史性变革,但在面对外部复杂多变的环境时,我们也应意识到自己正身处习近平总书记所强调的"世界百年未有之大变局"中。世界格局的变化必然要求我国教育环境与之相适应,其关键就在于高校思想政治教育。党的十八大以来,习近平总书记多次强调思政课的重要性,其不仅是对党的基本理念的传播,更是关乎受教育者成长的关键课程。特别是高校思政课,是铸魂育人的根本课程,是青年的世界观、人生观、价值观的形成过程的关键指导课程。从习近平总书记出席全国高校思想政治工作会议、全国教育大会,主持召开学校思想政治理论课教师座谈会并发表重要讲话可以看出,思政课建设被提升到空前的高度,受到以习近平同志为核心的党中央高度重视。与此同时,我国也不断加强高校思政课的顶层设计。当前,传统的思政课已经不能适应现阶段的时代背景,也不能满足当代大学生的成长需要。不论是在思政课内容、教学手段方面,还是在思政课教师队伍等方面,思政课建设都遭遇到了瓶颈。在这种情况下,面对新时代青年大学生这一群体的特殊性,我们需要改革创新,建设"大思政课",同时我们也必须善用"大思政课",在坚持政治方向、价值尺度及阐释理论的基础上守正创新,立足于时代背景,从历史与现实、国外与国内等多个角度出发,把社会生活中鲜活、生动、鲜明、真实的素材运用到思政课教学中来,丰富思政课教学内容,形成高校思政课理论与实践互融共构的新教学模式。在这一过程中,也应特别注意使思政课在思想道德、政治方向、价值观上与党中央保持高度一致。

党的十八大以来,我国经济社会发展进入新时代,实现了从站起来到富起来再到强起来的伟大历史跨越。中国的发展令世界瞩目。党和国家事业取得的历史性成就、发生的历史性变革,为实现中华民族伟大复兴提供了更为完善的制度保证、更为坚实的物质基础、更为主动的精神力量,也充分向世界其他国家展现了中国特色社会主义的优势与活力。因此,我国高校思政课教学必须与时俱进,进行改革和创新建设,在此过程中要更新教学资源,融入我国取得的历史性成就与历史性变革,结合社会生活中的鲜活素材,契合我国发展进步的事实,不断呈现党中央的思想理论、政治方向、价值选择。只有有深度、有效度、有温度的思政课教学案例才会引起当代大学生的共鸣,体现高校思政课的成效。彰显我国社会主义制度优势、大国担当与大国责任,以及实现培育时代新人,都与高校思政课的创新建设息息相关。"大思政课"就是应高校思政课建设和改革创新而生的关键课程,也是落实我国对高校思政课的顶层设计的必然要求。世界百年未有之大变局需要"大思政课","鲜活的时代素材是亿万中国人已经和正在书写的时代篇章,有时代的英雄,有英雄的人民,有第二个百年新征程的阔步向前",因此,对于"大思政课",我们必然要善用。

## (二)解决当代大学生"学马、懂马、信马、用马"需要"大思政课"

在纪念五四运动 100 周年大会上,习近平总书记激励广大青年:"新时代中国青年要树立对马克思主义的信仰、对中国特色社会主义的信念、对中华民族伟大复兴中国梦的信心……"当代大学生这一特殊青年群体肩负着时代使命、历史责任,因此必须坚定理想信念。马克思主义是我们党和国家选择的科学的、具有真理性的,在实践中指导我们从站起来到富起来再到强起来的思想武器,是指引我们党和国家走向社会主义现代化建设康庄大道的关键理论。马克思主义思想理论博大精深,常学常新。恩格斯曾深刻指出:"马克思的整个世界观不是教义,而是方法。它提供的不是现成的教条,而是进一步研究的出发点和供这种研究使用的方法。"并且恩格斯还强调,我们的理论思维"是一种历史的产物,它在不同的时代具有完全不同的形式,同时具有完全不同的内容"。回顾中国共产党的奋斗历史不难发现,党和国家选择了科学的理论,把马克思主义基本原理与中国具体实际相结合,学习和实践马克思主义,不断从中汲取科学智慧和理论力量,不断推进马克思主义中国化,指导中国乘风破浪。中国共产党的百年征途证明,马克思主义使中国创造了东方奇迹,取得了历史性成就。从在实现马克思主义中国化的第一次飞跃中创立了毛泽东思想,到如今习近平新时代中国特色社会主义思想的形成,马克思主义理论不断融入新鲜血液,中国特色社会主义理论体系不断加深和丰富,持续创新,党中央的顶层设计也在继续加强。在新时代,理论发展需要持续不断的生命力和创造力,推动马克思主义在我国的发展不仅仅是中国共产党人的使命和责任,作为社会主义建设者和接班人,当代大学生必须坚定马克思主义信仰,"学马、懂马、信马、用马",坚持用科学的理论去观察时代、解读时代、引领时代,真正在学习和生活中用对马克思主义的坚定信仰完善自己、超越自己。

在新的时代背景下,当代大学生是国家应对未来各种挑战的骨干,肩负着民族复兴的使命和责任。因此,这个关键的特殊群体不仅要掌握所学专业的基本技能与知识,也必须掌握马克思主义基本理论,坚定马克思主义信仰,学习并深刻认识马克思主义的方法、观点和立场,并且能在日常学习和生活中外化于行,只有如此才能运用科学的理论应对百年未有之大变局的挑战和风险,把握时代机遇,才能将自己培养成顺应时代发展的德、智、体、美、劳全面发展的社会主义建设者和接班人。与此同时,高校思政课肩负培育德、智、体、美、劳全面发展的时代新人的重任,因此对其建设、教学等方面的改革创新也必须提高到适应国家、社会和时代发展的高度上来。马克思主义是中国人民群众的选择,是党中央一以贯之的指导思想。思政课一直以来都是高校进行马克思主义相关理论教学的主要平台,是传播马克思主义的主要阵地。当前,随着我国进入新发展阶段,在世界百年未有之大变局的时代背景下,各国主流意识相互渗透,带来了各种挑战,因此必须加强高校马克思主义理论与信仰教育,在思政课建设与教学等方面进行创新,其关键在于善用"大思政课",发挥"大思政课"的"大"之所在,具备大视野、树立大目标、建设大格局、筑牢大阵地、展现大作为,实现全员、全程、全方位育人。当今社会思潮激烈交融,在此过程中,我们必须发挥马克思主义的强大力量,不断将中国共产党的百年奋斗史、马克思主义结合中国具体实际进行的实践和党中央持续不断创造的新理论体系厚植于中华大地上。现如今,我们看到了科学的思想武器为我们赢得的变革与成就,而在新的征程里,我们必须继续发挥马克思主义的科学性、革命性、实践性、人民性,利用"大思政课"这一关键的课程平台,加强对当代大学生的马克思主义理论教育、信仰教育等,把马克思主义中国化的过程中取得的新成果及时呈现在"大思政课"中,让马克思主义理论的生命力在不断创新中得到增强,并且通过"大思政课"对马克思主义回顾历史、紧扣现实、展望未来,深入浅出地进行讲解,向当代大学生及时传递科学的理论、正确的方向、崇高的信念,真正地使当代大学生对马克思主义有更加深入的理解、更加透彻的认知,树立马克思主义信仰、社会主义信仰和共产主义信仰,坚定理想信念,真正做到内化于心、外化于行,发自内心地"学马、懂马、信马、用马"。

### (三)落实高校思想政治教育根本任务需要"大思政课"

党的十八大以来,党中央高度重视高校思想政治工作的开展,习近平总书记多次就高校思想政治工作发表重要讲话,尤其是 2016 年,在全国高校思想政治工作会议上,习近平总书记强调:"高校思想政治工作关系高校培养什么样的人、如何培养人以及为谁培养人这个根本问题。要坚持把立德树人作为中心环节,把思想政治工作贯穿教育教学全过程,实现全程育人、全方位育人……",由此可见,开创我国高校思想政治工作新局面是大势所趋。学术界对高校思想政治工作的研究也有了更加明朗的方向。高校的立身之本在于立德树人,如前文所述,思想政治教育工作的开展是高校德育工作的关键所在,而高校思政课则是思想政治教育工作的生命线和关键阵地。立德树人是高校思想政治教育的根本任务,其落实的关键在于高校思政课开展的各项环节,因此办好思政课意义重大。当前中国特色社会主义进入新时代,在这个继往开来、承前启后的新时代,作为国家课程的高校思政课承担着传播马克思主义的责任,肩负着教育、培养全面发展的社会主义建设者和接班人的历史重任,为呈现党和国家的指导思想,体现社会主义本质特征和基本要求,高校思政课必须改革创新,对此,必须将高校思政课的建设和教学提高到适应国家、社会、时代发展的高度。时代正在呼唤"大思政课",立德树人的关键也在善用"大思政课"。

虽然在新中国成立以来的各个历史时期,高校思政课的内容发生了比较大的变化,但是其基本目标和任务一直都非常明确,即对大学生进行马克思主义、党和国家领导人重要思想的科学体系的理论教育,引导和帮助大学生用科学的理论、方法解决实际问题,树立正确的世界观、人生观、价值观,培育高尚的思想道德素质,坚定理想信念,确立为中国特色社会主义奋斗的政治方向,总而言之就是社会主义建设者和接班人。一直以来,思政课都体现着我国社会主义意识形态,这就要求思政课要不断充实内容,必须符合当时国际国内政治经济文化形势,并且也必须契合每个历史时期大学生的思想状况和群体特殊特征。对于"大思政课",要求其立足当下,结合现实背景,运用鲜活的时代素材。"大思政课"既是真正实现全员、全程、全方位育人的关键课程,也是落实立德树人根本任务、实现铸魂育人根本目标的关键课程。立德树人的先导是"德",铸魂育人的关键在"魂"。如今,"大思政课"在守正中创新,应不忘进行马克思主义理论与中国特色社会主义理论教育,同时把握时代重心,深入学习贯彻习近平新时代中国特色社会主义思想,将理论与实践有机融合,通过系统的理论传授,引导学生在"德"上有所提升,在"魂"上有所信仰,最终在实践过程中成为全面发展的时代人才。"大思政课"不仅仅是一门知识课,一门通识课,一门理论课,更是国家、社会所需要的"时代大课"。

## (四)培育堪当民族复兴大任的时代新人需要"大思政课"

青年兴则国家兴,青年强则国家强。在庆祝中国共产党成立100周年大会上的讲话中,习近平总书记殷切寄语我国广大青年:"新时代的中国青年要以实现中华民族伟大复兴为己任,增强做中国人的志气、骨气、底气,不负时代,不负韶华,不负党和人民的殷切期望!"未来属于青年,希望也寄于青年,习近平总书记强调"志气、骨气、底气",传递着对新时代青年的期望,同时也是对青年一代树立的标准和发出的号召。在中华民族的复兴征途中,青年一代是最富有活力、最具创造性的群体,党中央对青年群体的成长与发展高度重视。要引导青年正确认识发展大势,增强其使命感和责任感,使其能够担当民族复兴重任,就务必要建设契合现实背景、运用鲜活素材、集中全体合力的时代课程——"大思政课"。落实"大思政课"理念、讲好"大思政课"、善用"大思政课",也必将为培育堪当民族复兴重任的时代新人注入新鲜血液和强大力量。

高校应牢记习近平总书记对新时代的中国青年的殷切寄语,培养广大青年的"志气、骨气、底气"。通过"大思政课",引导广大青年坚定理想信念,心怀鸿鹄之志,不怕困难,勇于开拓,顽强拼搏,努力成为堪当民族复兴重任时代新人;通过"大思政课",引导广大青年在面对现实中重大风险、重大挑战、重大困难、重大阻力时能够勇挑重担、勇克难关、勇斗风险,展现迎难而上、挺身而出的担当精神,做中国骨头硬、气质强的新青年;通过"大思政课",增强青年一代的民族自豪感和文化自信心,坚定马克思主义信仰,坚定中国特色社会主义信念,增强实现中华民族伟大复兴的必胜信心。中华儿女的身体里流淌着新鲜的、有朝气的民族血液,引导其了解并学习中华民族的历史,使其深刻把握党史、新中国史、改革开放史、社会主义发展史,同时与贯彻党的创新理论结合起来,继承和弘扬中华优秀传统文化。人民有信仰,国家有力量,民族有希望。青年一代是引领社会之风的重要力量,其道德水准、政治素养、思想觉悟、行为规范在很大程度上体现了中华民族积极向上、气质昂扬的精神风貌。青年一代能坚定"四个自信"也是整个国家发展进步的具体展现,同时也必将推动我国社会主义现代化建设,让中华民族能更有底气地屹立于世界民族之林。

善用"大思政课",能够帮助新时代青年在百年未有之大变局中,在中华民族伟大复兴关键时期的现实背景之下,正确认识世界和中国的发展大势,全面、客观地认识当代中国和看待外部世界,这有利于其坚定和树立为实现共产主义远大理想和中国特色社会主义共同理想而努力奋斗的信念与信心。善用"大思政课",把握宏大的时代鲜活素材,汇聚强大的合力,引导青年一代肩负起时代使命和历史责任,把个人理想与中国梦结合起来,自觉融入国家和民族的事业中,把人生抱负落实到脚踏实地的具体实践中,更重要的是将自己学习奋斗的目标同民族复兴的伟大目标相结合,胸怀"国之大者",树立鸿鹄之志,做新时代的开拓者、奋斗者、奉献者。新时代"大思政课"对青年一代的培养有明确的目标和方向,要求有更强的责任感、更坚定的信念、更笃定的使命,从而促进其全面发展,以适应时代要求。当前,我国社会经济结构不断改变,由高速发展转向高质量发展,新发展理念被提出,同时世界综合国力竞争日益激烈,因此,要实现我国社会主义现代化建设的进一步发展,人才资源非常重要。教育是基础,人才是关键,人才竞争已经上升为当代世界各国综合国力竞争的核心。在新时代,要培养"具有执着的信念、优良的品德、丰富的知识、过硬的本领"的青年,更离不开"大思政课"的作用。"大思政课"引导学生在理论学习中深刻把握马克思主义理论本质、中国特色社会主义理论体系核心内涵、党中央的创新理论的关键等要义,在实践历练中培养其民族自豪感、文化自信心和担当精神等,使其"立大志、明大德、成大才、担大任,努力成为堪当民族复兴重任的时代新人,让青春在为祖国、为民族、为人民、为人类的不懈奋斗中绽放绚丽之花"。建党百年来,我们看到了许多奋勇向前、顽强拼搏、不畏艰险的青年。不论是在过去、现在,还是在未来,青年一代身上的"志气、骨气、底气"都是实现中华民族伟大复兴的最强推动力。"大思政课"立足于党和国家事业发展全局,立足时代,紧扣民族复兴主题,引导广大青年在放飞青春理想的同时,时刻谨记中华民族伟大复兴的中国梦,在中国特色社会主义现代化建设过程中不懈奋斗,书写人生的华丽篇章,在这个"天将降大任于是人也"的新时代建功立业!

## 二、新时代善用"大思政课"的要求

党的十八大以来,习近平总书记多次围绕新时代高校思政课建设发表重要讲话,通过专题讨论、高校思想政治工作会议、校园考察、给师生回信等形式,从百年未有之大变局的世界视野和实现中华民族伟大复兴战略目标的高度,立足于我国教育事业的中心目标,对思政课建设的未来方向做出系统谋划和部署,强调了高校思政课建设的基础性、全局性及时代性意义,这也证明了思政课建设的重要性。建设新时代"大思政课"是党中央统筹规划我国教育事业发展中的应有之义,也是实现高校思政课建设和改革创新的关键举措之一。2021年3月6日,习近平总书记在看望参加全国政协十三届四次会议的医药卫生界教育界委员时,首次对"大思政课"做出明确的重要论述并指出,"'大思政课'我们要善用之,一定要跟现实结合起来",同时指出,"思政课不仅应该在课堂上讲,也应该在社会生活中来讲"。这也为思政课建设和改革创新指明了方向,对善用"大思政课"提出了要求、增添了动力。

"大思政课"建设与高校思政课建设和改革创新在育人目标层面上有契合之处,二者都在改革创新主渠道教学、开展实践教学时拓展了教学内容和场域。此外,"大思政课"建设创新和改进了理论联系实际的育人方法,从育人的全过程回应了落实立德树人根本任务的时代要求。

## (一)要求思政课的育人理念更新

思政课是落实立德树人根本任务的关键课程,具有鲜明的价值导向和意识形态特征。习近平总书记指出,"办好思想政治理论课,最根本的是要全面贯彻党的教育方针,解决好培养什么人、怎样培养人、为谁培养人这个根本问题"。"大思政课"要落实立德树人、实现铸魂育人,就要坚持用习近平新时代中国特色社会主义思想育人,培育堪当民族复兴重任的时代新人。推进"大思政课"建设要从立德树人的高度理解思政课育人的重要意义,以历史的、全局的眼光和视野,从学生成长发展的全过程考虑,教育和引导学生在世界观、人生观、价值观形成的关键时期确立远大的人生目标,自觉投身服务和奉献社会的奋斗之中,为实现中华民族伟大复兴贡献力量。不同时代的育人理念随时代现实情况的发展会发生相应的变化,进入新时代新征程,就要用新的理念指导思政课改革。培养知识与能力素质并重的新时代青年既是"大思政课"的目标,也是高校思政课育人的价值旨向。"大思政课"向高校思政课改革提出了明确要求,即重视思政课实践教学改革和对各类思想政治教育资源的开发利用,汇聚社会合力,推动实现思政课内涵式发展。

从培育"四有青年"到培育"德、智、体、美、劳全面发展的社会主义建设者和接班人",再到培育"时代新人",这些育人目标的变化实际上就是教育理念更迭的表现。"大思政课"理念遵循"铸魂育人"的价值导向,科学回答了思政育人的内在规律,为培育合格的社会主义建设者和接班人提供了鲜明的指引。立足于新时代新征程,"大思政课"要培育的是堪当民族复兴重任的时代新人,这也给中国青年指明了奋斗目标和前行方向。"大思政课"是科学的理念创新,它带来的是教育全过程、各环节的创新。在新的理念指导下,高校思政课建设将会在实践层面应用一系列新举措,使课堂教学呈现新样态,思政育人效果也会达到新高度。

"大思政课"理念的提出恰逢"两个一百年"奋斗目标的历史交汇,同时也是思政课改革创新的关键时期,这一理念不仅为新时代思政课坚持守正创新明晰了新方向,其理念本身也是思政课改革理论创新的典范,更为培育能够奋力建设祖国、堪当民族复兴重任的时代新人提供了新的遵循。从"守正"来看,"大思政课"将继续办好思政课这一实现立德树人根本任务的关键课程,把握正确的政治导向,做好价值引领,培育学生形成良好的道德与美德,帮助学生学习与成长,达到"树人"的目标;从"创新"来看,"大思政课"将教学视野从课内延伸到课外、校内延伸到校外、线下拓展到线上、国内拓展到国际,其教学内容囊括古今中外,教学方法灵活多样,丰富了学生的感官体验,使学生在思政课中的体验感和获得感更强。同时,"大思政课"注重对学生所学知识的横向贯通与纵向衔接,以全过程育人的理念和教学实践保障全学段思政课的教学质量,推进大中小学思政课一体化进程,推动实现思政课改革创新实效性的提升。

一直以来,高校思政课改革创新都十分重视价值导向,在每年的教育部工作要点中能够发现,排在首位的都是思想价值层面的要求。习近平总书记指出,思政课教师不仅政治要强,而且情怀要深,要"让有信仰的人讲信仰"。在大学这一重要的人生阶段,大学生的思想价值观念和心智会发生很多变化并逐渐成形,所以对大学生的思想政治教育必须找准定位,用马克思主义意识形态引导当代大学生形成正确的价值判断和选择,将社会主义核心价值观融入思想政治教育各环节,提高大学生明辨是非的能力,使其做到真学、真懂、真信、真用,"扣好人生的第一粒扣子"。

当今世界正处于百年未有之大变局,新的技术、行业层出不穷,此时如何保持内心的清醒和心态的稳定,扎实学习、提高能力,是青年学生们面临的新挑战。"大思政课"意味着格局大、视野宽广和思维创新,高校推进"大思政课"建设将使思政课改革创新处于一个全新的历史方位,也具有更明确的培养目标。高校思政课培育的人才应该不仅是能够把握时代脉搏、具有过硬能力的专业人才,更是具有自觉的使命担当、坚定的理想信念的时代新人。"大思政课"理念既是指导高校思政课改革创新的思维创新,也是实现高校思政课改革突破的方法创新,二者在立德树人的内在要求上具有本质的一致性。因此,在"大思政课"理念指导下的高校思政课改革创新是目标明确、方向清晰的,就是要培育堪当民族复兴重任的时代新人,引导学生自觉投入社会实践,为实现中国梦而奋斗。

## (二)要求拓展新时代思政课的教学场域

党的十八大以来,高校在思政课改革创新方面进行了许多实践探索,无论是在课堂教学方面还是在实践教学方面都取得了一定成绩。当前,思政课已经不仅仅是一门在课堂上传授知识、讲大道理的小课程,而是包罗万象、场域拓宽的思想大课、人生大课、历史大课、实践大课。思政课讲授的场景和发展环境也发生了转变。"大思政课"拓展了课堂教学的空间维度,实现了从课内向课外、校内向校外、线下向线上的延伸;"大思政课"实现了各学段思政课在时间维度上的衔接,实现从学段思政课向全学段思政课的延伸,旨在形成横向贯通、纵向衔接的全时空思政课"大格局"。

"大思政课"在实现课堂教学与实践教学相结合的同时,也着力统筹实现思政课与专业课的协同。专业课教师通过挖掘专业课中的思政元素,结合专业实习实践,提升了自身的思想政治素养。学生在思政课堂与专业课堂中都能获得思想素质和理论知识层面的提升,在实习实践中增加对社会的认识和了解,在与老师、同辈的互动中锻炼团队协作与沟通交流能力,实现综合素质的全面提升。"大思政课"使视野再拓宽、格局再拓展。随着新技术新经验的应用,思政课也实现了新的发展,例如,近些年有关部门建成了思政课资源库,一批主题鲜明、资源丰富、技术先进的纪念馆、博物馆、展览馆和虚拟仿真实践教学、国家智慧教育平台也在不断建设和完善,思想政治教育逐渐呈现出新样态,同时也呼唤"大师资""大平台"的健全。在"大思政课"未来的建设目标中,还将设立一批实践教学基地,丰富教学资源供给,建立"大思政课"综合改革试验区,同时,共建实践教学基地也为大中小学各级学校实现联动、推进一体化提供了教学场域保障。随着思想政治教育信息化的发展,各种媒体、媒介都在开发利用具有思政元素的素材、场景,探索思政课的更多维度,融合更多社会热点,回应时代诉求。"大思政课"无论是从课堂到校园,还是从校园到社会,在教学思路的拓宽、教学方法的创新、教学场域的拓展等方面都彰显出了与时俱进的特色,积极回应了"两个一百年"奋斗目标的历史交汇点的时代诉求,不断增强铸魂育人效果。

### (三)要求创新理论联系实际的育人方法

课堂教学是思政课教学的主要场域,理论讲授法是课堂教学的主要教学方法,受教材内容、学生受教育程度等的影响,学生对于理论知识的接受程度也不尽相同。在高校思政课改革过程中,对学生实践能力的培养更加受到重视,无论是在课程设置中明确的实践教学学时、学分,还是将理论教学与实践教学作为一个整体,都对学生的成长发展进行了更深刻的考量,也使高校思政课的实效性得以提升,使学生对思政课的认可度提升、获得感增强。

"大思政课"的特点是格局大、视野宽广、思维创新,但这不意味着轻课程而重实践,其核心还是在于"课"这一思想政治教育的主阵地,因此需要在课程方面下足功夫,而且是将理论课程与实践课程共同推进,通过课程内容的丰富、方法的转换、场域的多样化来增强师生的参与度和互动性,打通理论教学与实践教学的各环节。"大思政课"要求不仅要把握思政小课堂,还要拓展社会大课堂,挖掘社会生活中的各种思政元素,将社会生活引入课堂,也鼓励学生走向社会去进行实践,也就是说,"大思政课"追求的是一种理论课堂与实践锻炼实现良性互动的状态,旨在培养学生既能学习理论知识也能参与社会实践,在课堂中感受理论的魅力,在现实中提升实践的能力。

"大思政课"是一种理念上的创新,但带来的是理论教学与实践教学的双重变化。"新时代'大思政课'坚持培养目标和培养过程的内在统一,以学生的成长进步为旨趣,以学生的学习环境、生活方式、思维特点(如互联网思维)与行为习惯等为综合考量。"要将培养目标与培养过程统一起来,就要以教学内容和教学方法为载体,充实教学内容,创新改进教学方法,调动学生学习的主动性与积极性,从而增强思政课的活力,提升学生的获得感。高校推进"大思政课"建设是着眼于各教学环节中存在的不足进行的,这就要求改革既要有理论的支撑也要有实践的保障。在改革过程中,"大思政课"与高校思政课改革创新目标一致、方法互通,要共同推进多维协同育人,从而实现理论与实际的联合,推进思政课改革的理论与实践的创新。

# 第二节　关于"大思政课"重要论述的实践基础

任何理论的形成都离不开其特定的时代环境和现实需求,"大思政课"建设亦是如此。

## 一、新时代推进"大思政课"建设特有的时代背景和现实需求

第一,实现第二个百年奋斗目标需要凝聚国民共识,积聚精神伟力。在党的二十大报告中,习近平总书记强调,新时代新征程中国共产党的中心任务就是团结带领全国各族人民全面建成社会主义现代化强国、实现第二个百年奋斗目标,以中国式现代化全面推进中华民族伟大复兴。在建党百年之际,我国成功打赢脱贫攻坚战,全面建成小康社会,实现了第一个百年奋斗目标,并继续朝着实现中华民族伟大复兴的奋斗目标奋勇迈进。但伴随改革开放不断深化,我国新一轮改革进入深水区和攻坚期,一些深层次的矛盾问题逐渐显现,使我国深化改革过程中不确定性、不稳定性因素增加,因此在奋力实现第二个百年奋斗目标的新征程中更要团结各族人民,凝聚全国人民共同力量,推进"大思政课"建设,向全国人民讲好"能、行、好"的中国故事,增强中国人民对中国特色社会主义的信念和信心,将全体中国人民团结在一起,形成共筑中国梦的强大精神伟力。

第二,我国思政课进入高质量发展阶段,迫切需要寻求"瓶颈"突破口。党的十八大以来,以习近平同志为核心的党中央大力推进思政课守正创新,围绕思政课改革创新提出了一系列新举措和新方案。为打破思政课与其他专业课之间的学科壁垒,推进思政课程与课程思政协同育人,各大高校也在积极探索各类专业课与思政课之间的内在联系,挖掘思想政治教育因子,根据不同专业类别的特点开展独具专业特色的思政课,实现思政课程与课程思政协同育人。为打破各学段思政课之间的时空壁垒,习近平总书记强调推进大中小学思政课

一体化建设,上至中央、下至地方纷纷出台相关的政策方案,从教材的一体化、教师的一体化、教学的一体化等方面推进大中小学思政课一体化建设落地生根。为更好落实立德树人根本任务,形成铸魂育人长效机制,党和国家积极建立思政课"全员育人"体系,各级各类学校融合各类教育资源,积极引进各行各业优秀人才、专家学者走进思政课堂,发挥各主体协同育人力量,贴近学生的现实生活,增强思政课堂的针对性、灵活性和现实性。这一系列举措助推思政课进入高质量发展阶段。尽管在推进思政课高质量发展的过程中仍存在一些不足之处和瓶颈问题,但是思政课的改革创新步伐仍需大步迈进,对此,习近平总书记提出关于"大思政课"的相关论述,为解决思政课现实困境、突破发展"瓶颈"指明了新的发展方向和提供了战略性举措。

## 二、党的百年奋斗历程中关于思想政治教育的基本经验

高度重视思想政治教育工作是中国共产党在百年征程中不断从胜利走向胜利的重要"精神法宝",为今后的思想政治工作积累了许多宝贵的实践经验和深刻的历史启示。全面总结党的百年思想政治教育经验是推进我国思想政治教育理论和实践不断守正创新的前提和基础。在全面梳理中国共产党百年思想政治教育发展历程的基础上,将其基本经验主要概括为以下四点:

第一,始终坚持以马克思主义为根本指导思想。中国共产党的思想政治教育工作能取得巨大成就的一个根本原因在于坚持以马克思主义为根本指导思想,这是中国共产党思想政治教育工作的本质要求,也是区别于其他国家政党思想政治教育的重要标志。马克思主义是经实践检验的科学真理,具有鲜明的科学性、人民性、实践性和发展性的特征。中国共产党始终坚持站在人民立场上,在遵循马克思主义所揭示的人类社会发展本质规律的基础上结合中国思想政治教育实际情况,在解决和回答时代问题的过程中形成了一整套独具中国特色的思想政治教育理论和方法体系。

第二,始终坚持以人为本的根本理念。中国共产党是中国人民的先锋队,始终站在人民立场上,坚持以人民为中心。党的思想政治教育也始终坚持人民立场,坚持以人为本的根本理念。一方面,思想政治教育充分发挥思政育人的作用,努力促进人的全面发展。实现人的自由而全面发展是马克思主义追求的根本价值目标,党将这一根本价值目标的追求转化为思想政治教育在党的不同发展阶段中具体的人才培养目标,从培养"争取民族独立和人民解放的革命者"

到"推进社会主义建设的劳动者",再到"有理想、有道德、有文化、有纪律的'四有'新人",最后到"能担当民族复兴大任的时代新人",每一阶段人的才培养目标都体现了思想政治教育始终坚持人民立场,始终坚持将人民群众的自身发展与国家的前途命运紧密相连。另一方面,思想政治教育充分尊重人民的主体地位,发挥人民群众的首创精神。对人民群众进行思想政治教育不是从上到下的单边教育活动,而是一个教育者和被教育者双向互动、共同作用的过程。毛泽东同志曾谈道:"群众是真正的英雄,而我们自己则往往是幼稚可笑的,不了解这一点,就不能得到起码的知识。"因此,我们要充分尊重人民群众的主体地位,充分发挥人民群众的首创精神,积极主动地向人民群众求教问策,使党的思想政治教育活动牢牢扎根在人民群众的实践沃土上。

第三,始终坚持理论与实践相结合的基本原则。中国共产党在百年奋斗历程中,始终坚持理论与实践相结合的基本原则,将马克思主义理论与中国实际相结合,扎根于中国大地的深厚土壤中,走中国特色社会主义道路。一方面,理论指导实践,是实践的行动指南。中国共产党在百年征程中之所以取得胜利,主要原因在于有科学理论的指导。理论是行动的先导,党的思想政治教育始终坚持和党的理论创新一起与时俱进。中国共产党在百年间实现了马克思主义中国化的三次历史性飞跃,每次历史性飞跃都是对党的指导思想和科学理论的创新发展。党的思想政治教育紧跟党的理论创新步伐,始终坚持以马克思主义中国化理论成果为指导,推动思想政治教育实践在科学理论的指导下不断实现新的发展。另一方面,理论源于实践,理论正确与否最终由实践来检验。毛泽东曾强调"没有调查就没有发言权""坚持一切从实际出发""反对教条主义和本本主义"。实践是理论的根本来源,马克思主义中国化的三次历史性飞跃的成功归根结底在于中国革命、建设、改革实践的大踏步向前发展。在新时代,党的思想政治教育的内容、载体、物质保障都来源于中国特色社会主义的伟大实践,党的思想政治教育的理论成果最终也要为中国特色社会主义的伟大实践服务。

第四,始终坚持守正创新。在思想政治教育的理论与实践中,中国共产党始终注重把握时代特征,在认识和遵循客观规律的基础上,发扬创新精神,推动思想政治教育不断保持与时俱进、向前发展的内生动力。首先,准确把握时代特征是思想政治教育发挥守正创新精神的前提。党的思想政治教育在不同的时代有不同的任务和目标,科学认识和把握时代特征,是思想政治教育顺应时代潮流、保持时代特色、展现新的时代气息,以及更好解决时代所提出的问题的关键。其次,遵循规律是思想政治教育发挥守正创新精神的内在要求。把握思想政治教育的相关规律是正确发挥思想政治教育守正创新精神的方向保证。江泽民同志曾指出:"思想政治工作是一门科学,各级领导干部和政工干部都要努力认识和掌握它的基本知识和规律。"我国思想政治教育能与时俱进,正确发挥创新精神的关键就在于中国共产党不仅牢牢把握思想政治教育发展的内在规律,还遵循和顺应社会发展和个人发展规律。最后,树立创新创造意识是思想政治教育发挥守正创新精神的核心要义。敢于创新就是要勇于大胆创造。在我国思想政治教育过程中,中国共产党在顺应时代发展趋势、遵循客观规律的基础上牢固树立创新意识,坚持创新、敢于创造,充分发挥自身的主动性和创造性,使党的思想政治教育活动能够历久弥新,跟上时代前进的步伐。

### 三、党的十八大以来,党中央关于思想政治理论课建设的实践

党的十八大以来,以习近平同志为核心的党中央以空前的魄力和毅力组织思想政治理论课建设。在党中央的号召下,思政课建设引起了全国教育界学术界前所未有的重视和关注,各种关于思政课的研究讨论、试点创新层出不穷,开创了新时代思政课建设的新局面。

2016 年全国高校思想政治工作会议、2018 年全国教育大会和 2019 年学校思想政治理论课教师座谈会这三次重大会议讨论掀开了全国上下轰轰烈烈的思政课改革。根据这三次会议的精神指示和习近平总书记在其他场合对思政课建设的指示,教育部等部门发布了一系列开展思政课建设的指示性文件,如《新时代高校思想政治理论课教学工作基本要求》《教育部大中小学思政课一体化建设指导委员会章程》《高等学校思想政治理论课建设标准(2021 年本)》《关于加强新时代中小学思想政治理论课教师队伍建设的意见》《普通高等学校思想政治理论课教师队伍培养规划(2019—2023 年)》《关于深化新时代学校思想政治理论课改革创新的若干意见》《普通高校思想政治理论课建设体系创新计划》等。这些文件对统筹全国思政课建设做出了重要工作部署,为地方部门开展落实思政课提供了重要遵循。

党的十八大以来,党中央在思政课建设工作中所取得的进展具体体现在以下方面:

首先,思政课教师队伍建设取得历史性突破。第一,思政课师资队伍数量

可观。近年来,党中央大力推动各地配齐建强思政教师工作队伍,截至 2021 年底,高校思政课专兼职教师超过 12.7 万人,较 2012 年增加了 7.4 万人,教师配备比率达到师生比 1∶350 的要求。第二,马克思主义理论学科建设持续一体化推进。整体上,教育部成立了大中小学思政课一体化建设指导委员会,加强对不同学段思政课的统筹指导。全国高校马克思主义学院由 2012 年的 100 余家发展到 2021 年的 1 440 余家,中宣部、教育部重点建设了 37 家全国重点马克思主义学院,教育部支持建设了 200 余个优秀教学科研团队。在本科阶段,国家将马克思主义理论学科列入"国家关键领域紧缺高层次人才培养专项招生计划",并于 2019 年起设立马克思主义理论学科本科专业。在硕博阶段,全国高校增加硕博马克思主义人才培养学位授权点,从小到大一体化扩大马克思主义人才培养基数。

其次,围绕各种教育主题,推进思政课程群建设。一是自党的十九大召开以来,全国大力推进习近平新时代中国特色社会主义思想"三进"活动的开展。为促使思政课建设与党的理论创新同步推进,建强思政课主渠道,我国国家教材委员会印发《习近平新时代中国特色社会主义思想进课程教材指南》,引导学校积极创建以学习贯彻习近平新时代中国特色社会主义思想为核心的思政课建设群,如教育部曾结合新中国成立 70 周年、建党百年等重大主题,举办习近平新时代中国特色社会主义思想大学习领航计划活动。二是结合国际国内重大时事,打造同主题的"思政金课",如在建党百年之际,围绕党史、新中国史、改革开放史、社会主义发展史开展"四史"学习教育主题系列活动和课程;在 2020年我国实现全面脱贫,打赢脱贫攻坚战之际,围绕脱贫攻坚精神和在脱贫攻坚中无私奉献的攻坚模范,开设系列学习教育课程。

再次,"大思政课"早期建设初见成效。自习近平总书记提出"大思政课"的相关论述以来,上至中央、下至地方纷纷响应号召,结合当前思政课教育实际情况推进"大思政课"理念落地生根。一是大中小学思政课一体化建设稳步推进。首当其冲是教材的一体化。在新版中小学政治教材中,一方面,更加注重教材的政治性,使教材内容与当代国情、党情联系更加紧密,同时注意根据时事政治发展及时对教材内容进行适当更新,增添了教材的时代性、现实性;另一方面,各学段政治教材之间的内在联系更加紧密,知识衔接更加契合,教材的一体化程度提高。二是课程思政建设落地开花,习近平总书记多次强调推进思政课程与课程思政的同向同行,形成协同效应,各大高校致力于将课程思政融入课堂教学全过程,纷纷成立课程思政教学研究室,根据学校现有专业类别整体设计课程思政教学体系,并结合专业特点分类实施,如在安徽大学的"数学模型"一课中,任课教师在教学设计上积极从思想政治、理想信念、创新精神等方面挖掘数学建模专业知识体系中的思政因子,推进专业知识与思政元素深度融合,从而在教学实施过程中结合数学建模的发展历程、建模方法的改进过程和优化方法在中国的普及等,融入科学精神、奋斗精神、责任意识等元素,促进对学生合作与公平价值观念的培育。三是开门办思政课效果喜人。近年来,思政课的教学课堂不再局限于校园,而是走出校门并与社会衔接。教育部出台的关于思政课改革创新的文件,在"指挥棒"上下功夫,改革教学体系,丰富"教"的维度。各地各学校着力构建思政实践教学体系,组织多样教学,如福州大学经济与管理学院将课堂开到田间地头,组织实践队走进福建省宁德市寿宁县下党乡进行参观调查、现场教学,引导学生体验脱贫之路,开展研学共建,激励青年学生奋发有为。同时,各地相关部门联合打造实践教学基地,延展"学"的空间,如甘肃省定西市陇西县渭州学校结合当地历史文化、地域风俗特色创办非遗扎染、肉羊养殖场、中药材"百草园"等校外实践基地,通过"校车+实践"的方式引导学生坐校车进行"打卡"。

最后,加快推进思政课与互联网融合发展。随着互联网技术的快速发展和青少年网络使用率的提高,思政课加快引入互联网信息技术,实现互联网与思政课的有机融合。一方面,思政课利用互联网信息平台,实现思政课教育资源的共建共享,如教育部制作的《习近平新时代中国特色社会主义思想三十讲》课件,点击下载量累计几千万次。另一方面,思政课利用互联网,突破线下课堂的时空限制,开设了富有特色的网络思政课,且取得了令人可喜的效果,如创设"周末理论大讲堂",累计收看量过百万次。除此之外,随着信息技术的发展,直播、短视频、H5 等新技术被广泛应用于思政课堂,形成了网上"思政大课"的新样态。

党的十八大以来,虽然在党中央的领导下,我国思政课建设实现了历史性突破,取得了重大进展,但随着时代的发展,其在具体实践过程中还存在着一些不足。一是局部地区和学校对思政课建设重视不够。虽然党的十八大以来,上至中央、下至地方都在强调讲好、学好、用好思政课的重要性,把思政课建设摆在国家教育工作、学校教学工作的突出位置,但是部分地区和学校由于受内外因素的影响,在思政课建设中力度不够,效果不佳。二是推动思政课建设的合力尚未完全形成。开展思政课建设并不仅仅是学校或思政课教师的责任,还需要全党全社会的共同努力,需要凝聚全员育人合力,但在目前思政课建设过程中,除思政课教师以外的其他教育主体的思政育人力量尚未完全发挥应有的效用,责任意识仍有待增强。三是思政课实际育人效果还有待提升。经过近年来的思政课改革和建设,思政育人效果有了显著的提升,但是在实践过程中仍存在一些问题致使效果尚未达到最大化,如思政课的评价和支持体系仍有待健全,思政课后续发展动力不足;教材内容与学生实际需求之间存在"供需失衡";对现实生活中的思政元素挖掘不够或应用不充分甚至不恰当对学生产生了错误引导等。这些问题都会直接或间接影响到思政课的育人效果。有问题才会有进步空间,不断发现问题才能不断进步,事物的发展过程都是螺旋式上升,在不断自我否定的过程中成长的。

# 第三节　高校"大思政课"新格局构建的原则和方法

近几年,随着国家关于"大思政课"建设的政策文件的出台、理论研究的推进与育人实践的开展,"大思政课"育人工作以立德树人为导向,以"三全育人"要求为遵循,取得了一定成效。思政课教学研究不断取得新进展,高校思政课也在持续改革创新,育人工作的亲和力与感染力、针对性与有效性得到加强。为加快"大思政课"新格局的构建,针对"大思政课"建设存在的课程资源、协同机制、教师素养等方面的问题,有必要探讨"大思政课"新格局构建的原则和方法,为加快构建"大思政课"新格局提供基本遵循。

## 一、高校"大思政课"新格局构建的原则

从工作任务和重心来看,"大思政课"是围绕"培养什么人、怎样培养人、为谁培养人"这一根本问题来展开的。从工作机制上来看,"大思政课"寻求在"三全育人"理念的基础上构建一个系统化、结构化的育人模式。这一模式对构建"大思政课"新格局具有重要意义。要构建"大思政课"新格局首先要明确其构建时要遵循的基本原则,也就是要坚持方向性与理论性相结合、坚持系统性

与创新性相结合、坚持主体性与主导性相结合的原则。

## (一)坚持方向性与理论性相结合

思政课是为国家培育人才的主渠道,方向性就是思政课办学要坚持社会主义的方向。坚持正确的方向就意味着要坚持党的领导,只有这样,思政课才能保持社会主义性质不变。教育是我国的一件大事,习近平总书记曾多次强调党领导中国教育事业的重要性,指出:"办好我国高等教育,必须坚持党的领导,牢牢掌握党对高校工作的领导权,使高校成为坚持党的领导的坚强阵地"。在我国这样一个高等教育规模巨大的国家中,全面推进高质量教育的发展,建设教育强国,离不开党坚强有力的领导。党的领导有利于高等教育改革统一思想、凝聚共识,有利于对高校发展规划进行科学设计,有利于高校进行统筹谋划、统筹协调。高校作为社会主义教育事业的重要组成部分,理应将党的全面领导贯彻到教育工作之中,高举社会主义大旗,走社会主义大道。总的来说,坚持党的领导和坚持社会主义的性质是有机统一的。所以新时代"大思政课"要具备中国特色社会主义的基本属性,承担培养合格接班人的使命任务,必须坚持党的领导这一方向性原则。正确的政治导向需要正确的理论来指导,"大思政课"是由具有社会主义性质的政党提出来的,具有特有的意识形态属性。要在社会主义场域中构建"大思政课"新格局,就要服务于现代化建设和实现中国梦的实际需要,抓好"后继有人"这个根本大计,加强理论的引领力,用习近平新时代中国特色社会主义思想教育人。以思想教育人,是规定的思政课的内容与功能,也是人与思想关系存在同一性的必然逻辑。正如帕斯卡尔所说:"思想形成人的伟大""我们全部的尊严就在于思想"。人与思想是共性的存在,正确的思想对人的意义也是非凡的。正确的思想如何被人类掌握,这就需要发挥教育的功能,尤其是思想政治教育,同时离不开承担教育功能的"课"的实践活动。也就是说,新时代"大思政课"承担的教育任务和功能,就是通过教育使大学生掌握正确的理论,将正确的理论贯穿到"大思政课"教育各环节的活动中,从而形成总体上的教育合力,为思政课建设提质增效,强化"大思政课"的教育阵地功能。

## (二)坚持系统性与创新性相结合

"大思政课"在新时代背景下集多元主体协同、诸形式共现、多方法立体全面教学、综合性效应于一体,它既是把握时代大潮、放眼世界大局、面向未来大势的历史大课、实践大课,又是从宏观、中观、微观角度与具体生活有机结合的理论大课、人生大课。"大思政课"之"大"意味着多且繁,其新格局的构建需坚持系统性与创新性相结合的原则,优化各要素、各组织之间的良性互动,使教育系统内部更加协调、结构更加合理、功能更加完备、运行更加有序。从系统性优化建设来看,"大思政课"的育人体系更加凸显了对育人规律的尊重,更加突出三个"一体化"的实现。一是坚持学校家庭社会网络教育的一体化,"大思政课"教育离不开多元协调的教育环境;二是坚持思政课程和课程思政一体化,在同向同行、协同育人中传递知识、塑造价值观念;三是坚持大中小学教育一体化,遵循学生的需求和身心发展规律,形成一个循序渐进的过程。"大思政课"的创新发展要遵循学生的成长成才规律,即要把思政课讲深,具有政治高度;把思政课讲透,具有理论深度;把思政课讲活,具有情感温度。这些都不是一朝一夕能实现的,也不是单靠思政教师就可以完成的。在"三全育人"视域下构建"大思政课"新格局就是将协同育人作为一个系统整体,坚持系统思维。如果多元育人主体之间育人工作不明确、态度不积极,或者只是某一阶段的某一平台重视育人工作,都会影响整体的育人效果。所以坚持系统思维是充分重视多元主体的育人合力,发挥育人系统的整体性和协调性,注重系统要素之间的密切配合、相互支撑,让系统中的各要素共同发力,最终实现最优育人效果。在坚持系统性的同时还要兼顾创新发展,系统只有在与外界的信息交互人员的交流中才能吸纳新的积极元素,促进系统的有序运行和正常发展。"大思政课"育人系统也是如此。新时代,各领域发展迅速、日新月异,经济和网络发展迅猛,作为教育客体的大学生心理多变、思维活跃,在好奇心等的驱使下更加关注国家大事、社会发展,表现出青年的朝气。基于此,只有坚持创新思维,在应对社会发展需求上更新育人内容、变革教育手段,为系统育人工作赋予新的动能,同时在满足学生发展需求上突破以往固有的思考模式,创造性地转化教育内容、理念、方法,借鉴其他学科的经验与成功理念,拓宽思路与视野,用联系、发展的眼光吸纳新生事物,才能在不断改进中创新完善教育系统,助推思政教育工作发展。

（三）坚持主导性与主体性相结合

"大思政课"的主要教育工作者和教育对象都是现实的人,因此构建"大思政课"新格局就需要坚持以人为本,发挥教师的主导作用,尊重学生的主体地位,坚持主导性与主体性相结合的原则。坚持两者相结合是提高思政课的亲和力、针对性和时效性的关键一步,也有利于解决好"培养什么样的人、怎样培养人、为谁培养人"的根本问题。坚持主导性和主体性相结合就是既要发挥教师的关键作用,又要重视学生的能动性。教师的主导性作用在教学理念中备受关注。教师作为教学的中心,在发挥积极性、主动性去完成教学目标的过程中扮演着重要角色。思政课教师在思政教学中发挥着关键的作用,其主导性就是在教学活动中承担起"把方向"的职责,确保教育沿着社会主义的方向前进,确保培养的是符合社会主义所需的时代新人。因此,教师的主导性作用要落实在学生主体性作用的发挥上。学生主体性作用的发挥与否是检验教师主导性作用发挥成效的一个重要标尺。要充分坚持主导性与主体性相统一,就是在重视目标、过程和结果的统一中构建平等和谐的师生关系。首先,思政课教育的目的是让学生在掌握知识文化的同时培育价值观,而教师就是通过教育实践活动直接影响学生,寓教于学,进而达到寓学于心。所以不管是教师还是学生,其关于学习教育的最终目的是一致的。其次,思政教育对于教师来说,不仅是在课堂上"说什么",更重要的是"怎么说";不仅是要教会学生"是什么",更重要的是要教会学生"为什么",促使学生从"要我学"转变为"我要学"。教师转变教学方法,引导学生更好地吸收知识;学生主动学习的过程,就是教师发挥主导性和学生发挥主体性相结合的过程。最后,教育的最终目的是为国家培养合格的接班人。教师在主导过程中通过实践活动培养符合国家社会发展需要的学生;学生在受教育的实践活动中汲取知识、提升自身素质,成长为社会发展所需要的人才。在这个过程中,教师处于主导地位,学生是学习的主体。两者的统一必须放在社会实践中,使思政课从抽象走向具体,促进思政课与社会生活有机融合。怀特海曾说过:"教育只有一种教材,那就是生活的一切方面。"学习是实践的,把思政课堂从校园扩展到社会场域,教师要发挥积极性、主动性、创造性,从而把握意识形态工作的主导权、话语权,而学生则必须发挥主体性的能动作用,在实践中积极主动地接受知识、认识事物和形成正确的是非观、价值观。因此,大思政课必须坚持主导性和主体性相结合,实现思政课教育过程与立德树人教育目标的统一。

## 二、高校"大思政课"新格局构建的方法

着力推动"大思政课"建设,构建"大思政课"新格局是立足新发展阶段,推动思政课改革创新,从而朝着高质量方向发展的必然要求。"'大思政课'是立

德树人系统工程中思想政治理论课的新形态,是对思政课建设经验和建设规律长期认知的凝结,将在思政课培根铸魂的导向功能中占据新方位。"因此,探讨"大思政课"的构建方法以及在建设过程中形成什么样的"大思政课"新格局,有利于把握"大思政课"的育人方向,探索"大思政课"新格局的建设思路。

## (一)构建"思政课+各类课程"同向同行、同频共振新格局

"大思政课"以培养时代新人、培养社会主义建设者和接班人为目标,"充分发挥传统教材和课堂以外的资源与方式,进行课程资源转换,使之构成思政课的课程要素,引导学思践悟,更好完成思政课立德树人关键课程这一重任的形象用语"。思政课不是一门单纯的知识课、认知课,"思政课教学涉及马克思主义哲学、政治经济学、科学社会主义,涉及经济、政治、文化、社会、生态文明和党的建设"。如此大容量的思政课,其涉及范围之广泛仅依靠思政课是远远不够的,还要引入专业课,在把握好思政课这个主渠道的同时,使各类专业课与思政课同向同行、同频共振。"大思政课"是在传统思政课的基础上,对思政课的进一步拓展与深化,其本质上还是思政课。作为"课"的形态,"大思政课"拓展了教育课堂,"大思政课所关注的高质量目标并不是单纯地指一门课,而是重在打造兼具内部协同性与外部开放性的思政课程群"。这个"外部"包含除思政课以外的各类课程。因此,"大思政课"新格局的表现之一必然是"思政课+各类课程"同向同行的协同新格局。

准确把握"大思政课"的思想性,需要坚持大课程观。"'大思政课'是以'育人'和'协同'为核心范畴架构起的育人能量储存场域与释放场域",育人既是思政课的任务,也是专业课的任务,新时代的教育不仅仅是知识的教学,更是对人的教育,因此课程之间相互协同是实现德智并举的有效举措。一方面,首先要坚持思政课与哲学社会科学课程协同并进,发挥哲学社会科学在思想政治教育方面的支撑作用。其支撑作用不仅是知识的传授,还有人文性与价值性的涵养,这是一项内容更复杂、持续性更长的工程,所以应充分认识到哲学社会科学深厚的知识底蕴,掌握中华优秀传统文化延续发展流传下来的文化结晶,为思政课提供坚实的学科支撑和理论积淀。正如列宁所说的那样:"如果以为不必领会共产主义本身借以产生的全部知识,只要领会共产主义的口号,领会共产主义科学的结论就足够了,那是错误的。共产主义是从人类知识的总和中产生出来的,马克思主义就是这方面的典范。"其次要坚持知识教育与价值引领相

统一。在推动思政课改革创新的实践进程中,习近平总书记提出"要坚持价值性和知识性相统一"。思政课的主要作用是塑造学生的价值观,在满足学生知识追求的基础上加强价值观教育。哲学社会科学要发挥育人育德的内在功能,也应该坚持价值与知识的统一,既要汲取丰富的人文知识,又要挖掘其中蕴含的思想政治教育资源,达到学术性与意识形态性相统一,适时倡导正确的政治观念与价值取向。另一方面,要坚持专业课与思政课同向同行,这个"行"就是进行思想政治教育,使专业课与思政课同频共振、德业融合,发挥好专业课的思想政治教育作用。虽然专业课和思政课的体系是相对区分的,但这两类课程在德育方面所发挥的作用是不能割裂的。因此,坚持德业融合,要结合专业课各自的课程属性和内容,挖掘丰富的思想政治教育资源。在教授专业知识和提升学生技能的同时提升学生的综合素质,塑造其健全的人格。坚持德业融合,还要在专业课的教学过程中隐性地渗透价值观念,坚持显性教育与隐性教育相统一,思政课就是思想政治教育的显性课程,这要求我们不仅要坚持开好思政课,同时要创新专业课的教学方法,讲出除专业知识以外的社会、思想、价值、哲学、精神等,将知识吸收建立在情感认同之上,使学生更加热爱自己将要从事的事业,使教育既有惊涛拍岸的声势,又有润物无声的效果,促进思政课与各类课程同向同行。但需要强调的是,同向与同行是一个系统的整体,不是割裂的,相向而行,是在办学本质与育人目标相一致的基础上共同发力,也不是要把各类课程都变成思想政治教育课程。正如邓小平同志所言:"毫无疑问,学校应该永远把坚定正确的政治方向放在第一位。但这并不是说要把大量的课时用于思想政治教育。学生把坚定正确的政治方向放在第一位,这不仅不排斥学习科学文化,相反,政治觉悟越是高,为革命学习科学文化就应该越加自觉,越加刻苦。"

强国必先强教,强教必先强师,大课程观推进"大先生"的产生。习近平总书记对包括思政课教师在内的高校教师提出了明确的要求和殷切的希望,"对教师来说,想把学生培养成什么样的人,自己首先就应该成为什么样的人。培养社会主义建设者和接班人,迫切需要我们的教师既精通专业知识、做好'经师',又涵养德行、成为'人师',努力做精于'传道授业解惑'的'经师'和'人师'的统一者。""经师"是授业解惑,"人师"是传道,身为教师既懂得授业解惑,又会传道,那么这位教师才是称职的。如果教师只注重传道而鲜有授业解惑,则是失了基础。"大思政课"下的"大先生"应是做学生为学、为事、为人的好先生,为学是以深厚的学识基础开启学生的智慧,为事是以国内外大事提供良好的导向,为人是以坚定的政治立场和高尚的道德标准培养学生的素质。"大思政课"下的"大先生"不仅仅是指思政课教师要成为"大先生",还是指其他各类课程的教师都应争做"大先生"、好先生。既然是做意识形态的工作,那么教师就要先提高自己的育人责任感,并且不同学科的教师均应具备较高的马克思主义理论素养,各类课程教师之间能够有效沟通与联动。

## (二)构建"思政课+学校日常思政"校内循环的互动新格局

在高校中,大学生除了学业学习还有日常生活,因此除了思政课的教育方式外,还有重要的课外教育方式,如学术活动、社团活动、志愿者活动、党日团日活动等。这些活动内容丰富,并且与大学生的生活密切关联,是学生日常生活中所开展的活动。日常思政教育具有以下特点:一是实践性。马克思认为:"人应该在实践中证明自己思维的真理性,即自己思维的现实性和力量,自己思维的此岸性。"这句话表明了实践的重要性。理论来源于实践,实践对理论又有反作用。这说明只有理论的学习是不够的,还必须得在实践中检验理论,将理论知识转化为实践成果。二是渗透性。日常思政活动与学生的生活密切相关,渗透在校园生活的各个方面,在学生自觉参与活动的过程中对其进行思想政治教育是"润物细无声"的,不会让学生排斥,而是让其自觉接受。三是广泛性。日常思政活动相较于思政课堂上的教室范围,具有广泛性的特点。它分布于校园中各个大大小小的角落,场所多元、途径多样、时空界限不明显,能够很好地贯穿大学生活的始终。"高校思想政治教育是一项系统性、整体性、协同性很强的育人活动,它的主体不仅包括思想政治理论课教师,日常思想政治教育工作者,同时还包括思想政治教育的组织者和管理者。"因此,要构建"大思政课"新格局,就要立足于校内这个大环境。对"全程育人"这一理念的贯彻要从新生入学教育到大学生毕业的这一完整的时间段内进行,对其中每个阶段的突出问题进行思政教育,教育工作涉及教学、管理和服务三方面,显隐结合。这就需要各个部门加强沟通、协同配合,形成全员育人的合力。

思政课与学校日常思政的协同是在强化思政课"主渠道"地位的基础上进行的。协同学校日常思政的"主阵地"构成真正的协同育人,"主阵地"要积极配合"主渠道",使二者达到完整的协同。一是要保持内在协同。思政课是大学生的必修课,具有浓厚的政治色彩和意识形态性质,主张学生探索知识,运用马克思主义去分析问题和解决问题,是学术教育与意识形态教育相统一的。而日常思政教育作为一种课堂之外的教育形式,是根据党的教育方针和思想政治工作的要求来开展教育的活动,是协调学生日常生活、保证学生顺利毕业和身心健康发展的教育方式。二者要达到协同则需要在育人内容上保持一致。虽说二者的育人内容各有侧重,但在育人方向上是基本一致的,都是为了培养堪当大任的时代新人,但只有育人内容相配合,二者才能有共同的育人方向,发挥整体的作用,达到协同育人的效果。二是要保持外在协同。思想政治教育系统要素包括主体要素、环体要素、介体要素和客体要素。其中外在协同首先是主体的协同。思政课的主体之一是思政课教师,他们承担着教学任务,是课堂教学的主导者,是学生意识形态的引路人。日常思政教育的主体之一则是辅导员、班主任、思政理论部及其他相关的工作人员,他们不仅要解决学生实际生活中碰到的难题,还要帮助学生解决学习上的问题,助其顺利毕业和形成良好的道德品质。主体协同就是加强思政课教师和高校工作人员之间的协同,避免各管"一块田"的割裂现象,只有两方齐心协力才能提升育人效果。其次是介体协同,即教育手段的协同。思政课的教育方式是在课堂上通过理论知识的传授强化学生的理论基础,达到教育目的;日常思政教育则注重实践,在实践中加强学生个人习惯的养成。二者的侧重点不同容易造成学生"知"与"行"分离,因此二者协同是要创新教育手段,促进学生"知行合一",使其将在思政课上学到的理论知识运用到实践中,在实践中加深对理论知识理解,达到内化于心、外化于行的效果。三是要保持环体协同,即外部环境的协同。思政课的主要教学环境是教室,而日常思政教育的环境包括宿舍、班集体、社团组织、校内等,二者的协同育人就是让思政课走出课堂这个室内小天地,让学生在室外领略马克思主义,感悟社会主义真理。此外,也可以将室外的活动转化为一个个思政小课堂,畅通环境资源和信息共享,不断推动思想政治教育系统的发展。

### (三) 构建"学校思政课+家庭社会"内外联动的协作新格局

"大思政课"通过整合各种相关要素、教育资源,发挥思想政治教育的最大效能。构建新时代"大思政课"新格局,就是要打破思政课面临的"孤岛化""离散化"的现状,从而构建联动的协同格局。从教学和管理主体来看,"家庭教育、社会教育、学校教育连成了一个'教育环'或教育网,三方面结合起来,形成了综合教育的方式"。因此,"大思政课"新格局表现在搭建内外循环系统,凝聚学校、家庭、社会的强大育人合力,打好"组合拳",将教育触角延伸到微观层面,把教育视野拓展到宏观层面,在方向一致、互相融通、循环互动的目标要求下落实立德树人的根本任务。党的十八大以来,随着"三全育人"理念逐步深入人心,家庭和社会支持高校教育的氛围日渐浓厚。

从内循环看,畅通学校、家庭、社会各系统中的诸要素是根本前提。协同学原理表明,协同效应能否最大化地发挥作用取决于各协同要素的共同发挥现状。学校教育、家庭教育、社会教育是教育的三种形式,其中学校教育是以主流意识形态教育来增强学生的思想意识,规范学生的行为;家庭教育是以成员间的思想交流实现言传身教;社会教育是以司法公正、风气廉洁、治安稳定的社会氛围来潜移默化地发挥育人功能。畅通三者的循环通道是逻辑起点。高校作为国家设立的专门教育机构,上接家庭、下联社会。首先,应坚持"大思政课"的主导地位。思政课教师、专业课教师、党政干部及后勤人员等参与思政教育,相互融合,共同发力。此外,应深刻挖掘建党百年来的历史资源与新时代建设中国式现代化的时代资源,教育引导学生增强"四个自信"。其次,应抓牢家庭"大思政课"的基础性工程。2016 年 12 月 12 日,习近平总书记在会见第一届全国文明家庭代表时指出,无论时代如何变化,无论经济社会如何发展,对一个社会来说,家庭的生活依托都不可替代,家庭的社会功能都不可替代,家庭的文明作用都不可替代。这三个"不可替代"筑牢了家庭在教育中的基础地位。家庭是学生最早接受思政教育的场所,也是成长过程中持续时间最长、影响最深远的场所。家长的言传身教对学生,尤其是正处于意识形态形成的关键时期的大学生,产生的影响很大。家长若在"言传"(如给子女讲述前辈的英雄事迹、同子女讨论时事政治)中渗透价值旨归,则可引导大学生形成正确的价值观念,提升其对党的认同感与时代的使命感。家长的"身教"是指有良好的精神面貌,在面对任何事情时具有积极的乐观心态,这可帮助大学生塑造良好心态。最后,应发挥社会"大思政课"的辅助作用。杜威认为,"社会不仅通过传递、通过沟通继续生存,而且简直可以说,社会在传递中、在沟通中生存",要"避免过分学校式的和形式的教育观念"。每一个大学生在毕业后都要走向社会,进入社会这个终身受教育的场所,学校思政的教育效果如何在社会场所中将会得到检验。社会场所包含的范围是除学校、家庭以外的所有场域,可以说社会是教育范围最广泛的场所,因此应在社会中筑牢意识形态的主阵地,时时处处进行隐性意识形态教育,为大学生坚定正确的政治方向、坚定理想信念创造健康的舆论氛围。

从外循环看,推动内部(学校)与外部(家庭、社会)之间的良性循环是关键抓手。协同是人类文明化的产物和结果,较为普遍地存在于人们的社会生活中。它是在同一行动中展现出来的相互培养、团结统一的行为。学校、家庭、社会是相互独立的系统,但又有密不可分的关系。三者之间的相互协同有利于从外部形成强大的育人合力。首先应搭建"家校互动桥"。家校合作情况是思政课实践教学协同的直接影响因素。家长资源是校外的重要教育资源之一。能否把家长资源有效地转化为思政课教学资源,是搭建家校联系的关键,而这需要高校的主动作为。即强化学校对家庭积极发挥有关道德品质方面的育人功能的引导,与家长建立稳定的联通平台,推动家校共享学习资源,及时就学生的学习生活情况进行交流,在互动中优化教育策略。其次应打造"社校联动圈"。社会拥有更为丰富的教育资源。要实现思政课理论与实践教学相协同,可以与社会对接,开发校外资源,让社会资源进入学校课堂,让学生走出校园进行社会实践,促进思政小课堂与社会大课堂无缝衔接。

总而言之,实现学校、家庭、社会协同育人的统一性的关键在于把三者结合起来,坚持大衔接观的思想,保持三者存在价值与发挥自身功能相统一,构建高效的内外循环系统。在这个统一性的聚力下,学校、家庭、社会相互取长补短,进而融合为一种崭新的育人力量。这种新的育人力量将远远强于"单个劳动者的力量的机械总和"。实质上,"学校、家庭、社会协同一致,建立一个良好、健康和持续改进的'日常德育生活形态',就是最好的'学校、家庭、社会协同育人'"。

### (四)构建"小课堂+大课堂+云课堂"互促互进的协同新格局

"大思政课"新格局表现在思政课的教学空间由学校延展至社会场域,由线下课堂延伸至线上学堂。"'大思政课'是思政课向社会场域的延展,旨在塑造思政课的大格局。思政课既不能只是局限于学校场域的思政课,也不能只是囿于理论形态的思政课",是"学校思政小课堂+社会大课堂+网络云课堂"的大阵地、新格局。从思政课的性质来说,"小思政课"属于"'直接理论形态的德育课程',是由国家确定的直接理论形态的德育课程",而"大思政课"与"小思政课"并不是完全对立的,而是在传统思政课的基础上,扩大辐射范围,拓展领域更大的思想政治教育课程形态。

思政小课堂与社会大课堂的融合是指将小课堂的理论性同大课堂的实践性相结合,这既符合唯物主义实践论的要求,也是"知行合一"教育理念的具体体现,因此两者的融合是理论抽象与实践具体的统一。思政课是对学生进行系统的思想政治教育,促进学生的全面发展,但目前面临的矛盾是"学生思想政治道德实际状况与当前中国特色社会主义事业发展需要之间的矛盾"。产生这一矛盾的主要原因之一是学校教育与社会发展有所疏离。为了落实立德树人的根本任务,解决思政教育目前面临的矛盾,"大思政课"的概念被提出,其既不局限于思政小课堂,也不放任学生完全走出校园、走向社会大平台,而是充分发挥小课堂对大课堂的指导、引领作用,同时用社会大课堂弥补思政小课堂的不足。"大思政课"要求高校发挥自身主观能动性,主动融入社会发展,从学生关心、课堂需要的社会现实问题着手,引导学生正确看待问题和科学分析社会现象,化理论知识为解决现实问题的有力武器;要将小课堂拓展到社会各个角落,将精神化的活动与物质化的活动结合起来,使学生真切感受新时代的跳动脉搏,并将其内化为对习近平新时代中国特色社会主义思想的坚定信仰,外化为实现中华民族伟大复兴的实际行动。一方面,社会大课堂为思政小课堂提供实践平台。小课堂的主要表现是理论的抽象性和课堂教学的被动性。但是,"一切伟大的理论成果最终都要熔铸于实践活动之中,实践是连接理论和现实世界的桥梁",大课堂能够提供多种多样的教育基地、活动平台,让学生将在小课堂学到的理论知识、价值观念等间接知识由感性认识上升为可指导实践活动的理性认识。辩证唯物主义认为,"感性认识必须通过实践才能实现认识的飞跃,即上升到理性认识,并能动地指导人们的实践活动"。因此,实践使理论教学更具现实性、针对性。另一方面,思政小课堂为社会大课堂提供科学的世界观和方法论。物质生产活动是人基本的实践活动,但是人的实践活动即人的社会生活并"不限于生产活动一种形式,还有多种其他的形式,阶级斗争、政治生活、科学和艺术的活动,总之社会实际生活的一切领域都是社会的人所参加的"。社会生活的生动与丰富可以弥补思政小课堂的不足,但是社会生活又是多元和复杂的,这就要求我们不能放任学生进行社会实践,或者随意将社会大课堂搬进小课堂,而是要进行甄别,在社会实践中体现思政课的性质,赋予实践活动的思想政治教育功能。首先是发挥小课堂的主流价值引领功能,在马克思主义的指导下分析事件"是什么""为什么"以及价值观的对错,引导学生形成正确的价值观和践行社会主义核心价值观。其次是提供理想信念支撑。社会经济的发展使得多元利益之间的矛盾越来越突出,意识形态也更复杂,社会上既存在像钟南山、张桂梅等这样具有社会主义信仰和无私奉献精神的榜样,也存在个别有个人利益大于国家与人民利益错误思想的人。小课堂拥有用共产主义理想信念引导大学生树立榜样、坚定信念，把个人利益与国家利益联系在一起的功能，这可为步入社会的大学生提供理想信念支撑，使其在工作岗位上能较好地处理各种利益之间的关系，成为信仰坚定、为国为民的社会主义建设者和接班人。

思政小课堂与网络云课堂的交汇是线下与线上教育传播方式的融合，做思政小课堂与社会大课堂快速深度结合的媒介，有利于在方法协同中整合大资源。新一轮的技术革命和产业革命推动"大思政课"在教学手段上实现跨越式发展，"互联网等新技术新媒介日新月异，我们要审时度势、因势利导，创新内容和载体，改进方式和方法"。改进方式与方法就是充分利用人工智能、虚拟现实（VR）等现代信息技术，利用新网络、新媒体等交流方式与传播渠道，将技术与思政课进行融合，探索全新的育人模式。高校思政课的主要教育对象是青年学生，而青年学生对新信息、新技术的接受力和热衷度较高，具有高度的探索创新精神，"大思政课"正是在遵循学生的成长规律与思想政治工作规律的基础上，"运用新媒体新技术使工作活起来，推动思想政治工作传统优势同信息技术高度融合，增强时代感和吸引力"。运用现代技术开展"大思政课"是顺应时代潮流，符合时代特征，有助于使思政课从校园走向社会，使社会公众走进校园，实现小课堂与大课堂的深度融合。为此，首先应提升传统思政课堂的教学质量与效率。"大思政课"在教学手段上革新，运用多媒体技术，这并非对传统课堂的完全颠覆，而是运用图像、音频等辅助开展思政课的某一教学环节，以技术手段增强思政课的趣味性与亲和力，依然是在面对面、心与心地交流中发挥传统思政课堂的优势。其次是发挥网络信息技术的优势，优化学生获取信息的方式与渠道，满足学生的认知需求。

要解决"大思政课"建设在实践中面临的问题，构建具有系统化、结构化的育人模式，就需要遵循并采取以上原则和方法，在此基础上更好地展开育人工作。

# 参 考 文 献

[1] 中共中央马克思恩格斯列宁斯大林著作编译局. 马克思恩格斯全集：第 3 卷[M]. 北京：人民出版社,1960.

[2] 中共中央马克思恩格斯列宁斯大林著作编译局. 马克思恩格斯文集：第 1 卷[M]. 北京：人民出版社,2009.

[3] 中共中央马克思恩格斯列宁斯大林著作编译局. 马克思恩格斯文集：第 3 卷[M]. 北京：人民出版社,2009.

[4] 中共中央马克思恩格斯列宁斯大林著作编译局. 马克思恩格斯文集：第 9 卷[M]. 北京：人民出版社,2009.

[5] 中共中央马克思恩格斯列宁斯大林著作编译局. 马克思恩格斯选集：第 2 卷[M]. 北京：人民出版社,2012.

[6] 毛泽东. 毛泽东选集：第 1 卷[M]. 北京：人民出版社,1991.

[7] 中共中央文献研究室. 毛泽东文集：第 8 卷[M]. 北京：人民出版社,1999.

[8] 中共中央文献研究室. 毛泽东文集：第 3 卷[M]. 北京：人民出版社,1996.

[9] 邓小平. 邓小平文选：第二卷[M]. 2 版. 北京：人民出版社,1994.

[10] 习近平. 在庆祝中国共产党成立 100 周年大会上的讲话[M]. 北京：人民出版社,2021.

[11] 习近平. 习近平重要讲话单行本：2020 年合订本[M]. 北京：人民出版社,2021.

[12] 中共中央党史和文献研究院. 习近平关于注重家庭家教家风建设论述摘编[M]. 北京：中央文献出版社,2021.

[13] 习近平. 论党的宣传思想工作[M]. 北京：中央文献出版社,2020.

[14] 习近平. 思政课是落实立德树人根本任务的关键课程[M]. 北京：人民出版社,2020.

[15] 习近平. 习近平谈治国理政：第三卷[M]. 北京：外文出版社,2020.

[16] 习近平. 习近平谈治国理政：第一卷[M]. 北京：外文出版社,2018.

[17] 习近平. 在哲学社会科学工作座谈会上的讲话[M]. 北京：人民出版社,2016.

[18] 中华人民共和国国务院新闻办公室.新时代的中国与世界[M].北京:人民出版社,2019.

[19] 扬,穆勒.课程与知识的专门化:教育社会学研究[M].许甜,译.上海:华东师范大学出版社,2021.

[20] 汪凤炎,燕良轼,郑红.教育心理学新编[M].5版.广州:暨南大学出版社,2019.

[21] 佘双好.思想政治理论课程教学法探析[M].北京:中国人民大学出版社,2018.

[22] 钟启泉.课程的逻辑[M].上海:华东师范大学出版社,2019.

[23] 单春晓,延诺.高校思想政治教育长效机制路径选择[M].北京:中国社会科学出版社,2018.

[24] 钟启泉.现代课程论:新版[M].3版.上海:上海教育出版社,2015.

[25] 张大均.教育心理学[M].3版.北京:人民教育出版社,2015.

[26] 王雷.社会教育原理[M].北京:中国社会科学出版社,2015.

[27] 王鉴.课堂观察与分析技术[M].兰州:甘肃教育出版社,2014.

[28] 杨卫国.现代世界教学理论选粹[M].上海:上海教育出版社,2013.

[29] 苏成栋.教学理论与实践:下册[M].贵阳:贵州民族出版社,2013.

[30] 克罗恩.教学论基础[M].李其龙,李家丽,徐斌艳,译.北京:教育科学出版社,2005.

[31] 陶行知.陶行知教育箴言[M].哈尔滨:哈尔滨出版社,2011.

[32] 郑永廷.思想政治教育方法论[M].3版.北京:高等教育出版社,2022.

[33] 杜威.民主主义与教育[M].王承绪,译.2版.北京:人民教育出版社,2001.

[34] 习近平在中国人民大学考察时强调:坚持党的领导传承红色基因扎根中国大地 走出一条建设中国特色世界一流大学新路[N].人民日报,2022-04-26(1).

[35] 丁雅诵.思政课教师培养培训体系加快构建:全国高校马克思主义学院超1440家[N].人民日报,2022-03-18(4).

[36] 王学俭,施泽东."大思政课"的科学蕴意和实践理路[N].中国教育报,2022-03-24(5).

[37] 高毅哲.推动高校思政课高质量发展:2021—2025年高校思想政治理论

课教学指导委员会成立大会暨工作会议举行[N].中国教育报,2022-01-08(1).

[38] 中共中央关于党的百年奋斗重大成就和历史经验的决议[N].人民日报,2021-11-17(1).

[39] 杜尚泽."'大思政课'我们要善用之"(微镜头·习近平总书记两会"下团组"·两会现场观察)[N].人民日报,2021-03-07(1).

[40] 讲好"大思政课"的道、学、术[N].光明日报,2021-05-28(11).

[41] 谢茹.用脱贫攻坚事例讲好思政课[N].人民日报,2021-03-19(9).

[42] 让青春在奉献中焕发绚丽光彩:习近平总书记关于青年工作重要论述综述[N].人民日报,2021-05-04(1).

[43] 中办国办印发《关于深化新时代学校思想政治理论课改革创新的若干意见》[N].光明日报,2019-08-15(1).

[44] 习近平在全国教育大会上强调:坚持中国特色社会主义教育发展道路培养德智体美劳全面发展的社会主义建设者和接班人[N].人民日报,2018-09-11(1).

[45] 习近平在全国高校思想政治工作会议上强调:把思想政治工作贯穿教育教学全过程[N].人民日报,2016-12-09(1).

[46] 王易.推进新时代思想政治理论课高质量发展[J].红旗文稿,2022(06):39-42.

[47] 张劲松,刘惠燕."大思政课"必须准确把握"事、时、势"[J].学校党建与思想教育,2022(20):26-28.

[48] 张苗苗.论思想政治理论课价值性和知识性的统一[J].思想教育研究,2022(2):107-112.

[49] 张国祚,沈湘平,徐艳玲,等."大思政课"创新研究:笔谈[J].文化软实力,2022,7(3):5-18.

[50] 李蕉."大思政课"的历史方位与理论定位[J].思想理论教育导刊,2022(9):101-108.

[51] 黄鼎."大思政课"建设:时代背景·价值底蕴·路径探索[J].中学政治教学参考,2022(35):37-40.

[52] 李敏."大思政课"教育资源转化的方法论思考[J].思想理论教育,2022(10):74-79.

[53] 杨晓帆,汤举."大思政课"理念的历史演进与现实着力点[J].思想政治课教学,2022(9):9-13.

[54] 李钰清,黄芳."大思政课"理念的三重逻辑[J].思想政治课教学,2022(10)4-7.

[55] 樊海源."大思政课"理念下高校思想政治理论课实践教学的思考[J].奋斗,2022(18):21-23.

[56] 李蕉,周君仪."大思政课"视域下对建设高质量课堂的思考[J].思想理论教育,2022(7):79-84.

[57] 孟冬冬."大思政课"视域中新时代思政课高质量发展研究[J].中国电化教育,2022(10):89-96.

[58] 沈壮海.把准全面推进"大思政课"建设的关键点[J].人民教育,2022(18):6-10.

[59] 李大健.高校善用"大思政课"铸魂育人的三大保障[J].思想教育研究,2022(9):118-124.

[60] 卢黎歌,向苗苗,李丹阳.善用"大思政课"争当思政"大先生"[J].学校党建与思想教育 2022(5):11-18.

[61] 王楠.善用"大思政课"把道理讲深讲透讲活[J].思想理论教育,2022(11):75-79.

[62] 石书臣.深刻把握"大思政课"的本质要义[J].马克思主义理论学科研究,2022,8(7):104-112.

[63] 刘凤义.树立"大思政课"观推动新时代思政课高质量发展[J].马克思主义理论教学与研究,2022,2(01):109-115.

[64] 肖珍.新时代"大思政课"之"大"的意蕴[J].中学政治教学参考,2022(12):86-89.

[65] 唐淑楠,安巧珍.新时代讲好"大思政课"的多维审视[J].中共石家庄市委党校学报,2022,24(9):16-21.

[66] 曲建武,谭丽萍.新时代大学生思想政治教育场域合力的三维构成[J].思想教育研究,2022(6):128-132.

[67] 习近平.在党史学习教育动员大会上的讲话[J].求是,2021(7):4-17.

[68] 习近平.深入实施新时代人才强国战略 加快建设世界重要人才中心和创新高地[J].求是,2021(24):4-15.

［69］ 冯秀军.善用"大思政课"的三个维度［J］.思想理论教育导刊,2021
（08）:103-109.

［70］ 沈壮海."大思政课"我们要善用之:思考与探索［J］.思想政治教育研
究,2021,37（03）:26-30.

［71］ 夏永林."大思政课"内涵的多维探讨［J］.思想理论教育导刊,2021（8）:
110-114.

［72］ 王国炎.思想政治理论课"大思政"教学改革与建设探索［J］.思想教育
研究,2010（5）:9-11.

［73］ 叶方兴.大思政课:推动思想政治理论课的社会延展［J］.思想理论教育,
2021（10）:66-71.

［74］ 史宏波,谭帅男.大思政课:问题指向、核心要义与建设思路［J］.思想理
论教育,2021（9）:63-68.

［75］ 徐蓉,周璇.善用"大思政课"推进教学改革创新［J］.思想理论教育,
2021（10）:60-65.

［76］ 高国希.试论关于"大思政课"的几对范畴关系［J］.马克思主义理论学
科研究,2021,7（10）:104-112.

［77］ 苏玉波,王洁.着力构建"大思政课"的生态体系［J］.思想政治教育研
究,2021,37（3）:33-35.

［78］ 李大健.用习近平新时代中国特色社会主义思想铸魂育人的三维路向
［J］.思想理论教育导刊,2021（6）:90-95.

［79］ 朱旭."大思政课"理念:核心要义、时代价值与实践路径［J］.马克思主
义理论学科研究,2021,7（5）:107-114.

［80］ 李冉.推动高校思想政治理论课高质量发展［J］.马克思主义理论教学与
研究,2021（1）:149-152.

［81］ 韩学亮,黄广友.新发展阶段"大思政课"的现实语境、价值意蕴及建设
思路［J］.高校马克思主义理论教育研究,2021（6）:97-105.

［82］ 赵春玲,逄锦聚."大思政课":新时代思政课改革创新的重要方向和着
力点［J］.思想理论教育导刊,2021（8）:97-102.

［83］ 王资博.新时代"大思政课"的涵义、特性与价值研析［J］.中共南宁市委
党校学报,2021,23（5）:16-21.

［84］ 习近平.思政课是落实立德树人根本任务的关键课程［J］.求是,2020

(17):4-16.

[85] 韩喜平,王晓阳.论思政小课堂与社会大课堂的结合[J].思想理论教育,2019(10):68-71.

[86] 刘建军.论高校思想政治工作的育人格局[J].思想理论教育,2017(3):15-20.

[87] 钟志贤.建构主义学习理论与教学设计[J].电化教育研究,2006(5):10-16.

[88] 姚嫱.大学生文化自信培育研究[D].沈阳:沈阳农业大学,2022.

[89] 徐豫资.文化自信教育中大学生主体性作用发挥研究[D].上海:上海师范大学,2022.

[90] 王南芳.文化自信培育研究[D].武汉:湖北大学,2021.

[91] 罗玄青.大学生文化自信培育路径研究[D].西安:陕西科技大学,2021.

[92] 陈柔.新时代大学生文化自信的现状及提升路径研究[D].南昌:江西师范大学,2021.

[93] 齐田伟.新时代大学生文化自信教育研究[D].保定:河北大学,2021.

[94] 王丽桃.新时代大学生文化自信培育研究[D].乌鲁木齐:新疆师范大学,2021.

[95] 张一丹.新时代大学生文化自信培育研究[D].合肥:安徽农业大学,2021.

[96] 安莉.大学生文化自信教育研究[D].哈尔滨:哈尔滨师范大学,2020.

[97] 俞小敏.新时代大学生文化自信培育研究[D].哈尔滨:哈尔滨师范大学,2020.

[98] 刘怡宁.大学生思想政治教育中文化自信的培育研究[D].济南:济南大学,2020.

[99] 黄煜玮.大学生文化自信教育问题及对策研究[D].长沙:湖南农业大学,2020.

[100] 雷莉.文化自信融入大学生思想政治教育研究[D].西安:西安理工大学,2020.

[101] 杨晓双.大学生文化自信培育问题及提升对策研究[D].沈阳:辽宁大学,2020.

[102] 刘莹.大学生文化自信的培育研究[D].上海:上海财经大学,2020.

［103］潘丽.新时代大学生文化自信培育机制研究［D］.赣州:赣南师范大学,2020.

［104］冯绍益.新时代大学生文化自信培育研究［D］.太原:中北大学,2020.

［105］宦佳韵.新时代大学生红色文化自信培育研究［D］.马鞍山:安徽工业大学,2019.

［106］陈永华.大学生文化自信研究［D］.沈阳:辽宁大学,2019.

［107］宁凯.新时代大学的文化自信教育策略研究［D］.哈尔滨:哈尔滨师范大学,2018.

［108］《中华人民共和国学校思想政治理论课重要文献选编》编写组.中华人民共和国学校思想政治理论课重要文献选编:上册［M］.北京:人民出版社,2022.

［109］《中华人民共和国学校思想政治理论课重要文献选编》编写组.中华人民共和国学校思想政治理论课重要文献选编:下册［M］.北京:人民出版社,2022.

［110］教育部,中共中央宣传部,中共中央网络安全和信息化委员会办公室,等.教育部等十部门关于印发《全面推进"大思政课"建设的工作方案》的通知:教社科〔2022〕3 号［A/OL］.（2022－07－25）［2023－03－01］.http://www.gov.cn/zhengce/zhengceku/2022－08/24/content_5706623.htm.

［111］叶雨婷.教育部部长怀进鹏.加快构建"大思政课"格局［EB/OL］.（2022－01－07）［2023－03－01］.http://news.youth.cn/gn/202201/t20220107_13382803.htm.